GAOZHI YINGYU JIAOXUE MOSHI TANJIU

高职英语教学模式探究

黄爱良　孔　燕　曹　波　著

东北林业大学出版社
Northeast Forestry University Press
· 哈尔滨 ·

图书在版编目（CIP）数据

高职英语教学模式探究/ 黄爱良，孔燕，曹波著．－
哈尔滨：东北林业大学出版社，2018．10（2024.4重印）
　　ISBN 978－7－5674－1595－9

　　Ⅰ．①高… Ⅱ．①黄… ②孔… ③曹… Ⅲ．①英语－
教学研究－高等职业教育　Ⅳ．①H319．3

　　中国版本图书馆CIP数据核字（2018）第234726号

责任编辑： 陈珊珊　彭　宇
出版发行： 东北林业大学出版社
　　　　　　（哈尔滨市香坊区哈平六道街6号　邮编：150040）
印　　装： 北京佳顺印务有限公司
规　　格： 170 mm×240 mm / 16 开
印　　张： 14
字　　数： 241 千字
版　　次： 2023 年 12 月第 2 版
印　　次： 2024 年 4 月第 2 次印刷
定　　价： 78.00 元

前　　言

　　当今时代，随着科学技术的飞速发展，我国的经济实力不断增强，我国与世界各国、各领域之间的交流也日益密切。社会对英语人才提出了更高的要求。英语作为国际通用语言，同时也是我国与世界各国之间进行交流的纽带，越来越受到人们的重视。作为培养实用型和综合型英语人才的主要途径，大学英语教学面临新的挑战。如何在总结以往经验教训的基础上，与国外先进的外语教学理念相结合，进而改善高职英语教学现状，提高学生的英语素质，已经成为摆在广大英语教育研究者面前的现实问题。我国关于高职英语教学方面的书籍虽然很多，但是针对高职英语教学模式探究的内容相对较少，且目前我国高职英语教学方面的书籍存在很多问题。如过分强调理论价值，忽视了实用价值；内容零散，缺乏系统性等。鉴于此，作者对大学英语教学研究成果进行了潜心研究，并精心撰写了本书，以期为广大英语教育工作者改进教学方法，提高高职英语教学效率尽绵薄之力。

　　在现代高职英语教学中，教学模式起着教学理论和教学实践相互衔接的中介环节的作用，本书主要对其进行了阐述，强调了高职英语教学改革的迫切性。本书共九章，主要内容涉及教学模式的概念和历史回顾、英语课堂教学模式、国内外实践教学研究、高职英语网络课堂教学模式与方法研究、高职英语网络多媒体教学模式、任务型教学模式、专门用途英语教学模式、体验式高职英语教学模式、高职英语教学模式的新发展。

　　本书条理清晰，语言严谨而朴实，论述全面而细致，观点新颖。在继承传统的基础上充分吸收和借鉴了最新的研究成果和理论，并对其进行了发展，重点突出，具有很好的参考价值和实践意义。

　　本书是在参考大量文献的基础上，结合作者多年的教学与研究经验撰写而成。在撰写过程中，得到了许多专家学者的帮助，同时参考了许多相关的文献，在这里表示真诚的感谢。同时，限于著者的水平有限，虽经过多次细心修改，书中难免会有疏漏与不足，恳请广大读者批评指正。

著　者

2018 年 6 月

目　　录

第一章

教学模式的概念和历史回顾

第一节 教学模式的概念

一、教学模式的界定

（一）教学模式的各种界定

什么是教学模式，学术界众说纷纭。从各种不同教学理论和各个不同教学方法、教学组织环节形态和教学手段视角来看，教学模式有多种多样的概念和界定。概括地说主要有以下几种。

1. 教学模式是一种教学理论

有的专家从教学理论视角来看，主张教学模式是一种教学理论。他们认为，"教学模式是在教学实践活动中形成的一种设计和组织教学的理论，这种理论是以简化的形式表达出来的"。"模式是再现现实的一种理论性的简化的形式"[①]。确实，教学模式是以抽象形式对教学原型的类比和简约的表达的形式，因此，类比和简约既是教学模式，也是教学理论的本质特征，但它不等于是一种教学理论。因为教学模式还着重再现教学方法、组织形式、手段等主要因素及因素之间的相互联系，具有实质操作性的特征。因此，教学模式与教学理论之间存在着质的区别。诚然，教学模式有其理论性的层面，也有其操作性的层面。它是教学理论和教学实践之间的桥梁，并不是教学理论本身。而教学理论

[①] 沃纳钉·赛菲林. 传播学的起源、研究与应用 [M]. 陈韵昭，译. 福州：福建人民出版社，1985.

则是用相对完整的教学原理来描述教学现象的一种理论体系。

2. 教学模式是一种教学方法

有的专家从教学方法的视角论述教学模式，认为教学模式是一种教学方法，是一种"特殊的教学方法，运用于某些特定的教学情境"。确实，教学模式与教学方法紧密相连，但它不等于教学方法。教学方法是实现某一目标的单一的、具体的、实践操作的方法和手段。教学模式是比教学方法更高一层次的概念。它是依据一定的理论构成的教学过程的程序，是包含教学方法等因素在内的、实现教学目标和掌握教学内容的整合体。它不仅具有教学方法的操作性特点，还具有教学理论指导性的特征。

3. 教学模式是一种教学策略

美国教育家保罗·埃金（1990）认为，教学模式是"为特定教学目标而设计的具有规定性的教学策略"。当前对策略的界定众说纷纭，也都是从不同的理论、不同的视角把策略界定为方法与技巧、途径、过程和信息处理。教学策略实际上是一种学习策略。

我们可以把教学模式界定为"能引起知识、技能、运用能力、智力、思想文化和情意因素等持久变化的、有效的活动、途径、措施和调控活动（包括内隐的心理活动和外显的行为）的结合体"，是"在学习过程中采用的总的对策、措施和方法，即学习思维活动的自控的程序"。从策略的定义看，策略是在教学过程中采用的总的对策、计划、措施、方法和思维活动的程序。它与教学方法和教学模式既有联系又有区别。教学模式是在理论指导下构成的教学过程的程序并涵盖着教学方法、教学策略的理论与实践相结合的综合体。

4. 教学模式是一种结构

有人认为教学模式是一种结构。他们认为，教学模式是"某种方案经过多次实践的检验和提炼，形成了相对稳定的、系统的和理论优化了的教学结构，这就是我们所说的教学模式"。教学模式简略地说是一种教学活动的结构。结构是事物主要因素及其联系的关系。结构是教学模式的核心部分，但不是全部。

美国教育家乔伊斯·韦尔和艾美莱（1972）在《教学模式》（*Models of Teaching*）中首先提出教学模式的概念，并将教学模式定义为"试图系统地探讨教育目的、教学策略、课程设计和教材以及社会和心理理论之间的相互影响的、以设法考察一系列可使教师行为模式化的各种可供选择的类型"，并提出 22 种教学模式。在 1980 年的修订版中，他们又提出"教学模式是一种可用来设计教材、指导课堂或其他场合的教学计划或类型"，并提出 23 种教学模式。

简言之，上述定义从一个或多个视角反映了教学模式的特征。

（二）教学模式的界定

综合上述定义对教学模式特征的分析和根据长期教学实践的积累，我们可以把教学模式界定为：教学模式是用简要的语言、符号或图表等方式表达、反映特定的教学理论，并根据特定的教学目标而设计的、比较稳固的各类教学活动顺序结构的程序及其教学策略、教学方法系统的整合体。

从以上教学模式的概念我们可以看出，一方面，教学模式是实施一种教学理论，反映了一种教学理论或教学原理和教学规律，规定了特定的教学目标和比较稳定的教学过程的结构、程序以及必须遵循的教学原则以指导教学实践；另一方面，教学模式也是具体实施操作的策略和方法，将教学策略、方法、教学组织形式和教学手段整合成一个具体完整的操作体系，以便教师能依据比较科学的操作程序、步骤、策略、方法和手段实施教学活动。因此，教学模式是一种既具理论性又含操作性的典型形式，是教学理论和教学实践之间的过渡桥梁。它既可避免因理论高度抽象而难以理解和把握，又可防止因教学方法过于零乱、复杂、琐碎或不得要领而难以应用和实施。它既可使理论转化成具体清晰、准确、鲜明的几条原理，易于理解、把握、迁移和指导教学实践，又能使杂乱无章、琐碎无序的方式方法条理化、程序化、规律化、完整化、系统化和理论化，从而便于操作、应用和实施。

一种典型的教学模式不可能仅仅针对一个具体的知识点。一个知识点也难以构成一种教学模式来进行教学。教学模式是针对一类知识构建自身系统化的体系。因此，一个具体的知识点只有从属于某类知识时，才能以该类教学模式进行教学，如某项语法知识或语法知识中某一时态，都可以采用语法规则的教学模式进行教学。[①] 但仅仅是一个词或一个句子的个别或偶然的教学现象是难以产生或构建教学模式的。教学模式不可能在个别、偶然的教学现象中产生，而只能在一类知识或能力概括的、能揭示普遍规律的并可重复模拟标准化的教学活动中构成。作为模式是相对稳定的，但不是固定不变的。它在不同情境中是可把握、可模仿、可变动的，也是可修正和发展的，但是理论和结构体系本质上是稳定的。

教学模式要针对教学内容的不同领域、不同层次来构建，并具有理论性和可操作性。它既不能过于宏观和粗放，也不能过于微观和细化。教学模式过于

---

① 全梁. 教学模式概念研究之研究 ［J］. 内蒙古师范大学学报（教育科学版），2009，22（12）：30－32.

宏观、粗放就会缺乏针对性、操作性，使教师可望而不可即；而过于微观、细化、支离破碎，则会使教师无章可循。

二、教学模式的基本因素及其联系方式

任何事物的结构都是由其主要因素及各因素间的联系方式组成的，教学模式也不例外。教学模式就是科学地、简略地和有组织地揭示教学活动过程的一种基本结构，因此，有必要对教学模式结构的主要因素和各因素之间联系方式作分析、说明和论述。

（一）教学模式的因素

既然教学模式是一种反映特定理论，服务于特定教学目标，具有比较稳定教学过程的结构及教学策略、方法和评价体系的综合体，那么它必然蕴含以下几个主要因素。

1. 教学理论

教学理论是教学模式的指导思想、基本原理，是构建教学模式的理论基础。教学理论是规定教学模式的方向性、指导性和独立性的决定因素。一方面，教学理论是教学模式的理论源泉，是教学模式产生、发展的理论基础和可循的历史轨迹；另一方面，教学理论也是教师应用、实施和操作教学模式的理论依据，是教学导向的指南与坐标，而且还是教学必须遵循的教学原理和教学原则。

2. 教学目标

教学目标是教学模式规定师生预期要求达到的教学结果和教学标准。教学目标既在方向上制约着教学活动结构的程序、步骤的设计以及教学策略与方法的实施和操作，也是最终评价教学结果的标准和依据。制定教学目标的关键是要注意教学目标与教学内容的关联性，使师生充分明确如何通过具体内容的教学达成目标。为此，达标需要关注两个要点：一是要规定必须完成的具体内容的明细条目；二是要明确规定要达到的具体结果及其明确的标准。这样师生才能充分明确教学内容与教学目标之间的关系，才能有效地完成教学内容和达到预设和生成结果的标准。

3. 教学结构

教学结构是教学模式各因素的联系方式，是各因素主要变量的互相联系和作用、排列组合的比较稳固的结构。依据教学理论和教学目标，凭借信息论、控制论、系统论等的理论指导，教学模式结构可分解成彼此独立而又前后衔

接、相互联系的阶段和具体操作的程序和步骤。

4. 教学条件

教学条件有外部条件和内部条件两个方面。外部条件主要是指教师的主导作用、教材、教学情境、教学资源、教学策略、教学方法、教学手段以及时空的安排。它们是影响教学质量提高的外部因素，即外因；内部条件主要是指学生主体的主观能动性，包含学生的思想品德、学科知识水平、社会生活经验、情感意志因素、社会文化底蕴、智慧能力和潜能发展及个性特长等内部因素，即内因。教学质量的效率主要依赖于学生的内因，而教师、教材、教法等外因也对内因起推动和促进作用，甚至在一定的条件下，外因对内因还能起主导作用。

5. 教学策略

教学策略是指在教学过程中积极有效的教学途径、方法和技巧的内隐思路和外显行为。有时，教学策略的内隐思维活动能由外显行为凸显，但有时，教学策略却无法以外显行为显示，难以被观察和感知，而常以观念性、方案性、情境性图式和网络贮存在内隐思维中。国内外学者研究证明，学习效率与策略的运用存在正相关。积极有效的策略是减轻学生学习负担、全面提高教学质量和学生素质的重要途径。

6. 教学评价

教学评价是依据教学目标对教学程序中各因素及其综合结果作出科学评估和自我评价的手段，也是检查教学目标、内容完成程度、价值取向和获取反馈信息的重要手段。教学评价的根本目的是全面提高学生素质和教师教育教学水平。教学评价的最主要功能是激励、促进和发展功能。教师要充分发挥教学评价激励、促进和发展功能，激励学生学习的愿望和兴趣，提高学生运用知识进行实践活动的能力，帮助学生改善学习策略、方法、手段，发展智慧能力、自学能力和拓展文化视野，从而提高教育教学质量，发展学生的潜能和个性。

（二）教学模式各因素之间的关系

因素是构成教学模式的基本成分和决定教学模式的内在条件。教学模式 6 个基本要素，即教学理论、教学目标、教学程序、教学条件、教学策略和教学评价，组成一个相互联系的综合体。[①] 其中教学目标是教学模式的核心因素，它在特定的教学理论指导下，制约着教学方法、条件、策略和教学评价。教学

---

① 廖敏. 创造性教学模式的构建研究 [D]. 天津：天津师范大学，2006.

程序、条件、策略、方法和评价都要围绕完成教学目标而设计安排，为完成教学目标服务。

教学结构是教学模式的关键因素。教学模式是通过结构形式来表述教学活动全过程的。教学结构本身是教学要素的联系方式，而教学要素之间相互作用的联系方式主要体现在具体的时空形式上。教学结构被分解成彼此独立而又相互联系、相互衔接、相互作用的几个阶段和具体的步骤、程序。由此，教学模式常定名为三段式或三步式教学模式。程序、阶段、步骤是以时间先后排列发挥各要素之间相互作用的。这种各要素按纵向时间先后排列是时间上的联系。教学模式的各因素之间还常以平列的空间排列，决定发挥它们横向联系的作用，这是空间上的联系。

由于教学模式各因素在时空范畴内排列组合不同，也就形成了不同的模式类型；又由于学习内容的类型差异而采用不同的策略、方法、手段也呈现出不同的排列组合，则需要对各内容类型设计出有针对性的各种不同教学模式；再由于教学模式中的某一因素的变化能引起该模式的组合变动，进而还能引起模式的变化。在实施某一种教学模式时，师生要处理好各因素之间的关系，发挥各因素之间相互作用的互动功能，发挥各因素相互之间辩证统一的整体优势，从而促进学生提高学习效率，发展全面素质，激励教师提高教育教学水平。

一切教学模式结构的主要因素都是相同和一致的。为什么会出现色彩缤纷、千姿百态的教学模式呢？主要原因是教学模式结构中各因素联系方式在各因素间的时空上表现出不同排列组合的形态。横向空间联系形态之所以能起变化，主要是由师生双方、教材内容和班级、小组组织形式的因素之间排列组合不同和变化所引起的。纵向时间联系形态之所以能引起变化，又主要是由于根据教学理论、教学目标、教学内容设计的教学程序、阶段和教学策略方法的步骤及其反馈系统之间的排列组合不同和变化引起的。横向空间各因素的有机联系和纵向时间形态各因素间的有机结合，两者相互整合成时空联系的网络。

三、教学模式的特点和价值取向

教学模式旨在建立一个在一种理论指导下，设计、组织、实施较为具体、概括，并易于把握、应用的稳固结构和操作程序。

（一）教学模式的特点

1. 整体性

教学模式旨在建立一个设计、组织、实施抽象理论的低一层次的，较为具体、完整的理论联系实践的组织结构体系，在抽象的教学理论与实践操作之间起到桥梁作用。它把抽象的理论转化为一个完整的教学框架，把教学策略、方法、手段和组织形式统整为一个完整的教学模式以指导教学实践，以便于教师能具体掌握操作和应用。各要素经实践总结、归纳、优化组合，形成一个有效的、完整的教学模式。教学模式将发挥内在各因素教学的整体功能、整体优势、整体效应，并能积极有效地指导教学实践和具体操作，从而提高教学质量。

2. 简约直观性

由于教学模式用简略的语言、符号或图表和直观的程序、阶段、步骤来描述、表征抽象的教学理论，使抽象理论能转化成简单明了、直观具体、形象生动的操作组块框架和策略方法，从而能使实践工作者简易、直观、快捷地理解、掌握、实践操作的过程。这种简约的和直观的教学模式能收到理论与实践相结合的效果。

3. 操作性

教学模式是教学理论联系教学实践的产物，是教学工作者长期学习抽象的教学理论，联系教学实践工作，并进行长期探索、总结、归纳出来的教学活动的框架。教学模式既具有理论性，是抽象理论的具体化、条理化，便于理解和把握；又具有操作性，是整体框架切分成独立而又相互联系的各个阶段、步骤，以便于操作和实践应用，从而使教学理论规律更趋近于教学实际和便于实际操作。实质上，教学模式是教学理论联系教学实践的产物，它能更积极有效地发挥其理论的指导作用和实践的操作作用。

4. 可预见性

由于教学模式是以目标为教学定向的，它依据特定的教学理论，以教学目标为定向，发挥结构中教学策略、方法、手段的整体优势，所以它能预见由程序与结果互动关系而产生的积极有效的成效。

5. 开放性

教学模式是各因素相互有机联系组成的一个开放式的框架，它不是在单一知识点的个别、偶发教学过程中产生和构建的。单一知识点的个别、偶发现象难以总结、归纳和概括出普遍性规律和程序结构性的框架。只有总结、归纳和概括一类知识经常、普遍发生的教学现象，才能产生符合普遍规律和比较稳定的结构框架。尽管教学模式结构是一个比较稳定的框架，但各主要因素之间的变化和联系的排列组合并不是永恒不变的。随着教育教学改革的不断深入和开展，教学实践经验的不断丰富积累，教学实践理性认识的不断加强和提升，以及教学理论的不断深化、更新和发展，教学模式也会不断得以修正和完善。因此，教师在应用某一种教学模式时不能机械地套用，而要灵活地创造性地应用，体现出自身独特的教学风格，并使它发挥更高的积极效能。

（二）教学模式的价值取向

教学模式的价值取向充分体现在教学模式特点之中。一旦教学模式的特点能得以充分发挥，那么教学模式的价值观就能得以充分体现，教学效率也就能得以提升。这里仅试举整体性价值取向和简约直观性价值取向为例。

1. 整体性价值取向

教学模式的整体性结构能使教学理论、目标、原则、内容、程序、策略、方法、手段等各种因素组合成相互联系、相互作用的整合体，能充分发挥教学模式的整体功能。这既有利于冲击原有的孤立、单一因素的范畴框架，又有助于突破孤立、单一因素的束缚。孤立、单一因素势单力薄，难成气候，难以改善教学的局限性。部分传统的教学理论脱离了课堂教学的实际，脱离了学生社会生活的实际，成了高深莫测、摸不着边际的抽象理论，极难用以构建模式和指导实践。教学模式中的理论是从教学实践中提炼出来的理论，它能直接指导着教学目标的制定，教学程序、阶段、步骤的优化排列组合，教学策略、方法、手段的优选协调，从而充分发挥教学模式内在各因素间整体、互动的能动作用。这种理论联系实际、指导实际、获取反馈升华的教学模式，既能突破原有的理论体系和教学结构，又能重新审视、探索、创建能积极有效地解决教学实际问题和提高教学效益的理论体系和优化的教学结构。缺乏科学的理论导向的孤立、单一的教学方法，不足以影响教学改革的方向和促进教学改革的成效，只有发挥教学模式的整体效应，才能更好地促进教学改革在健康道路上取得新的、积极有效的发展。

2. 简约直观性价值取向

教学模式的简略性和直观性能使一种教学理论直接联系和指导教学实践，发挥其中介联系作用。采用简单明了的语言、符号或图式，直观具体、生动形象，这样一目了然的教学模式，使人容易理解、把握和操作，能快捷、积极、有效促进和提升教学效率。

第二节　教学模式的历史回顾

传统的教学论阐述的主要内容是教学理论、教学目的、目标、内容、原则、过程、方法、组织形式、手段和评价体系。教学的目的和目标是通过教学方法、组织形式、教学手段实现的。不少教师在采用具体的教学方法、手段和实施教学组织形式过程中，常常割裂了与教学理论的联系，教学实践脱离了理论的指导，不仅随意地选用单一、机械的教学方法，而且也随意安排教学组织形式，呈现出呆板、千篇一律的教学过程，其教学质量不高是必然的结局。为了能使教学理论联系教学实践，整合教学理论与教学实践，进而组成一个有机的教学整体，以便更有效地完成教学目标，教学模式的研究应运而生。"教学模式"（model of teaching）一词首先出自美国乔伊斯和韦尔（B. Joyce & M. Weil）的《教学模式》中。之前，实际上教学模式虽未形成系统的理论模型，但其具体操作过程早就存在。本章将对教学模式的发展历程作简要的回顾。

一、Comenius 的教学模式

（一）教学理论

17 世纪捷克教育家夸美纽斯（Johnn Amos Comenius，1592—1670）受英国哲学家培根的唯物主义经验论的影响，认为宇宙万物与人的活动间存在一种"秩序"的协调和谐发展的普遍发展规律，教育也应适应自然、普遍的秩序或原则，遵循自然、普遍的秩序或发展规律。据此，Comenius 提出教育自然秩序的主导原则。他认为，学校教育存在的弊端是教育不符合事物发展的自然秩序，他在《大教学论》中惊呼"以致学校变成了儿童恐惧的场所，变成了他们才智的屠宰场"。

Comenius 站在唯物主义感觉论的立场上提倡感觉是认识的起点和源泉，通过感官反映外部世界的感觉经验成为其教育理论的重要理论基础，并在此基础上提出直观性教学原则，并把学校文字教学引向社会生活，从而认识社会生活和认识广阔的周围世界。[①]

（二）教学目标

Comenius 主张教育对象要普及化，要把一切知识教给一切人，从而提出教育目标要学习和运用百科全书式的自然科学知识、社会及历史知识，并用拉丁语、希腊语、希伯来语表达知与行。

---

① 张俊洪、陈铿. 探究夸美纽斯的教育思想及其对我国的启示与影响 [J]. 成人教育，2013，33（11）：126-128.

（三）教学模式

Comenius 以自然秩序为导向，主张教育方法要心理化。他首次系统总结了教学原则，诸如延长生命原则、确切性原则、便易性原则、彻底性原则、简明性和迅速性原则等。他还提出各学科的教学方法。Comenius 运用这些原则和教学方法对教学秩序进行了深入的研究，并通过以感觉认识世界的感觉论为理论基础，提出了教知识的教学模式："从感官的感知开始，然后才由联想的媒介进入记忆领域，随后才由具体事物的探讨产生普遍的理解，最后才有对已领会事实的判断"。从以下具体介绍中我们可以深刻地领会 Comenius 的知识教学的四步教学模式.

1. 感知

Comenius 主张来自感官的感觉是认识的起点和源泉。学生学习知识起源于通过感官感知反映外部客观世界的感觉经验。知识的获得不仅起始于感官的感知，而且知识也只有通过感官的感知才能成为正确、真实和可靠的知识。真实、可靠的知识来源于学生的个人观察和直观感知。

2. 记忆

学习知识不仅靠感知，想掌握知识还要凭记忆，而知识的记忆是以联想作为媒介保证其实现的。知识的记忆也要凭新旧知识的联系，由已知到未知才能提高记忆效率。复习和练习不仅是让新旧知识联系和达成长时记忆的重要方法，而且也是激励学生积极主动学习的重要手段。

3. 理解

理解是记忆和巩固知识的重要方法和手段。通过感官感知的知识不能立刻巩固和记忆，只有理解了的内容才能更好地巩固和记忆。Comenius 形象地比喻理解就像钉子那样能把知识牢牢地钉在脑子里。为了帮助学生感知理解知识，教学应由已知到未知、由易到难、由近及远、由简到繁、由具体到抽象。这样学生就能比较容易感知、记忆和理解知识。

4. 判断

判断是四步教学程序中的最后一步，是学生通过辨别正误、区别差异、判断结果，从而获得正确的知识的。学生只有在对具体事物的探讨和普遍理解的基础上，才能达到对领悟、理解的事实作出判断。

（四）教学原则

Comenius 在《大教学论》中谈及多种教学方法，并以自然秩序原则加以论证，主要可归结为以下几种。

1．直观性原则

经院式教育中知识的教学原则、策略方法依靠的是文字，而抽象的文字教学对于学生来说，却不易理解接受和记忆。因此，知识教学需从感官的感知开始，并要通过直接观察、实践、图片模型或其他直观教学才易于学生感知知识、理解知识和巩固知识。Comenius 的《大教学论》主张，"如果我们要向学生传播真实、可靠的知识，我们一般就应当通过学生的个人观察和直观感觉来讲授一切"。Comenius 提倡"在可能的范围内，一切事物都应该尽量地放在感官跟前。一切看得见的东西都应该放到视觉器官的眼前。一切听得见的东西都应该放到听觉器官的面前。……假如有一件东西能够同时在几个感官上面留下印象，它便应当用几种感官去接触"。

2．有序性原则

经院式教育中知识教学零碎、杂乱，不符合事物发展规律的秩序，知识之间缺乏有机联系，给学生学习知识造成极大的困难。Comenius 认为，知识教学要遵循自然秩序，循序渐进，先学的知识要为后学的知识奠定基础。凭此，教学要由已知到未知、由易到难、由近及远、由简到繁、由具体到抽象，这就便于学生感知、记忆、理解和运用。

3．巩固性原则

知识教学不仅要让学生感知知识，而且还要牢牢记住知识，理解、巩固知识和运用知识。理解是记忆巩固的重要方法之一。感知的知识不能立刻牢牢记住，只有理解了的知识才能记住和巩固。因为理解就像钉子那样能把知识牢牢地钉在脑子里。除理解知识之外，练习和复习也是记忆巩固知识的有效方法。

4．主动性原则

教学知识要调动学生学习的主动性，为此，教学需激发学生的求知欲，从而促进学生自觉自愿地学习。Comenius 主张运用表扬、奖励和适当的批评来激发学生学习的动机和求知的欲望，反对使用强制、压迫灌注的方法。知识教学需符合学生的年龄特征，要在理解知识的基础上记忆，反对强迫学生死记硬背知识，从而提高学生学习的主动性。

二、Herbart 的教学模式

（一）教学理论

德国心理学家、教育家赫尔巴特（Johann Friedrich Herbart，1776—1841）的教育思想是以哲学和心理学为其理论基础的。在康德等哲学家影响下形成的实在论，是他教育思想的哲学基础。在实在论哲学基础上建立起来的观念心理学，即是他的教育思想的心理学基础。① 实在论宇宙观的哲学思想认为，事件是由无数绝对和永恒不变的实在微粒复合而成的；人的心灵也是一种绝对和永恒不变的实在。这种心灵的实在是一种精神实体，具有一种凭感觉认识周围世界和形成观念的能力。

观念心理学认为，人的心理活动最基本的和最简单的要素是观察，人们认识活动的目标就是获得观念。新观念是在原有旧观念的基础上形成的统觉过程，因而观念心理学也称统觉心理学。统觉心理学认为，统觉是儿童在原有经验基础上形成新观念的心理活动过程。儿童从小就在心灵中对自然和社会逐渐形成各种观念，并在不断积累丰富经验的基础上形成更多新观念和新观念团。观念心理学把人的全部心理认识活动，即精神世界的活动，归因于观察，因而观念心理学又可称作主智主义心理学。

伦理学也是 Herbart 教育思想重要理论基础之一。伦理学规定教育目的，心理学则是实现教育目的的途径、方法和手段。既然伦理学理论规定教育目的，那么伦理学的理论必然把道德教育作为教育的首要目的。

（二）教学目标

Herbart 的教育思想，把培养真正善良的人、具有完善和正义观念的人放在教学目标的首位。他把教学目标分成选择的和道德的两种。选择的目标是指培养学生将来可能选择从事某种职业的能力和兴趣，但真正的教学目标却是培养具有完善道德品质的人。

Herbart 在伦理学的基础上提出，人的道德品质教育要求人们形成一种道德观念：内心自由、完善、善良、正义和公平。人们能用这种永恒不变的道德观念调节自己和他人之间的关系，他们就能成为一个完善的人，并能促进社会改革和推动社会发展。

Herbart 以兴趣为目标。他的兴趣思想认为，兴趣的多面性是教学的基础。兴趣可分两类：一类是自然的或知识的兴趣，它又分成经验的、思辨的和审美的三种兴趣；另一类是历史的或同情的兴趣，它又可分成同情的、社会的和宗教的三种兴趣。因而，中学教学要根据兴趣的多面性的思想广泛设置各种学科。例如，根据意愿与一定范围人接触的同情兴趣就应设外国语（古典语和现代语）。他还提出，兴趣的培养过程可分成注意、期待、探求和行动四个

---

① 周采. 赫尔巴特教育性教学思想新探 [J]. 教育研究与实验，2006（6）：50-54.

阶段。

（三）教学模式

与 Comenuis 自然秩序的教学观点不同，Herbart 主张在原有的观念基础上理解、掌握新观念，认为教学就是要唤起和调动原有的观念去吸收和同化新观念，并根据激励兴趣的四个阶段——注意、期待、探求和行动的规律把教学程序分为如下四个阶段。

1. 明了

明了也称清楚。为了能使学生清楚、明了地感知新的知识内容，教学语言要生动、活泼、具体、形象、简明扼要、清晰明了。教师还应注重采用善于启发提示的讲解和直观教学等叙述教学法，从而把学生的注意力集中到新知识内容上，使学生兴趣盎然地接受和学习新知识。Herbart 的教学模式还提出，学生掌握知识必须经过钻研（接受与学习新材料）和理解（深入思考新材料）两个环节。

2. 联想

联想是指在调动原有观念与获得的新观念之间建立联系，从而组合成高水平的新观念。当新旧观念进行联想、组合时，教学就能形成一种期待获得高一级水平的新观念的兴趣。教师采用自由谈论和分析法指导学生对零乱、繁杂的观念进行辨析、分类、纠正，能促进新旧观念的联结，从而使新观念的组织结构变得更加序列化、条理化，促使学生有效地实现理解和掌握新观念的目的。

3. 系统

系统是指新旧观念建立联系，形成全面完整的系统观念。学生在教师的指导下采用综合法，把握知识之间内在系统的联系，概括成系统的综合整体，以形成普遍性的概念、结论和定义。

4. 方法

方法是指通过练习和作业，在实际生活中独立地运用新知识。教学要根据学生观念的动态活动方式和兴趣指向的行为意向，把系统理解和掌握的新知识通过练习、作业操练和实际应用来解决教学实践中遇到的问题。

四阶段教学法后来被 Herbart 的学生席勒·莱茵改造和发展成五阶段教学法，即分析、综合、联合、系统、方法，或预备（提出问题，说明目的）、提高（提高新课程，讲解新材料）、联结（比较）、总结、应用五个阶段。这实际上是把原来的第一阶段明了分成分析、综合或预备、提高两个阶段，形成根据心理发展规律而确定的著名的五阶段教学法。

(四) 教学原则

1. 道德性格训练原则

教学中的道德性格训练法，主要通过有效地约束、限制、抑制、制裁、训斥、劝告和警告等手段，防止学生热情冲动、情绪爆发，旨在培养其服从情感和磨练、调控意志。

2. 激励兴趣原则

兴趣的多面性是教学的基础。任何兴趣的发展都经历四个阶段：注意、期待、探求和行动，并根据兴趣发展的四个阶段形成四阶段教学法。教学要求在整个四阶段（后发展为五阶段）过程中要充分激励学生的多方面的兴趣，以提高理解和掌握知识的质量。

3. 吸引注意力原则

注意是使已有观念不断增多的动力。注意分为有意注意和无意注意两种。有意注意是指向预定目标的注意。学生为达到预定目标而加强注意的力度。无意注意又分两种：原始注意和统觉注意。注意对象的鲜明性和力度的强弱规定着原始注意的强度。新旧观念的联结程度规定着统觉注意的强度。依据注意发展的规律，教学应强化、维持和激励学生注意力以提高教学效率。

综合 Herbart 的四阶段教学法，掌握知识环节、兴趣和教学方法之间以及它们具有的各因素之间的逻辑性的内在联系，组合成综合整体教学模式，如表1－1所示。

表 1－1 Herbart 教学模式

教学程序	明了	联想	系统	方法
掌握知识环节	钻研（接受与学习新材料）		理解（思索新材料）	
兴趣	注意	期待	探求	行动
教学方法	叙述	洽谈、分析	陈述、综合	练习、运用

明了阶段经席勒·莱茵分成分析和综合（或预备和提示）两个阶段，形成著名的五阶段教学法。

三、Dewey 的教学模式

(一) 教学理论

美国哲学家、心理学家、教育家杜威（John Dewey，1859—1952）受皮尔斯和詹姆士的哲学和心理学理论的影响，创立了实用主义教育思想。

Dewey 提倡经验论的哲学观，主张教育即经验的改造。经验是指人的有机体与环境相互作用的结果，是两者的统一结合体。人们主动尝试的行为与环境反作用之间相互联结的结果，就是经验。经验是主体和环境相互联系、相互作用、合而为一的结果。Dewey 认为，客观世界的存在都是被经验到的东西，存在就是被经验；人们主观经验是客观世界存在的前提。没有认识的主体存在，也就没有客观世界的存在；没有认识主体的兴趣和愿望构建的主观经验，也就不存在客观世界。因此，Dewey 主张教育就是经验的改造或改组，一切学习都来源于经验，学生的实际经验是教育的出发点和归宿。

Dewey 的生物本能论的心理学观点来源于詹姆士生物本能的理论，他认为儿童心理活动过程是其本能的发展过程。因此，他提出"教育即生长"的教育观。在 Dewey 看来，人的能力、兴趣、需要和习惯的生长发展，都是建立在人的本能生长、发展的基础之上，并随人的本能生长、发展而生长、发展。因此，教育教学应按照人的生长和发展的过程、阶段来提供资源和进行教育教学活动，教育教学的目的就是促进人的生长。

Dewey 在经验论的理论基础上也提出了"教育即生活"。教育即生活，实际上是指教育是生活经验的不断改造或改组，这个观点是与"教育即生长"的观点紧密相联系的。因为，在 Dewey 看来，生长就是生活的特征。由此可见，"教育即经验改造""教育即生长"和"教育即生活"仅仅是同一个概念的三种不同说法。

Dewey 主张"学校即社会"。学校即社会，是指学校是一个小规模的合作化的社会，学校是一个现实社会生活简化了的雏形社会。学生在体现现实社会生活的学校里学习、生活就能塑造他们的社会精神。

Dewey 的教学理论还主张以"儿童为中心""从做中学"。"从做中学"是指儿童要亲自在做的过程中学，这实际上是与"从经验中学""从活动中学"是同一层意思，即学生应该从自身经验和自身活动中学习直接经验，积累和发展直接经验。

（二）教学目标

Dewey 最基本的教育思想是要改变百科全书式的知识教育教学思想，主张"教育即生活""教育即社会""从做中学"。根据这一教育思想，教育目标是要求学生在学校创设的社会生活的情境中通过亲身做和参加各种活动获得、积累和发展直接经验，为学生将来的社会生活打好基础。

要使学生能有效地从社会、生活、经验和"做"中学习，学校应激励学生的思维活动及培养学生的思维习惯和创造性思维能力。Dewey 明确指出，学习就是学习思维，思维活动和思维能力能将学生经验到的模糊、疑难、矛盾和紊乱的情境转化成清晰、连贯、确定与和谐的情境。

（三）教学模式

思维活动和思维能力能把经验到的疑难情境改造成明确的情境，思维具有极强的能动性。Dewey 根据思维活动的特点提出人类思维过程的五个阶段或步骤，即后人常说的思维五步法。

（1）情境：设置疑难情境。

（2）问题：确定疑难情境的所在，并从疑难情境中提出问题。

（3）假设：提出解决疑难问题的各种假设。

（4）推理：对假设进行推理活动，推断哪种假设能解决问题。

（5）验证：通过实验，对假设能解决的问题进行验证并修改假设。

经验论认为，思维就是方法，方法就是在思维过程中明智的经验。教学方法的要素与思维的要素是相同的。由此 Dewey 把思维五步法转化为教学过程五个步骤。

1. 情境

教师要给学生设置一个与实际经验相联系、真实、经验的疑难情境，再给予一定的暗示，然后再让学生组织一个对活动本身感兴趣的连续活动。教师提供的疑难情境、暗示和兴趣活动的目的，是能使学生通过暗示和连续活动，有兴趣去了解疑难情境中产生的问题和获得有关的直接经验，这是思维活动的启动。教师要依据学生自身发展的需要和原有的经验水平提供真实、经验的疑难情境、暗示和活动。

2. 问题

将在这个疑难情境内部产生的需要被解决的真实问题作为思维的刺激物，以促进学生的思维活动。这时，教师应给学生足够的资料去处理真实情境中产生的真实问题，而这些资料主要是学生已有的经验、活动或事实。

3. 假设

学生首先要掌握足量的资料和进行必要的观察活动去收集资料，并在激活原有经验的基础上，从资料的应用中产生对疑难情境问题的思考，并提出各种解决问题的假设。

4. 推理

学生对假设的解决问题进行思维活动，想出解决问题的具体方法，并对各种方法进行排列组合、有序整理和负责一步一步有顺序地展开和推理。

5. 验证

学生通过在真实情境中的应用和亲自动手去做，去验证其提出的假设和方法，并找出这些假设和方法的真实性、有效性和价值取向。

（四）教学原则

1. 以学生为中心原则

以学生为中心强调学生学习过程的重要性。学生的发展是教育教学的出发点和归宿，教学过程的安排须遵循学生本能发展和原有的经验水平。Dewey认为，学习就是学习思维，教育是经验的改造，教育就是要发展学生的思维和积累丰富实践的经验。教育教学要激励学生在疑难情境中主动发现问题、假设问题，积极收集资料，假设解决问题，并通过亲身实践运用，亲自动手做，去验证问题的有效性和价值取向，而教师在教学过程中起指导、帮助和激励作用。

2. 从做中学原则

Dewey反对百科全书式的知识灌输教学，提倡学生从做中学，学生通过亲自动手做的过程获取在真实情境中的直接经验。

3. 从活动中学原则

Dewey反对抽象地讲解知识，提倡通过组织活动，让学生从活动中学，在活动中获得解决问题的方法。

4. 以兴趣为中心原则

Dewey认为，教学活动的安排要以学生的学习需要和兴趣作为出发点。教师在设置疑难情境阶段需考虑学生能有兴趣地去了解问题，进而激励学生有兴趣地去发现问题，假设、分析、处理问题，解决问题和验明问题的有效性。

四、凯洛夫的教学模式

苏联教育家凯洛夫（N. A. Kaiipob，1893—1978）的《教育学》在20世纪50年代是我国主要的教育学教材，尤其是他的五个环节教学更是各学科遵循的课堂知识教学的模式。[①]

（一）教学理论

凯洛夫教育学的哲学思想是马克思列宁主义的辩证唯物主义认识论。唯物辩证法认为，客观世界本质上是物质的，物质是世界的本原，世界是离开人的

---

① 杨大伟. 凯洛夫《教育学》的沉浮 [J]. 全球教育展望，2009，38（2）：3-10.

意识而独立存在的客观实在。物质是第一性的，意识是第二性的，物质决定意识，意识是物质的反映，又能动地反作用于物质。认识是客观世界在人的主观意识里的反映。在认识是如何反映客观世界过程的问题上，列宁提出人的认识是从生动的直观到抽象的思维，并从抽象的思维再到实践。这是认识真理、认识客观实在的辩证途径。凯洛夫以辩证唯物主义认识论为基础提出教学过程的三个基本阶段：直观、思维、实践，并根据这三个基本阶段设置一套五步教学模式。

（二）教学目标

凯洛夫的《教育学》提出以知识、技能和熟练技巧来武装学生，建立他们的共产主义世界观和有计划地发展他们的智力和道德，这可简约地概括为教学和教养两个目标。

1. 教学目标

教学目标是以知识、技能、熟巧的体系武装学生，并以掌握知识为主。

2. 教养目标

（1）形成共产主义世界观、思想政治观点和道德观念、情感体验等。

（2）发展智力、认识能力和才能，即注意力、观察力、想象力和思维能力。

在凯洛夫看来，首要目标是教学目标，要以知识、技能、熟巧的体系武装学生，并以掌握知识为主；其次是教养目标，在以知识、技能、熟巧体系武装学生的基础上有意识地、有计划地形成马克思列宁主义的世界观、思想政治观点和道德观念以及发展学生的智力、认识能力和才能。

（三）教学模式

凯洛夫《教育学》设置的课堂教学模式具有五个环节。

1. 组织教学

学生在上课预备铃响 2 分钟前回到教室里自己的座位上，做好上课的心理方面和物质方面的充分准备。教师在师生问好后可集中注意力准备上课。

2. 复习旧课

教师通过订正家庭作业中的错误和各种练习形式来检查和复习已学知识内容，特别是前一、二节课学习的知识。复习时，注意采用联旧引新的方法，使新旧知识加强联系，以便学生在掌握旧知识的基础上领会理解新知识。

3. 讲解新课

教师采用各种方法和手段讲解知识，特别是一些重点和难点的知识，使学生清晰、明确地领会和理解新知识。

4．巩固新课

教师采用多样化的练习形式检查新学的知识内容，并进行反复操练、运用和总结知识的内在规则，以达到巩固新知识的目的。

5．布置家庭作业

教师根据课堂上新学内容的重点难点知识布置家庭练习作业，让学生进一步对所学新知识进行操练和运用以达到牢固掌握知识的目的。

以上五个环节相互联系，循环往复，互为提高，组成一个完整的课堂教学结构体系。它对改进我国 20 世纪 50 年代各学科课堂教学的随意性、盲目性无疑起到了促进和提高课堂教学质量的作用，它使课堂教学过程能有模式、程序和步骤可循。但是它有以下几方面问题：第一，由于机械操作五个环节会影响课堂教学质量更好地提高；第二，五个环节仅仅是针对知识教学设计的；第三，教学目标的规定也显得过于狭窄和片面。

（四）教学原则

1．以教师为中心原则

凯洛夫主张教学应以教师为中心，教师是教学过程中的决定性因素。他认为，"教师本身是决定教学和教育效果的最重要、有决定作用的因素"。这就是说，教师起决定教学目标、内容、方法、教学组织和实施的中心角色的作用。学生所扮演的角色仅仅是认真注意地听教师讲，服从教师和完成教师的指令和要求。教师是教学的权威，他的教学要求具有法律的性质。

2．以课堂教学为中心原则

凯洛夫主张以课堂教学为中心，上课是教学工作的基本形式。因为，教学工作主要是在课堂上实现的，课堂成了教师教学的重中之重。由此，他设计了一套以教师讲解新知识为主要目的课堂教学结构。

3．以书本为中心原则

凯洛夫主张以书本为中心。教学的主要任务是教师给学生讲授书本知识，书本中的系统知识是学生知识的主要来源。

五、Gagne 的教学模式

（一）教学理论

美国教育心理学家罗伯特·米尔斯·加涅（Robert Mills Gagne，1916—2002）提倡学习层级说，他根据学习过程的心理机能提出了 8 种学习类型，即

8个层级模式。

1. 信号学习

信号学习（signal learning）类似于巴普洛夫的条件反射说。学习是对某一刺激作为信号引起特定反应，如狗听见铃声信号做出流唾液的条件反射。

2. 刺激—反应学习

刺激—反应学习（stimulus – response learning）较之信号学习更趋复杂，是更高一级层次的学习。这是由被动的条件反射信号学习转化成较为主动的刺激—反应学习。学习是刺激与反应的自觉联结。

3. 连锁学习

连锁学习（chaining learning）是指行为是由一系列小单位动作或操作的刺激—反应的联结或连锁。例如，英语学习是由运用语音、词汇和语法组成句子、话语表达思想的语言连锁化（verbal learning）活动。

4. 语言联想学习

语言联想学习（verbal association learning）是指语言材料与语言材料之间建立语言联想。如，已学的语言材料与新学的语言材料之间建立语言联想，或学习的外语词与外来语中的词建立联想等。

5. 辨别学习

辨别学习（discrimination learning）是指在学习情境中存在多种不同的刺激，辨别学习是要从学习情境中的多样刺激中辨别出其异同，如辨别 bag-bat-big 的不同语音音素的异同点。

6. 概念学习

概念学习（concept learning）是对学习情境中呈现的多种不同的刺激作学习的同一反应联结。对学习情境中呈现的多样、不同的事物进行分类，归纳出事物共同特征的反应。

7. 原理学习

原理学习（principle learning）是指由两个以上的概念联结或连锁构成原理的学习。

8. 解决问题学习

解决问题学习（problem solving learning）是指学会用一个或几个原理解决在实际情境中遇到的各种问题。例如，在新情境中灵活运用所学语音、词汇、语法等语言规则进行交际、表情达意的活动。这是学习思维活动的最积极表现，是最高的智力活动。

Gagne 把八个层次模式学习类型简化成六类，分别是连锁学习、辨别学习、具体概念学习、定义概念学习、规则学习以及高级规则学习。这六类学习类型在层级系统中形成了一个迁移的阶梯。学习获得一种技能要以另一种技能为基础，并受已获得的技能正迁移的影响。这个累积式系统是由简单的从属技能逐步向高一级技能发展的过程，教学只有获得简单的从属技能才可能学习和掌握高一级技能，逐步发展，直到顶点。

（二）教学目标

Gagne 按照学习结果把学习目标分成五个方面：言语信息、智力技能、认知策略、动作技能和态度。五种不同学习目标各有其不同的外部和内部学习条件来促进有效的学习。内部学习条件又可分为基本先决条件和支持性条件。

（三）教学模式

Gagne 根据现代认知和心理学信息加工处理的理论假设，把学习过程分成八个阶段的教学模式。

1. 动机阶段

动机阶段为学习指明方向。预期是学生要求达到目标的期望，而动机是由预期目标引起的，有了明确的方向，才能达到预期的目标。

2. 了解阶段

了解与学习言语信息目标有关，了解阶段也是注意和选择性知觉阶段。注意是刺激灵活性的结果，并对学习过程起控制和加工作用。选择性知觉则是把注意的言语信息特征从言语中区分出来进行知觉编码进入感觉记忆中。由于受空间目标和注意定势作用的影响，知觉具有选择性。

3. 获得阶段

获得是指言语信息进入短时记忆之中，而逗留在短时记忆中的言语信息，经编码起转化作用，使言语信息变得更容易记忆。

4. 保持阶段

来自短时记忆中的言语信息再经编码，按形象或用其他形式转入长时记忆贮存库，以保持长久性的记忆。

5. 回忆阶段

回忆阶段是指已经学习的言语信息获得恢复。言语信息的恢复主要是通过寻找知识的检索过程实现的，因此能为检索言语信息提供线索就有利于提高回忆的效率。

6. 概括阶段

概括阶段是指学习的迁移，学习获得的言语信息能起正迁移作用。正迁移是指把已习得的信息运用迁移于各种新的言语信息情境中，使已习得的言语信息能以新的方式重新组合。

7. 作业阶段

作业阶段是指对学习获得的言语信息进行重组练习，以达到进一步巩固和运用言语信息的目的。

8. 反馈阶段

学生完成新的作业以后，就能明确知道预期目标是否达到，这就是信息的反馈。师生根据信息反馈的结果可以按实际情况灵活调整教学。

（四）教学事件

Gagne 将每个学习阶段中发生的事称为教学事件（teaching events），并提出相应的八个教学事件。

1. 激发动机

组织学习内容和使用策略方法要考虑能吸引学生的注意力，激励学生的学习兴趣和激发学生的学习动机。

2. 告知目的

告知学生教学目的能给学生指明努力方向和学习的具体目标，学生就能形成学习的心理定势和对预期达到具体目标的期望。

3. 引起注意

教学要吸引学生把注意力集中在所学的主要信息上，并用各种直观手段、现代技术、动作表情等引起学生的注意。

4. 回忆信息

回忆信息是指复习回忆已学信息，以便在原有信息的基础上去学习、理解和把握新的信息。

5. 指导学习

指导学习是指指导学生对学习信息进行编码，使学习变为有意义的学习。

6. 强化保持

强化保持是指对已学习的信息加强复习、练习，使所学信息能长期保持、贮存于大脑记忆中。

7. 促进迁移

促进迁移是指学生能将所学习的信息迁移到新信息的情境中运用。

8. 作业、反馈

学生通过完成作业获取反馈信息，以便调整学习进程和学习策略、方法。

Gagne 根据学生学习阶段设计了相应的教学事件。

（五）教学策略

1. 教学设计策略

教学设计策略是指对教学整体过程进行系统、合理和有序的设计，其中包括确定教学目标、分析学习任务、选择教学内容、拟定学习业绩目标与过程、确定起点行为与特征、编制测验项目、制定学习策略、设计和实施形成性评价和总结性评价。

2. 学习策略

学习策略包括选择性注意策略、编码策略以及知道何时、何地、何场景使用何种学习策略。

3. 指导策略

教师指导策略包括清晰告知学习目标，运用材料清晰地阐明课文的意义，激发学生学习兴趣，提问获取反馈，联旧引新，指导课堂教学和家庭作业等。

4. 管理策略

教师的管理策略包括坚持课堂教学的常规管理，检查和自我检查作业的完成状况等。

六、Ausubel 的教学模式

（一）教学理论

奥苏贝尔（D. P. Ausubel）根据学习方式，把人类学习分成两种学习：接受学习和发现学习；根据学习的内容和获得知识的经验，把人类学习分成两种学习：有意义学习和机械学习。Ausubel 认为，知识主要是通过接受学习获得，而不是发现学习掌握，因为发现学习所掌握的知识很有限，难以成为有效的首要手段。

Ausubel 认为接受学习不是机械学习，也不能与机械学习等同起来，接受学习应是有意义学习。有意义学习是在原有的认知结构基础上学习新知识，使新旧知识联系和融会贯通。新旧知识联系是一个同化过程，它能导致原有认知结构的重组。因此，有意义学习是学习和获取知识更为主要和有效的途径。

（二）教学目标

教学目标是要求学生学习和掌握明确、稳定和系统的知识体系，并采用有意义学习掌握有组织的认知结构。这是有意义学习的结果。

（三）教学模式

有意义的新旧知识联系，并不意味着将现成的新知识简单地"登记"到学生已有的知识结构中去，而是学生通过积极主动地、有意义地实施四步思维活动的模式实现的。Ausubel 的思维活动具有四步模式。

1. 新知识登记适合性

新知识登记适合性是指新知识登记到学生已有的知识结构之中，要考虑登记活动的适合性。登记活动的适合性又需对新旧知识的联系性进行充分、切实、有效的分析与综合，并作出适合的判断才能完成。

2. 调节新旧知识联系

调节新旧知识的联系是指在新旧知识联系受阻时，新旧知识的联系需要进行调节以达到适合性，进而理解新知识。

3. 新知识转化

新知识的转化是指所学新知识需要向原有知识转化，与原有知识经情境、思维活动相联系，便能使新知识在原有知识基础上更容易、更快捷地获得。

4. 重组知识

重组知识是指一旦新旧知识联系受阻且找不到调节的办法，则需从高一层次上对新旧知识的联系进行更概括性的、容纳性的概念重组。

（四）教学原则

言语接受学习是有意义的学习。有意义学习建立在新知识与原有知识相互联系的基础之上。据此，教学拟采用以下几种主要原则。

1. 先行者组织原则

先行者组织原则是 Ausubel 最重要的教学原则之一。先行者组织原则是指与相关新知识有内在联系的原有知识结构，在学习新知识前，教师应先介绍熟悉的、高度概括的、含有与新知识关键内容有联系的知识结构。这种知识结构起新旧知识联系的桥梁作用，即称为组织者（organizer）。它先于讲解新知识之前导入或引进，所以称先行者组织（advance organizer）。先行者组织凭借原有的知识、经验提炼出业已形成的知识认知结构，并用以与新知识建立联系，进而选择出新知识的本质内容，舍去了非本质内容，整合到已有认知结构之中，从而融合成新的知识结构。

2. 循序渐进原则

循序渐进（progressive differention）原则是知识按人们认知新知识的自然顺序和知识结构的组织顺序，由上位到下位，由一般到个别地进行纵向组织安排，并循序渐进地学习以达掌握的目的。这样，学生就能应用原有知识结构去同化即将学习的新知识结构，防止机械学习，实现有意义的学习。

3. 综合协调原则

综合协调（integrative reconciliation）原则是指知识按概念、原理、规则、课题和教材中的章节之间的内在联系进行横向组织，达到综合协调联系，融会贯通，防止知识、概念、原理、规则和课题、章节之间相互割裂而形成杂乱无章的结构，进而影响学生理解与掌握新知识和形成新的知识结构。

七、Bloom 的教学模式

（一）教学理论

美国著名教育家、心理学家布卢姆（B. S. Bloom，1913—1999）于 1956 在 *Thercmomy of Educational Objectives（Cognitive Domain）* 中提出了教育目标的分类体系，以使教学目标凸显其可观察性和可测量性。他认为，有效教学起始于学生准确地知道期望要达到的目标和使用达标的方法，而传统教学观点却是，每个教师在新学期或新教程开始时，总怀着这样的预想：大约有三分之一的学生将完全学会新教的事物；三分之一的学生将不及格或勉强及格；而另外三分之一的学生将学会所教的许多事物，但却还算不上是"好学生"。这种预想（得到了学校分等级的方针与实践的支持）通过分等级的程序和教材、教法把知识传递给学生。这种体制造成一种自我实现的预言：通过分等级的程序，学生最后的分等级与最初的预想相差无几。这种预想是最浪费、最具破坏性的，它压制了师生的积极主动性。Bloom 主张，世界上任何人都能学习，而在适当的条件下几乎所有人都能学好。他的实践证明除了百分之一、二的超常儿童和百分之二、三的低常儿童外，大多数学生学习能力等方面都无大差别。Bloom 提倡掌握学习，他把教材分成单元，并在教完每个单元以后进行诊断性测验，对于测验后存有问题的内容再进行讲解，直到掌握为止。Bloom 为了达到教师为掌握而教，学生为掌握而学，把教学内容按目标分类，并通过诊断性测验评估逐步掌握各级目标。[①]

（二）教学目标

Bloom 把教学目标分成三个领域目标，即认知领域目标、情感领域目标、动作技能领域目标。

1. 认知领域目标

认知领域目标又可分成知识、理解、运用、分析、综合和评价六个二级

---

① 朱琳. 布卢姆教育目标分类理论 [J]. 文化学刊，2008（1）：115 - 121.

目标。

2．情感领域目标

情感领域目标又可分成接受、反应、价值判断、价值组织、价值个性五个二级目标。

3．动作技能领域目标

动作技能领域目标又可分为基础目标、规定动作和创造动作三个二级目标。各个目标领域的二级目标还可分成许多三级目标等。

（三）教学模式

Bloom 的教学模式可分为五个程序。

1．划分单元

掌握学习首先要求把学习内容分成若干单元，然后制定和明确单元目标以便起定向作用。

2．组织单元教学

根据单元教学目标组织单元教学。

3．进行单元形成性测试

单元教学结束后，立刻根据规定的单元目标命题，进行单元形成性测试，旨在检查学生掌握单元目标的程度。如果测试结果说明学生全部合格，也就证明学生都掌握了该单元的内容和目标，完成了单元教学的任务，宣告单元学习结束，并可进入下一单元的学习。如果测试呈现部分学生未能达到规定的目标要求，就需要进行矫正学习。

4．实施矫正学习

矫正学习的目的是针对学生未掌握的内容和目标进行教学，弥补知识缺漏，并有针对性地复习、巩固尚未掌握的内容。

5．进行平行测试

平行测试是第二次测试，这次测试的主要内容是第一次测试尚未掌握的内容和目标。平行测试的目的是使绝大多数学生都能通过测试达到掌握单元内容和目标。

（四）教学策略

1．控制学习过程

掌握学习应重视控制学习过程，即实施一个单元内容和一个单元内容逐步学习和掌握的程序，把学生学习单元内容的进度控制在适合每一个学生的学习水平上。每逢学生学习上有困难或产生问题，立即进行矫正学习、弥补缺漏，以便他们能及时赶上全班学习进度，促使学习过程顺利发展。

2．反馈调整教学

单元教学采用单元诊断性测试获取反馈信息，发现问题需及时复习订正。诊断性测试是一种摸底测试，旨在获取反馈信息，它是一种检查学生是否学成内容和达到目标的有效测试。

3．为掌握而教

掌握学习要求根据学生水平安排教学单元内容和进程，教师为掌握而教，学生为掌握而学。在单元教学的过程中，教师一旦发现学生在学习上存在问题就应及时弥补，从而使绝大多数学生能掌握共同的内容，掌握共同的目标。

八、罗杰斯（Rogers）的教学模式

（一）教学理论

人本主义心理学的创始人之一马斯洛（Maslow）的自我实现理论认为，人具有内在的价值，人的内在价值是满足人的需要，由此，他提出人的需要层级理论。他把人的需要由低级逐步到高级排列为七类：生理需要、安全需要、归属和爱的需要、尊重的需要、认知需要、审美需要和自我实现需要。

需要还可按生物性和社会性角度分成：生物性需要和社会性需要。生物性需要是保存和维持个体生命和延续种族的需要，如生理、安全和运动需要等。社会性需要是指与人的社会生活相联系的需要，它又可分成基本社会需要和高级社会需要。前者是指依恋、交往、探究、朴素美等。后者是指求知、成就、审美、贡献和自我实现的需要等。

人本主义心理学的另一代表人物 Rogers 针对传统教学的三中心：以教师为中心，以课堂为中心，以书本为中心的有教师指导的有指导教学，而提出以学生为中心的自我指导理论，即无教师指导、非指导性教学理论。在 Rogers 看来，学生是依据自己的知识、情感经验和认知方式进行学习认知活动，并积极主动参与讨论、辩论、探索和研究的。

（二）教学目标

1．自我指导能力

非指导性教学认为，教学应创设师生互动的非指导性教学氛围，并在相互理解的交流氛围中，让学生富有成效地处理自己的学习活动，自己确定自己存在的学习问题和解决问题的方法，从中培养和发展自己的自我指导能力。

2．促进情感

教师是学生情感发展的促进者，学生则可以自由表达自己的情感。发展学生的积极情感对于学生积极主动解决问题来说是至关重要的。

3．洞察力

洞察力是过程中的一个短期目标，是一种新的知觉方式和一种与情感相联系的思维能力。它来源于学生对行为的因果关系和自己的定义陈述。

4．选择能力

选择能力是指学生有自由选择确定问题、解决问题的策略方法，有自由选择表达自己的情感、兴趣、爱好、经验去发展自己的潜能和个性的能力。

5．创造性能力

创造能力是指有能力自己提出问题和自己选择解决问题方法的学生必然具有探索和研究问题的创造能力。而对于富有自我选择能力和探索、研究精神的学生来说，也必然更具有创造性地迎接和解决新情境中产生的问题的创造性能力。

（三）教学模式

尽管非指导性教学有它的不确定性和不可预知性，但它仍然具有一定的教学程序模式。

1．确定辅助情境

确定辅助情境是指教师要积极鼓励学生自由地陈述问题和表情达意，面对面讨论问题并达成共识，旨在创设一个师生相互理解、相互协作的情境氛围。

提出问题是指教师鼓励学生选择和明确学习中存在时问题，并接受学生自己提出的问题和所表达的情感。与此同时，学生则可对自己所表达的情感作澄清，进而积极地陈述和探究面临的问题。

2．发展洞察力

发展洞察力是指学生逐步发展自己的洞察力。学生在个人经历中感受到选择和讨论问题、探索研究问题的因果关系，理解自己探究行为的意义和自己表达情感时的体验，从而产生新的认识和新的洞察力。

3．计划与决定

计划与决定是指学生开始设计计划，并作出初步决定。教师则可帮助学生明了自己有多种选择的可能性。

4．整合

整合是指学生报告他们的实施行动，逐步提高自己的认识力和发展自己的洞察力，并进一步在更高整合水平上开展更积极的行动。教师则提供资源支持学生的行动。

（四）教学原则

1．创设自由和安全氛围原则

创设自由和安全氛围是指创设学生不受压制、束缚，没有批评、威胁，只有受到尊重、鼓励、赞扬的自由和安全情境。师生建立相互理解、真诚相待、互敬互爱、合作平等的关系。

2．自我指导性原则

自我指导性是指学生是教学的中心，是学习的自我激发者、问题的自我选择者和解决者、成果的自我评价者和学习过程的自我指导者。教师则是帮助者、支持者。

第二章

英语课堂教学模式

第一节　个性化教学模式

英语教学是面向学生的，不同的学生其心理特征、精神面貌也是不同的。因此，必须要尊重学生的个性化特征及其身心发展的客观规律，这也是国家对英语教学工作的最起码的要求。另外，不同的学生、不同的个体、不同的特征也要求英语教学应该将侧重点放在学生自身的爱好和特长上。早在 2000 年以前，孔子就提出了因材施教的教学理念，即要求在教学中对不同的学生要区分对待。而这一理念在当代英语课堂教学中仍旧适用，当代的英语课堂教学应采用个性化教学模式，这不仅有利于提高教师教学的效果，也有助于提升学生的全面发展。下面就对个性化教学模式展开具体的分析和论述。

一、个性化教学模式的定义

在了解个性化教学之前，首先介绍一下个性的定义，从中归纳出个性化教学的定义。

(一) 个性的定义

个性是影响学生学习的一个关键因素，也是教育教学研究的基本出发点。总的来说，个性是一个较为复杂的心理现象，很难界定出准确的概念，且研究角度不同，给个性所下的定义也不相同。西方心理学家和教育学家把个体的心理特征理解为个性。我国的心理学家和教育学家把个性界定为个体固有的特征的总和，是比较一致而又相对稳定的个人形态。

从哲学的角度来讲，个性指的是单一事物的个体性和独特性，即与其他事物的差异性。世上每一个事物的存在和发展都呈现出不同的形态，正是这种个体性和独特性才能够将不同的事物区分开来。那么，学生的个性指的便是每个学生比较稳定的特征，表现在气质、性格、智力、意志、情感、兴趣、爱好、特长、思想品德等方面。

（二）个性化教学的定义

目前，教育研究界往往将"个别教学"与"个性化教学"这两个概念混淆。个别教学的英文是 tutorial instruction，个性化教学的英文有 individualized instruction，individualized teaching，personalize instruction，personalized instruction，personalizing instruction 等。[①] 这些词含义相近，但也存在一定的差异。在《个性化教学》（*Individualized Teaching*）中，阿兰对 individualized teaching 和 individualized instruction 两个术语做了区分。他认为，前者强调的是教学过程中师生之间的互动、学生与学生之间的互动以及学生与学习资源之间的互动；后者则是要求学生按照自己的学习进度安排学习任务，学生也可参与制定自己的学习日程。

个性化教学实际上指的就是根据不同个体的个性特点，采用不同的教学方法和途径以达到预定的培养目标，可以采用个别教学、小组教学或是班级教学等教学组织形式，亦或是几种教学形式穿插使用，可视具体教学需求灵活运用。值得一提的是，个性化教学与普通教学在教学手段和教学条件等方面大致相同，并非一种特殊的教学手段，其在实践过程中，仍要以教材为依托，以课堂为平台，只是这种教学方式为教师和学生提供了更大的个性展示空间。个性化教学也不是对传统教学的否定，并不意味着教师可以随心所欲地授课，也必须是以教学目标为指导，以学生为教学重心，遵循英语教学规律，由浅入深、循序渐进地开展教学。个性化教学是英语教学法的发展趋势，是顺应新的教学理念的表现，这一教学的开展有利于素质教育的提高和学生个性化的发展。

二、个性化教学模式的特征

与普通的教学模式相比，个性化教学模式主要呈现以下几点特征。

1. 学习进度

学生可以按照自己的学习进度安排学习过程。

2. 学习媒介

学生可以选择适合自己的学习媒介。

---

① 邓志伟. 个性化教学论 ［M］. 上海：上海教育出版社，2002.

3. 学习方法

学生可以选择适合自己学习风格的学习策略，体现多样化的特点。

4. 学习内容

学生可以从自己的兴趣和爱好出发，选择适合自己的学习内容，实现自己的学习目标。

5. 学习目标

课程目标具有多样化，可以适应学生的个体性差异。

6. 评价方法与标准

不同的学生由于其选择的学习任务不同，其评价方法与标准也不一样，教师需要根据其选择的领域、层次来进行判定。

三、个性化教学模式的优势

从个性化教学模式的定义与特征中不难看出，其具有明显的优势。这主要体现在以下五点。[①]

（1）能够确立学生的主体地位。

（2）为学生创造了更为广阔的发展空间。

（3）有利于学生展现自己的学习优势。每一位学生都有其自身的优势领域，通过个性化教学，可以将这些优势呈现出来，从而扬长补短，充分挖掘出自身的潜能。

（4）促进学生的品格、人格向着健康的方向发展。由于个性化教学模式为学生创设了一个轻松、自由的氛围，在这一氛围中，师生之间、生生之间和谐共处，同时学生也可以张扬自己的个性，勇于发表自己的观点，实事求是。

（5）有利于学生创造能力的发展。在英语学习的过程中，学生有充足的热情去体验和感受学习过程，解决自己学习中的实际困难，从而发展自己的创造性精神和能力。

四、个性化教学模式的设计原则

从现代英语教学的要求来说，个性化教学是一个系统化的大工程。要保证这一工程顺利实施，就必须坚持一定的原则，具体体现在如下几个层面。

---

① 王庭波，刘艳平. 个性化教学模式的实践探索 [J]. 课程·教材·教法，2011，31（8）：24-29.

（一）理念的个性化

个性化教学模式要求坚持理念的个性化。所谓理念，顾名思义就是理想的观念，也就是我们不断追求的观念。英语教学理念的个性化要求我们不是标准化的英语教学，而是多元化、多样化、内涵丰富的英语教学，是具有独特性的教学。

（二）目的的个性化

目的的个性化要求英语课堂教学的目的是培养个性化的人才，而不是标准化的人才，应该将学生个性生动活泼的一面展现出来，而不是千人、万人一面，同时也让学生具备丰富多彩的表达形式，具有创新精神和能力。

（三）内容的个性化

从理论层面上说，内容的个性化主要体现在以下两个原则上。

1．个性的多样性与课程的选择性

个性的多样性要求在英语课堂教学中，教师应该尊重每一位学生的个性特点，根据学生不同的学习方法和经验，帮助学生塑造独特的知识、能力以及价值观。优秀的英语课堂教学应该是让每一位学生都充分发挥出个体的潜能，使其特长实现最大程度的发挥，做到人尽其才。这就需要在英语教学课程的选择上下功夫，建立课程的选修制度，让学生自己进行选择，成就学生的个性自由发展之路。

2．主体的参与性与课程的生成性

知识的意义在于学生能够积极主动地参与到实践活动中并获得。而教学活动与课程是学生个性发展的实践性活动，在课程教学过程中，学生只有凭借自己的实践才能获得知识的意义。

从课程的生成上来说，个性化教学需要从以下几点着手。

（1）英语教材应该从"一纲一本"转变成"一纲多本"，使教材能够与学生的差异性相适应。

（2）如上所述，建立选修课程，发展学生的独特个性。

（3）课程知识应该与学生的个性特点相符，在知识的表达形式上可以选择图文并茂，具有多元化。

（4）课程应该保证分化与统整，实现两者的紧密结合。

（四）形式的个性化

在英语课堂教学中，总会遇到各种各样的问题，如如何教、教什么、教多久、如何达到理想的教学效果等问题。对于这些问题，实际上都是由学生的意向、兴趣、能力、经验、需求等方面决定的。从学生的角度上说，这种学习活动具有发生性，这就需要教学必须实现形式的个性化。[①] 一般情况下，教师可以使用多种形式完成教学，如小组式、同伴式、小班化、自主学习、合作学习、探究学习等。

（五）方法的个性化

方法的个性化需要根据不同的学习对象以及不同的知识类型来进行判定。其主要包含以下几种方法：有意义的发现学习、有意义的接受学习、情感体验学习、体悟—感悟—顿悟学习等。在具体的课堂教学中，教师应该熟悉和掌握这些教学方法的理论，并将这些理论付诸于实践。

（六）手段的个性化

手段的个性化主要涉及的是教学中应该充分利用各种有效的资源，如学校资源、校园文化资源、网络资源、社区资源、广播电视资源、计算机资源等。这些资源都可以辅助学生的个性化学习，从而推进学生全面自由发展。

五、个性化教学模式的实施方法

由于教学目标、教学理念、教学技术的不断发展和革新，英语课堂教学应该实施个性化教学模式。在英语课堂教学中，实施个性化教学，充分考虑学生的个性特点，这必然会提高英语课堂教学的成效。但是如何实施个性化教学呢？下面就对个性化教学模式的实施方法进行介绍。

（一）尊重学生的个性发展

我国的教育教学工作十分重视学生的素质教育，而素质教育和学生的个性发展有着紧密的联系，两者相辅相成，相互促进。因此，在英语教学过程中，必须重视个性化教学对素质教育的影响，同时加强学生的思想品德教育，从而全面提高学生的综合素质。

教师在英语教学中要尊重学生个性有以下原因。

1. 个性是素质教育的重要出发点

随着我国现代化进程的逐渐加快，社会的不同领域需要各种各样的人才，那么，如何才能在相同的教育制度下培养出不同的人才是素质教育的根本问题。显然，传统的教育观念是行不通的，只有以学生的个性特征为出发点的个

---

① 王庭波，刘艳平. 个性化教学模式的实践探索 [J]. 课程·教材·教法，2011，31（8）：24 - 29.

性化教学才能针对性地培养出学有所长的人才。也就是说，素质教育必须要尊重学生的个性特征和主动精神，以开发学生的智慧潜能为教学重心，以培养学生的健全个性为教育根本，这样的教育才能适应社会的发展需求，才能培养出有理想、有道德、有文化、有纪律的全面发展型人才。

2. 个性倾向性影响个体的素质发展

个性倾向性是推动人进行活动的内在驱动力，也是个性发展中最为活跃的因素，它决定人想要做什么，想要追求什么。可以说，人对外界的认知和态度的选择和趋向都取决于人的个性倾向性。个体倾向性具体而言包括需要、动机、兴趣、爱好、态度、理想、信仰和价值观，这些因素对个体素质的发展的影响具体体现在以下几个方面。

（1）理性和信念对素质发展的影响。理想和信念是人不断发展和前进的精神动力，无论是对工作、学习还是生活都起着重要的激励作用。科学的、坚定的理想和信念往往可以推动人们积极地、满腔热情地投入到想要追求的事业中去，也更有可能取得重大成就。可以说，理想和信念是人生的推动器。

（2）需要和动机对个体素质发展的影响。心理学认为，需要是动机的一种刺激，有需要就会有动机，有动机才会有行动，因此，需要和动机在个体的素质发展中具有引发和强化行动的功能。例如，你想要了解某个知识，会去看相关的书籍；你想要买衣服，就会去逛商场；你想要锻炼身体，就会每天坚持跑步。可见，人的需要是动机的诱因，有了动机才会付出行动。在个性的形成和发展过程中，个体的需要和动机表现出明显的差异，这也使得需要和动机对行动发挥指向性作用，也就是说，不同的个体有不同的需求和动机，这些需求和动机促使他们向满足自身需求的方向努力，他们的行为就会表现出一定的指向性。因此，要想培养个体在某一方向上的素质，必须使个体对某一方向具有需要的追求和动机。

（3）兴趣和爱好对个体素质发展的影响。兴趣和爱好可以激发个体的求知欲。人们通常会对感兴趣的事物产生探索和求知的欲望，这一欲望驱使他们主动地去寻求答案。相关调查结果显示，一个学生对不同的学科有着不同的兴趣，不同学科的成绩也相差很大，感兴趣的学科的成绩一般比较理想。由此可见，兴趣和爱好是学生学习的内在动力，重视学生的兴趣和爱好有利于提高教学效果，培养学生的学习积极性和创新精神。

（二）尊重学生的主体地位

学生是学习过程的主体。教师在英语教学过程中，应该尊重学生的主体地位。做到处处以人为本、以学生为主体，与学生平等对话、与学生合作学习，只有这样，才能突出学生的主体地位，充分发挥学生的主体作用，提高学生学习英语的积极性和主动性，从而有效地提高英语教学效果。[①]

教师在英语教学中充分尊重学生的理念主要有三方面的含义。

（1）帮助学生认识并确立自身的主体地位。这就要求教师在日常的教学过程中，注重培养学生自我管理、自主学习的能力，引导学生积极主动的参与教学活动，并养成独立思考问题的习惯。

（2）英语教学工作的安排和设计都要以学生为中心，在教材的选用方面也要充分考虑学生的心理特点以及兴趣爱好等。

（3）英语课程的每个环节的设计都要考虑到学生的需求，课堂中穿插的活动也要以学生为中心，以学生的需求为依据。

总之，尊重学生的主体地位是实施个性化教学的关键。教师只有尊重学生的个性差异，发挥学生的自主精神，才能帮助学生不断培养和提高自身的综合素质。

（三）尊重学生的自尊心理

自尊（self-esteem）是任何人类行为中最有渗透性的方面，对人类行为具有十分重要的影响。甚至可以说，一个人没有一定程度的自尊、自信和对自己的了解，就无法进行任何成功的认知和情感活动。

库珀·史密斯（Cooper Smith，1967）给"自尊"下了一个很好的定义：自尊是指个人所作的并习惯性地保持的评价。自尊表达出赞同或反对的态度，标明个人对自己的能力、意义、成功和价值相信的程度。就英语教学而言，学生的学习效率和效果受到自尊心的重要影响，而学生的自尊心很大程度上来源于教师对学生的尊重。因此，每个教师都有责任尊重学生的自尊心，即使学生身上有各种各样的缺点，也不应表现出忽视或轻视的态度，而应多关注学生身上的闪光点，并予以肯定，这样才能帮助学生更好地进步。

第二节　多媒体与网络教学模式

随着现代化信息技术的发展，多媒体、网络技术得到迅猛发展，并且在社会的各个领域都有广泛的应用，尤其是将多媒体技术和网络技术应用于英语课

---

① 王庭波，刘艳平. 个性化教学模式的实践探索 [J]. 课程·教材·教法，2011，31（8）：24-29.

堂教学中，使多媒体教学模式与网络教学模式逐渐形成，同时这两个模式也成为我国英语课堂教学的重要模式。下面就对这两种新型的教学模式展开具体论述。

一、多媒体教学模式

由于现在的信息技术不断与英语教学相结合，多媒体教学模式在英语教学中占据着越来越重要的地位。本节首先对多媒体教学模式的相关知识进行分析和探讨。

（一）多媒体教学模式的定义

在分析多媒体教学模式这一定义之前，这里有必要对多媒体的定义进行简要的概述。

"多媒体"这一术语产生于 20 世纪 60 年代，是由英文"multimedia"翻译而来，它最初是指两个或者两个以上的媒体组合成的一个单一的系统，即材料是通过多种感官通道进行交流的。[①] 现如今，由于计算机技术和通信技术的飞速发展，多媒体也有了越来越多的定义。很多国内外专家、学者从不同角度出发研究多媒体及其相关领域。这些定义大致可以分为以下三类：一是对用户来说，它是一种以计算机为控制媒介的技术；二是对创作群体来说，它是可以开发创造多媒体产品的技术和软件技术系统；三是对技术人员来说，它是一系列软件和硬件的集合体。

下面列举几种比较常见的定义。

（1）多媒体是文字、图形、动画、视频、音频的结合体，而计算机是这些媒体之间联系的纽带。

（2）多媒体是结合了两种或者两种以上应用功能的计算机技术，这些应用功能可以是动态的，也可以是静态的。

（3）多媒体是在传统计算机功能（包含文字、图像、图形以及逻辑分析等）的基础上与音频信息、视频信息以及为了知识创建和表达的交互式应用的结合。

上述定义主要是从用户的角度来界定的，而多媒体应用于英语教学也是从用户的角度出发，研究多媒体的技术和功能，因此两者不谋而合。

多媒体教学系统主要由软件和硬件两个部分组成，其中软件包含 DVD 播

---

① 王琦. 信息技术环境下的外语教学研究［M］. 北京：中国社会科学出版社，2006.

放软件、媒体播放软件、数字语言实验室软件等；而硬件包含电视摄像机、扫描仪、显示器、打印机、音响、音频卡、触摸屏、CD－ROM 驱动、DVD 驱动等。与一般的计算机软件相比，多媒体系统具有数据量大、信息种类多，因此它需要具备更高层次的输入输出设备，否则就很难保证音质、视觉等的效果。

通过对多媒体的了解，我们不难归纳出多媒体教学就是利用多媒体的手段进行外语教学，以适应新形势对英语课堂教学的要求。英语教学是该模式的中心，在该模式中，教师的任务并不是决定选择哪一媒体，而是将重心放在课堂的设计、教法的选择上。在这一认识的基础上，充分发挥多媒体教学模式的优势，从而促进英语课堂教学的发展。

（二）多媒体教学模式的类型

多媒体教学模式的种类多样，下面我们选取其中几种较为常见的模式进行分析，具体描述如下。

1. 集体教学模式

所谓集体教学模式，是指建立在传统班级教学制度的基础上，在多媒体技术的影响下形成的一种教学模式。这种教学模式主要将学校和教师作为媒介，教师在课堂之上以讲解、演示等形式向学生传授知识，这一般在教室或者实验室进行。当然，教师在讲解的过程中会借用其他的辅助手段。

在该模式中，教师一般会选用单个或者组合媒体材料，如幻灯片、录像、影碟等。这种授课演示也可以没有教师的参与，而是完全通过上述媒体材料实现。其最大优点就是效率比较高，能够有效地利用一切媒体资源，从而提高教学的效果。

2. 个别化教学模式

所谓个别化教学模式，是指将学生作为中心，能够适应每个学生需求的教学模式。很多证据证明，学习过程是必须由学生自己完成的一个过程，当学生能够从自己的进度出发，积极主动地完成学习任务，他们才能获得成功的经验。因此，多媒体教学应该从每个学生的需求和特点出发，为每一个学生量身定制一套符合自己的学习经验，以便他们顺利完成学习任务。

但值得注意的一点是，并不是所有的教学内容都适合个别化教学模式。与该模式相适应的学习内容有与事实相关的信息、一般具体概念和原理的掌握、基本技能的培养、某些动作技能的发展等。进行该模式教学时，教师的职责包括为学生提供充足的资料、提供寻找资料的途径、解决学生遇到的实际问题、帮助学生制定自学的程序及步骤等。

3. 支架式教学模式

多媒体支架式教学模式是从维果斯基的"最近发展区"理论发展而来的，主张在英语教学中应将一个复杂的学习任务进行分解，从而一步一步地进行学习，同时考虑满足（$i+1$）条件，增加适当难度的教材内容。[①] 这样，就可以发挥支架的作用，帮助学生完成教学任务，达成教学目标。具体来说，主要包含以下五个步骤。

（1）建立知识框架。建立知识框架是指以当前的学习主题为基点，按照"最近发展区"的理论，构建自己的知识框架。在设计这一环节时，教师应保证教学目标的可行性以及采用能够处理好各个要素之间关系的策略。

（2）进入问题情境。这和情境性原则相匹配，即利用多媒体这一媒介为学生创设一个真实的语言环境，使学生置身于特定的问题情境中。但是在这一环节，要注意保证视听与思考的结合，选择与多媒体结合的最优化策略。

（3）让学生独立探索。探索主要包含对与内容相关的各种属性的确定与给定，并将这些属性按照由大到小的顺序进行排列。这一环节开始时，应该先由教师进行引导和启发，教师给予的帮助可以更多一些；其次学生独立去分析和探索，教师可以给予适当的提示，但是这一阶段教师给予的帮助要尽可能的少之又少，即放手让学生独立进行。只有这样，学生才能在概念框架中不断得以提高。可见，这一环节主要调动了教师在教与学两个层面的积极性。

（4）小组协作学习。这一环节是小组成员之间进行对话与讨论的过程。但是其结果会导致原来已经确定了的、与所学内容相关的属性的增减，同时这些属性的排列顺序也可能发生调整或改变。该环节是建立在集体思维成果的基础上，对所学内容进行全面、系统化地理解，最终完成知识意义的建构。

（5）效果评价。效果评价是最终的环节，是反馈原则的一项重要的体现。其主要包含教师的评价、同学间的互评以及学生的自我评价，而评价的内容主要是学生的自主学习情况与能力；每一位学生为小组甚至班级的整体学习做出的贡献；是否完成对知识的建构过程。

总之，英语多媒体支架式教学模式是以建构主义学习理论为基础的一种教学模式。这种模式认为知识是靠学生自己获得的，而不是教师教授的，在获得的过程中学生可以得到教师和其他同伴的帮助，再结合多媒体的各种资源，最终完成知识的建构。

---

① 程秋跃. 浅谈多媒体教学模式下的英语教学开展［J］. 现代交际，2017（21）：150 - 152.

4．相互作用教学模式

小组相互作用教学模式给予了教师和学生更多了解的机会，为了保证学生能够最大限度的受益，小组的人数不能太多，这取决于很多的因素，包含练习的目的、内容的形式、活动的性质等。例如，如果练习的目的是为了发展技能，那么小组的成员应尽可能地控制在 4～6 人。

在这种教学模式中，教师可以让学生根据自己对知识的掌握程度进行回顾、讨论、应用、修正、强化，并互相传授自己的学习经验，以达到相互促进的目的。另外，相互作用的教学模式有助于学生智力水平的提高、认知的发展、学习态度的形成以及人际关系的处理。一般情况下，可以采用游戏、角色扮演、情景对话等方式进行。教师在这之中充当策划者、参与者、指导者的身份，因此教师在活动之前应该进行周密的规划，争取获得最佳结果。

（三）多媒体教学模式的特点

随着现代化教育技术的不断发展，多媒体技术的发展日益成熟，并不断地应用于英语课堂教学之中。多媒体技术与英语课堂教学的整合，其目的是为了培养学生的综合运用能力。而与其他各种教学手段相比，多媒体教学模式具有如下几个特点。

1．信息媒体的多样性

人们对信息的接受和反映主要依赖于视觉、听觉、触觉、嗅觉以及味觉这五个感觉空间。其中，视觉是人们获取信息最主要的途径，占 70％～80％，听觉一般占到 10％左右，而通过触觉、嗅觉以及味觉获取的信息加起来为 10％。信息呈现的多媒体化可以为语言学习提供更多的技术手段，因此英语教师应该将文字信息与听觉、视觉信息结合起来，使学习者可以通过多感觉信息交流，将自己置身于真实的语境之中。

另外，信息媒体的多样性还有助于提高学习效率。在学习过程中，对学习知识进行强化是非常重要的环节，而多媒体辅助教学有助于及时强化、及时反馈，这是由于计算机强大的处理器功能。多媒体教学软件能够在短时间内调动有利于英语学习的信息，也能为教师与学生提供及时的反馈，针对反馈，师生逐渐调整教学策略或学习策略，从而强化学生对英语知识的记忆。例如，当讲解或者示范某个语言项目的时候，多媒体软件可以短时间内提供整篇的文字、画面或者录像，并且具有准确性和生动性。

2．信息处理的集成性

传统的教学模式主要以教材为中心，很难培养学生的语言综合运用能力。而多媒体教学模式是将各项信息媒体统一起来，采用多种通道进行信息组织和存储，这明显具有集成性。

多媒体信息技术的集成性是通过多媒体技术，将文字、图形、音频、视频等多种媒体信息都能集中在一起呈现出来。使学习者可以从眼、耳、口等多种渠道接受信息并送入大脑，进而再由大脑进行分析和判断。这种集成性使人们轻而易举的获取信息，从而使得英语课堂教学更加生动形象。

3. 学习模式的多元化

多媒体教学模式使学习模式更加多元化，从而激发了学习者的学习兴趣。在传统的课堂教学模式中，每个班的学习成绩总会出现两极分化的情况，而在多媒体教学模式中，教师可以根据学习者的个体差异来安排学习内容，从不同学生的个体特点以及思维特征出发，进行个别化教学。这种教学模式并不受时间的限制，教师可以随时提供给学生学习的机会，让存在差异的学生用自己适合的方式来学习相关课程，使每个学生都能够达到教学目标。

多媒体教学模式可以增强学生的成功率，因为在这种环境中，计算机充当了教师的角色，且更加公平、耐心，使学生降低压抑感，从而敢于尝试，增加学生学习的成功性。

4. 学习过程的互动性

多媒体教学模式在学习过程中具有互动性。所谓互动性，是指将人的活动当作一种媒体纳入信息传播过程中，能够使信息的发出者和接收者都可以参与其中，且参与方都可控制、编辑和传递信息。

互动性有助于在获取和使用信息时充分发挥学生的主观能动性，增加对信息的注意和理解。而传统的英语教学则是以教师为中心的、单向的知识辐射，因此单位时间内知识的传输受到了很大的挑战。教师在传送知识信息的时候，可能只对其中一部分学生有用，而对那些已经掌握相关知识的学生则是浪费时间。

在多媒体教学环境下，教师可以人为地改变语言学习的顺序，随机变换操练句型，从而更好地做到因材施教；学生也可以主动检索、查询感兴趣的知识或还未掌握的知识，而不是像在传统教学模式中那样被动地接收信息。

5. 数字化资源的共享性

利用多媒体技术有助于实现数字化资源共享，这就意味着无论是文本素材还是视听课件，都可以复制到互联网上。目前，我国很多的教材出版商都专门设立自己的网站，这些网站中包含了与其教材相配套的电子教案和电子素材，教师可以根据需要自行下载。

资源的共享性有助于减轻教师的负担，使教师将更多的时间放在有困难的学生身上，并进行创造性的教学研究。众所周知，一个人的力量是有限的，但是多媒体上集合了众多优秀教师的经验，因此教师可以利用这些经验对学生进行辅导和帮助，从而缩小不同地区教学水平的差异，提高了整个国家的英语课堂教学质量。

（四）多媒体教学模式的优势

与传统的英语课堂教学相比，多媒体教学模式有其自身的优势，这主要体现在以下几个方面。

1. 能够打破时空限制

在传统的英语课堂教学中，由于教室空间的有限性，可容纳的学生量是非常有限的，一般情况下只能容纳几十个学生，而且学生本身的学习条件存在差异性，其学习水平也是不同的，同时每节课的时间也是固定的、非常有限的。因此，英语教师只能在有限的时空里展开教学。

然而，与传统英语课堂教学不同，多媒体教学模式打破了时空的限制，学生除了可以在课堂上进行语言学习之外，还可以在任何时间、地点学习教师的多媒体软件，具有自由性和灵活性。在课外，学生可以对课堂上未掌握的知识点进行熟悉和复习，从而加深印象。在多媒体软件中，教师不仅可以让学生共享课堂内或者书本上涉及的基本知识，还可以涉及与之相关的、未提及的多方面资料，这样可以让学生无论处于世界上的任何角落，都可以随时地完成学习任务。

2. 能够优化课堂环境

传统的课堂教学中，每个学生的位置不同，受这一客观因素的影响，其英语学习水平也受到了一定的影响。例如，座位靠后的学生，往往会受到教师声音高低的影响。如果教师的声音高，那么后排的学生才能听得更清楚；如果教师的声音低，后排的学生基本听不到或者听不清任何内容。

而多媒体教学则大大弥补了这一缺陷，无论学生位于教师的任何位置，都能够清晰明朗地听清教师所讲的内容。这是因为多媒体最大的优势就是将音频、视频融合为一体，这对于大班教学来说是非常显著的特点，有助于优化课堂环境，缓解传统教学的弊端。

3. 能够激发学生兴趣

从多媒体的组成上可以得出，多媒体教学将文本、图形、音频、视频等融合于英语教学之中，这种方式从本身上就缓解了传统教学的单一、枯燥性，更加充满动态色彩，可以充分地调动学生的积极性和学生的学习兴趣。

4．能够增加课堂信息量

传统的英语教学以课本的内容为主，但是课本的内容是非常有限的。而多媒体教学能够在此基础上提供更多方面的内容，让学生能够从文本、图像、声音、影像等层面进行英语学习，这大大丰富了学生的知识量。

另外，在传统的英语课堂教学中，教师是整个课堂自始至终的主角，即使他们将更多的时间放在讲解上，但是授课的信息量仍旧是非常少的。而与之相比，多媒体教学将各种内容、手段集合为一体，将更多的信息生动、快速地展现在学生的面前，其信息量非常大。

综上所述，多媒体教学比传统英语教学有着明显的优势，不仅可以大大节省教学的时间，还可以增加课堂的信息量，从而更加有效地保证教学的效果。

5．能够实现以学生为中心

之前已经提到，多媒体教学能够给学生提供一个更为真实的语言环境。在这一环境中，学生可以发挥其自身的主观能动性，合理安排自己的学习时间、学习内容、学习进度，变被动为主动，积极地进行英语学习。可见，多媒体教学实现了真正意义上的"以学生为中心"，这有利于培养学生的英语综合能力。

（五）多媒体教学模式的设计原则

从多媒体教学模式的特点中不难看出，多媒体教学模式要比传统的教学模式有着更大的优势。但是，多媒体教学模式在以高效、现代化的手段来辅助英语教学时，也需要遵循一定的教学原则。如果没有这些教学原则和设计的指导，多媒体教学模式很容易造成事倍功半的结果。下面就来重点论述以下多媒体教学模式的设计原则。

1．以学生为中心原则

该原则将学生作为教学活动的中心和主体。在学习过程中，学生可以从自身的特点和实际的英语水平出发，主动参与到其中，选择自己需要的学习内容，建构自己的知识。在人与机器交互的过程中，学生积极思考，动手操作，从而激发自身的学习动机。例如，学生在学习语言的过程中常常会遇到各种各样的问题，运用多媒体技术，学生可以随时地和教师以及同学进行交流并加以解决。同时，学生也可以自行进入下一个单元的学习。可见，这种以学生为中心的多媒体技术不仅为学生提供了自由的空间，也为学生提供了大容量、高密度的学习内容，从而保证学生自身学习效果的不断提高。

2．认知原则

多媒体教学模式要坚持认知原则，该原则主要包含两个层面：一是对学生的认知发展予以关注，从而培养其自身的认知策略；二是对学生的认知差异予以特别的关注，针对不同学生的学习风格，给予个别化的指导。伴随着多媒体技术广泛应用于英语教学中，它不断推进着学生认知的发展。由于传统英语教学的班级规模比较大，难以做到因材施教。而在多媒体技术的辅助下，学生可以选择自己的学习内容、控制自己的学习速度，这也就有利于该原则的实现。

3. 文化原则

培养学生的跨文化意识是目前英语课堂教学的一项重要内容。众所周知，语言是文化载体，语言与文化是密不可分的。英语学习的过程实际是认识和了解对方国家文化的过程。如果忽视了文化的学习，那么英语学习也就失去了意义。因此，在多媒体教学模式中，教师也应该始终坚持文化教学原则，为培养学生的跨文化意识提供更为广阔的空间。

4. 情感原则

在英语学习中，情感因素也是影响学习成败的一个重要因素。其中情感因素包含学习兴趣、学习态度、学习动机等。而情感因素分为积极的情感因素和消极的情感因素两大类，积极的情感因素对英语学习起到促进的作用，而消极的情感因素则起阻碍作用。在多媒体教学中，教师应该设计一些具有趣味性、交互性的活动，这样才能调动学生的积极性，激发学生的学习动机，从而吸引学生的注意力。同时，多媒体教学也提供了一种新型的教学方式，使传统枯燥、抽象的教学内容转化成了有趣、形象的教学内容，那么这些抽象的课文被一些直观形象的场景所替代，不仅增加了学生的学习兴趣，也便于学生理解和记忆。

5. 交际性原则

英语学习的目的主要是为了顺利进行交际。要想掌握英语这种交际工具，就必须要不断提高听、说、读、写、译这五种基本技能。目前，多媒体技术已经应用于英语教学的诸多领域中，利用多媒体的强大功能，学生不仅可以进行虚拟对话，还可以修正自己的错误，这无疑会提高学生自身的表达能力，即交际能力。

6. 情境性原则

语言学习与情境是分不开的。真实的情境可以激发学生产生联想，将自己已有的知识运用于新知识的同化与探索中，将新旧知识相结合。如果多媒体教学能够与真实的语境相结合，学生就会有更多的机会参与到课堂讨论、角色扮演等互动之中，从而不断地练习和使用自己已有的及新学到的语言知识。

7. 系统性原则

英语学习并不是一蹴而就的，是一个循序渐进的过程。学生对语言的掌握也是一个从初级到高级过渡的连续体。多媒体教学也应该遵循目标渐进化、内容系统化的递进。同时，这一原则还要求教学软件应该具有较强的适应性，便于使用者使用。在教学难度上，应该不断提高，对学生的学习进度能够自动地跟从，主动发现学生学习过程中的困难，并提供适时的帮助。

二、网络教学模式

除了多媒体教学模式之外，另一个新型的教学模式就是网络教学模式，这是因为网络技术的不断发展，英语课堂教学也发生了变革，因此将网络技术应用于英语教学之中。这一教学模式从一定程度上来说弥补了传统英语教学模式的不足，更加注重学生的中心地位。下面就重点来分析和探究一下网络教学模式的相关内容。

（一）网络教学模式的定义

英语网络教学模式是在一定的教学思想和理论的指导下，基于计算机网络技术，为实现英语教学目标而建构的教学活动框架和教学方式。

该模式包含以下五种要素。

（1）英语网络教学需要宏观的教育理论及中观的英语教学方法做指导。宏观的教育理论是指认知主义教学理论和建构主义教学理论等；微观的英语教学方法包含语法翻译法、交际法、听说法等。

（2）英语网络教学需要一定的网络技术。英语网络教学在信息查询、信息呈现、人机互动、网络交流等方面，都需要师生不断学习更新的网络技术。

（3）英语网络教学需要建立在英语教学目标的基础之上。不同的教学目标和教学内容应该对应不同的英语网络教学模式。

（4）英语网络教学需要英语教学资源的支撑。其中包括文本、音频、动画等呈现的教学资源是直接教学的工具，也是英语网络教学的核心要素。

（5）英语网络教学需要基于教学活动框架和教学方式。这也就是说运用一定的教育理论，将教师、学生、网络技术、教学资源进行合理的安排和组织。

（二）网络教学模式的类型

网络教学模式主要包含以下四种，即网络自主接受模式、网络自主探索模式、网络集体接受模式和网络协作探索模式。下面对这四种模式进行说明。

1. 网络自主接受模式

网络自主接受模式是由学习者、学习内容和学习指导者构成的。其中学习内容是以多媒体呈现的图文声像等英语资源，这些资源多以填空、选择、拖动配对等客观知识和技能为主。对计算机的识别和反馈程序进行设置之后，它就可以自动批改学生的错误并提供参考答案，并且能够自动检测学生的学习背景和学习风格，进而提供适合的学习材料和学习路径等。学习指导者是指计算机与教师的整体，而不单单是教师一人。另外，借助网络教师还可以通过交流工具帮助学生解决各种学习困难和人际交流困惑。

因此，网络自主接受模式要素构成可以简化为图 2-1。

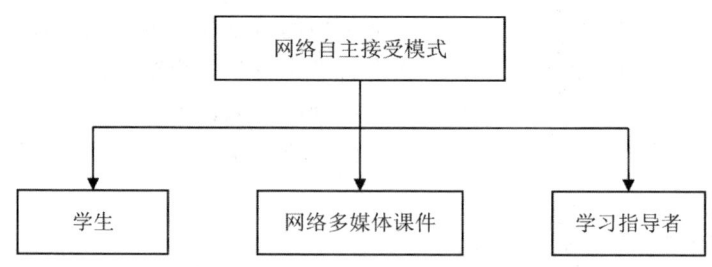

图 2-1　网络自主接受模式要素构成

2. 网络自主探索模式

网络自主探索模式是由学习者、任务或问题、参考资源和教学指导者四个要素构成的。该模式认为学生是在完成真实的语言任务的过程中，借助教师的指导和自我探索，才会真正掌握语言在复杂情境中的具体应用。该模式旨在提升学生的语言应用能力，而不是语法、词汇等现成的英语知识，因此该模式的学习内容通常是学生完成某一具体的语言任务或者就某些问题阐述观点，如在有指导的情况下写影评或翻译文学作品等。同时，教师会通过电子邮件、网络论坛等交流工具监控整个学习过程，如检查并督促学习进度，给学生解决问题提供必要的指导，进行评价和总结等。

因此，网络自主探索模式可以简化为图 2-2 的模型。

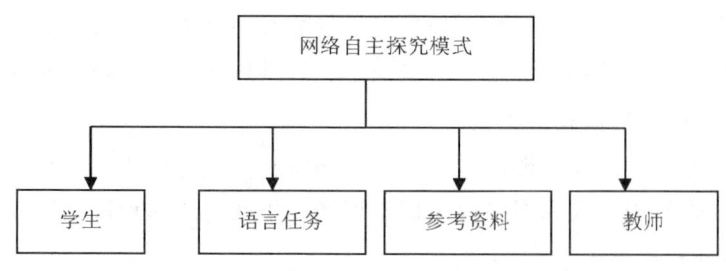

图 2-2　网络自主探索模式要素构成

3．网络集体传递模式

网络集体传递模式是由学生群体、学习资源和教学指导者构成的。这里主要涉及两种教学过程。一种是自学结合集体指导型，也就是学生自己选择时间学习教师布置的以图文声像等呈现的多媒体课件，然后教师选定某个时间在网络教学系统内为学习者提供集体指导、讲解和答疑。另一种是完全虚拟的网络课堂，即教师和学生在某个特定时间进入特定的网络"班级"，通过对新课程内容的讲解、练习的组织、学生提问的解答，给予学生一些必要的指导。

因此，网络集体传递模式要素构成可以简化为图 2-3。

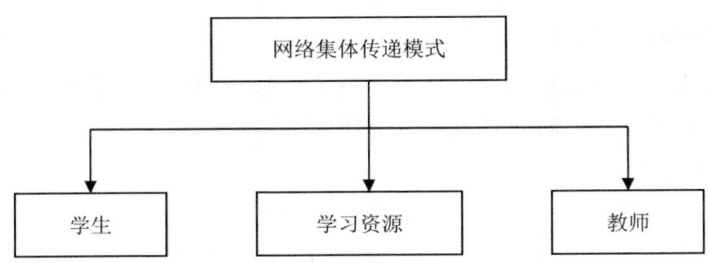

图 2-3　网络集体传递模式要素构成

4．网络协作探究模式

网络协作探究模式是由学生小组、任务或项目、参考资源和教学指导者构成的。其中项目或任务是该模式的核心要素，它主张让学生运用目标语来协作完成比较复杂的项目或者任务，目的不仅是用来提高语言的综合能力，更重要的是提高团队协作的能力。项目和任务是社会中常见的现象，与社会生活和工有着密不可分的关系。教师在项目或者任务完成时会给予一定的指导和帮助。而学生主要符合对小组进行分工、制订计划、完成计划等。在整个任务过程中，他们使用的是以目标与为主的参考资源，通过上交自己的作品和总结发言来呈现目标语。

因此，网络协作探究模式可以简化为图 2-4 的模型。

综上所述，自主接受模式和网络集体接受模式的共同点在于学习内容是客观的英语语言知识，其中网络自主接受模式以学生的独立学习为特点，而网络集体接受模式是以群体的共同学习为特点。网络自主探索模式和网络协作探索模式的共同点在于学习内容是主观的知识和问题解决技能，其中网络自主探索模式以学生独立探索为特点，网络协作探索模式是以群体的讨论和协作为特点。在实际的英语网络教学中，应该结合教学目标、师资力量、学习风格等因素，选择合适的英语网络教学模式，也可将以上网络教学模式综合使用。

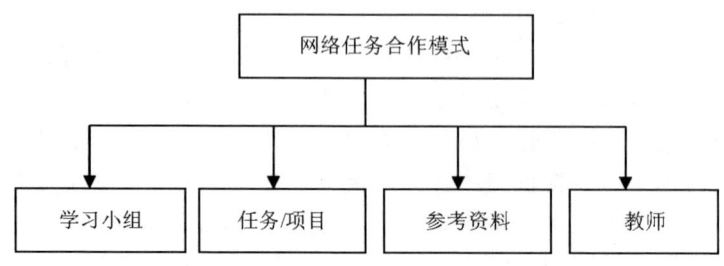

图 2-4 网络协作探究模式要素构成

(三) 网络教学模式的特点

网络英语教学是指运用网络技术进行英语教学的过程。它作为一种全新的教学模式,有着自身鲜明的特点。下面逐一进行说明。

1. 教学目标的多元性

从因材施教的角度上来说,教学目标的多元化是由学生个体的差异性(如学习风格、学习方法、学习兴趣等)决定的。传统的教学对于实现教学目标的多层次化是束手无策的,而网络教学恰恰克服了这一点,因为网络教学是从学生的实际情况出发,确定教学的目标、学习起点以及学习内容,对学习环境做个别的优化。

2. 教学过程的交互性

交互性也是网络教学的一大亮点。交互的方式是师生之间、生生之间以及人机之间。和多媒体教学有着相似的地方,网络教学也可以提供给学生一个真实的语言环境,通过网上交谈、电子邮件等形式将自己置身于真实的语境中,从而不仅能够及时得到信息的反馈,还能够提高学习的兴趣,最终收到良好的学习效果。

3. 教学方式的先进性

网络教学在知识建构的过程中,改变了传统"满堂灌"的教学模式,在这一过程中,教师只是对学生知识的建构起到一定的组织和调控的作用。网络教学的方式也是多种多样的,如多层次教学方式、自主控制的个体化教学方式等。这些方式不仅提供给学生基本的符号信息,也提供给学生包含动作、图示在内的真实情境。总之,多样化的教学方式、丰富多彩的教学材料以及图像和音频,能够激发学生的学习兴趣和积极性,从而培养学生的形象思维。

4. 教学管理的便利性

近些年,全国各大高等院校都在不断地扩大规模,与此同时也投入大量的资金来建立语言实验室，但是仍旧不能满足学生的需求。由于网络教学的引入，使任何一台电脑都可以和学校的网络建立连接，从而共享其内容，这就跨越了时间、空间的限制，使学生可以随时随地地进行英语学习。这样不仅满足了学生的需求，也减少了资源的浪费。

另外，在进行教学管理的时候也需要发挥教师的作用。教师可以将自己的优秀的教案经过制作放到网上，供学生选择和使用，同时可以进行在线点播，将真实的授课情境分配到各个站点，让更多的学生受益。这同时也可以缓解现在教师短缺的情况。

（四）网络教学模式的优势

随着现代教育技术的改革，网络技术已经成为了实施网络教学的一个重要手段，主要体现在以下四个优势上。

1. 能够实现教学媒体的多样性

之前已经介绍，多媒体教学信息媒介具有多样性的特征，这一点对于网络教学来说是非常有利的一个方面，通过文字、音频、视频等元素来实现对学生感官的刺激，因此，可以全面提高学生的听、说、读、写、译能力。

2. 能够灵活运用时间和空间

这是网络教学的最大亮点，它突破了传统教学中时间、地点以及人数的限制。在网络上教学，可以不限人数，也不限时间，当然也不需要集中于某一个固定的地点，无论你身处于何方，都可以参与学习。这不仅给学生带来了最大限度的灵活性，还使学生学习的成本明显降低，大大提高了学生的学习效率。

3. 能够保证视听训练便于操作

在传统的听、说、读、写、译教学中，是很难做到重复训练的，主要是因为重复训练具有两个层面的复杂性。

（1）受时空的限制，学生不可能在最合适的时间和地点来重复同一项训练。

（2）即使在同一次训练中，学生想要重复某个单词、某个句子、某个内容也是不太容易的。

因此，学生就很难对所学知识进行巩固和熟练掌握。而在网络环境下，这一问题就可以迎刃而解。只要轻轻动一下鼠标，学生就可以重复听或者看任何想看的资料。

4. 能够打破传统课堂的局限

传统英语课堂是"教师—教材—学生"的线性模式，在这种模式下，教师是课堂的主体，而学生处于被动接受知识的地位，这就导致学生无法发挥主观能动性，也不利于素质教育所要求的学生创造力的培养。而网络教学从一定程度上打破了这一局面，从而形成了教师、学生、网络构成的教学内容。将教师从课堂的主体变成了课堂的指导，学习资源的渠道也从单一的教材变成是丰富多彩的网络资源。可见，网络教学解决了传统教学的一系列问题，

（五）网络教学模式的设计原则

从网络教学模式的特点中不难发现，与传统的教学模式相比，网络教学模式有着无与伦比的优势。但是，网络教学模式在以高职高专院校的手段辅助英语课堂教学时，也必须遵循一定的教学原则。如果没有这些教学原则的指导，网络教学模式很可能出现事倍功半的效果，下面就对网络教学模式的设计原则进行分析。

1. 认知原则

网络教学模式要坚持认知原则。该原则主要包含两个层面的内容：一方面是对学生的认知发展进行关注，从而提高学生自身的认知策略；另一方面是对学生的认知差异进行关注，从不同学生的学习风格出发，给予特殊的指导。随着网络技术的广泛应用，网络教学模式越来越趋向于推进学生认知能力的发展。传统的教学模式的教学规模一般比较大，很难做到因材施教。而网络教学模式可以让学生自行选择学习内容、掌控自己的学习程度，这对该原则的实现是十分有利的。

2. 文化原则

网络教学模式还需要坚持文化原则。这是因为，英语教学的一项重要内容就是培养学生的跨文化交际能力。语言是文化的载体，语言与文化密不可分。英语学习的过程实际上是认识和了解英、美国家文化的过程，如果忽视了英、美国家文化的学习，那么也就失去了英语学习的意义。因此，在网络教学模式中，应该将文化内容融入进去，从而培养学生的跨文化交际能力和跨文化意识。

3. 主体性原则

主体性原则是将学生作为教学活动的主体。在英语学习的过程中，学生应该根据自身的特点和实际情况，积极主动地参与到英语教学中，选择合适的、符合自己需要的教学内容，构建自己的知识框架。在人与机器交互的过程中，学生能够主动动手操作，并积极地进行思考，从而调动自己学习的兴趣和积极性。例如，在学习中，学生会遇到各种各样的问题，通过网络的辅助，学生可以随时随地与教师和其他同伴进行交流与沟通，从而找到解决的办法。

另外，通过网络的辅助，学生可以根据自己的学习进程，自主进行下一阶

段的学习，提高自己的自主学习能力。可见，网络教学模式必须要坚持以学生为中心，为学生提供充足的空间，也为学生提供容量大、密度高的学习内容，最终提升学生的学习效果。

4．交际性原则

英语学习的目的主要是为了顺利完成交际。因此，学生要想能够准确、自然地将英语运用于交际中，就必须要提高自己的听、说、读、写、译这五项技能。而网络教学也必须坚持交际性原则，着重培养学生的交际能力。学生可以运用网络中强大的功能，与教师或者其他专业领域的人士进行虚拟对话，从而不断修正自己的错误，提高自身的表达能力。

5．情境性原则

英语学习和真实的情境是相辅相成、密不可分的。真实的情境可以让学生产生联想，将自己已经掌握的知识运用到新知识的探索中，将新旧知识结合起来。如果网络教学能够坚持情境性原则，学生就能够获得充足的机会进行课堂讨论、角色扮演等活动，从而不断巩固自己的新旧知识。

6．系统性原则

英语学习是一个系统的过程，并不是一蹴而就的。学生掌握语言也是一个从低级到高级的过程。这就要求网络教学也应该坚持系统性原则，使教学目标渐进化、教学内容递进化。另外，系统性原则还要求网络教学软件应该具备较强的适应性，供任何学习者使用。在教学的难易程度上，应该不断提高，自动跟从学生个体的学习进度，主动发现学生学习中的问题，并提供实时地帮助。

第三节　情感教学模式

心理学上说，人类的所有活动都是在一定的情感中进行的，并且情感支配着人类的各种活动，这称之为情感体验，它分为积极情感体验和消极情感体验两种，积极情感体验对个人的活动起积极的促进作用；而消极情感体验对个人活动起消极的阻碍作用。因此，在英语课堂教学中，教师应该引入情感教学的模式，注意学生的情感因素，帮助学生塑造积极的情感体验。本节就从情感教学模式的各个层面对其加以论述。

一、情感教学模式的定义

在论述情感教学模式的定义之前，首先应该对情感的定义有一个大体的了解，进而分析情感教学的定义就比较容易了。下面就按照这样的思路予以介绍。

（一）情感的定义

情感是人类大脑的一种机能，是对不同客观实体的喜好或者厌恶所表现出来的心理动态变化。情感将主体、客体以及满足需要的三者贯穿于一体。情感的发展，是个性的情感能否适应个人成长发展、社会发展的一个变化的过程。

从情感的作用上来讲，情感分为积极情感和消极情感，积极情感一般包括自信、兴趣、愉快、喜悦、自尊心、喜欢、高兴、兴奋等；消极的情感包含焦虑、害怕、恐惧、悲伤、沮丧、厌恶、怀疑等。这些状态都有可能是学生日常生活中表现出来的，这就是情感。

另外，情感与态度有着密不可分的关系，因此在这里我们有必要介绍一下态度这个含义。态度是一种判断客观事物、活动以及思想行为的是非倾向。当然这种态度和情感一样可以分为两大类，有积极态度（肯定态度）和消极态度（否定态度）两种。在一般情况下，我们可以从一个人的态度来判断出这个人对某件事情或者事物的情感，但是这并不是绝对的，因此学习者也应该注意区分。

（二）情感教学的定义

对于情感教学的定义，不同的学者有不同的观点和看法，以下介绍几种观点。

（1）情感教学是指运用情感的形式对教学的主导思想进行优化，即可以称为"以情优教"，它的主要内涵是在认知心理学的基础上，充分发挥教学中的情感因素，来完善教学目标、改进教学程序、优化教学结果。[①]

（2）情感教学是教师在教学活动的基础上，运用一定的教学方法来激发、调动甚至满足学生的情感需要，从而将认知与情感完美的统一起来，达到最佳的教学效果，从而促进学生全面、和谐的发展。[②]

（3）情感教学是指在教学过程中，师生都处于积极的情感状态中，教师通过语言、行为、态度等手段来调动学生的情感，从而达到教学活动的积极性最大化。[③]

虽然上述三位学者的观点存在着不一致性，但是对情感教学本质的认识却

---

① 卢家楣. 情感教学心理学研究 [J]. 心理科学, 2012 (3): 524.
② 吴金娥. 浅析大学英语情感教学 [J]. 河北大学成人教育学院学报, 2011 (2): 98.
③ 罗宏, 张昭苑. 大学英语的情感教学 [J]. 天津市经理学院学报, 2010 (4): 78.

是基本相同的，那就是在尊重学生个体特征的基础上，通过采取一定的教学方法或手段来满足学生的情感需要，从而促进学生全面、系统的发展。

二、情感教学模式的理论基础

语言教学中的情感因素是从 20 世纪 60 年代逐渐被人们所关注的，其中著名的研究学者有艾瑞克森和罗杰斯（Erikson & Rogers）、克拉申（Krashen）、奥斯贝（Ausuel）、哈钦森（Hutchinson）以及国内学者束定芳等。在这些学者中，艾瑞克森和罗杰斯是最早涉猎情感教学的，以他们为代表的人本主义学派认为学生是赋予情感并且有别于他人的个体。之后，美国著名学者克拉申在两位学者的基础上发展了情感理论。他认为情感是将获取的所有语言知识进行过滤，这是一种自然的心理屏障。从这点上说，学生并不能完全消化习得的所有知识，这是由于情感因素影响和制约的，并且这种过滤能力的高低也决定着吸收的效果。

此后，越来越多的学者投入更多的精力在语言情感教学这一模式的研究上，美国著名的心理学家奥斯贝认为"有效的学习应该具备两个层面的条件，即认知条件和情感条件，其中前者是指学生能否掌握知识，而后者是指学生是否已经掌握知识"。著名语言学家哈钦森也认为，语言的学习其实是一种情感的经历，学习中的情感因素的呈现对于学习的成败至关重要。因此，任何学科都离不开情感因素，英语课堂教学中的情感更是不可或缺。

除以上国外学者，我国的学者也同样非常重视情感教学。著名学者束定芳认为，情感因素的控制是影响学习效果的最大的因素之一。学者王初明也指出，积极的情感能够提高学习的动力，消极的情感导致学习的暂停。

三、情感教学模式的影响因素

影响情感教学的因素主要可以分为两大部分：一是学生的个人因素，如焦虑、自尊心等；二是生生之间、师生之间的因素，如移情、课堂交流等。下面我们就重点论述一下焦虑、自尊心、移情以及课堂交流因素对于情感教学的影响。

（一）焦虑

1. 焦虑的类型

所谓焦虑，是指当学习者的自尊心、自信心受到冲击或者威胁的时候形成的一种担忧的倾向。著名心理学家埃利斯（Ellis）将焦虑分为了以下三种类型。

（1）情境型焦虑，是由具体的事情激发出来的焦虑。

（2）气质型焦虑，是一种本身存在的持久性的焦虑。

（3）状态型焦虑，是在某一时刻发生的焦虑，是前两者焦虑的结合体。

2. 产生焦虑的原因

在实际学习过程中，学生会产生这样的焦虑情绪，主要是由于三方面的原因。

（1）学生的个性差异。一般情况下，这种焦虑发生在比较内向或者不自信的学生身上，这种学生不敢交流，惧怕出错，因此对于课堂活动的积极性并不高，并且在回答问题或者亲身实践的时候显得过于紧张。

（2）文化背景的差异。由于大多学生都是来自不同区域甚至是边远的山区，他们自身的语言知识本来就相对薄弱，并且与城市的或者发达地区的学生存在很大的差距，因此在这些学生本身就会觉得自卑，这就导致了因惧怕被嘲笑而产生的焦虑。

（3）教学方式的差异。课堂活动选择的方式、教师在课堂中的纠错以及师生之间的交流形式也是产生焦虑的一些重要方面。

3. 焦虑的应对

很多学者认为，焦虑在学习过程中是不可避免的，而且是导致学习失败的一个重要的因素。但是事实上，焦虑在学习过程中也是不可缺少的。因为在学习过程中，焦虑因素的注入可以提高学生的紧迫感，而学生的这种紧迫感的状态可以将压力变成动力，从而激发学生的内在潜力，达到最好的学习效果。为了能够把握好焦虑的平衡性，教师需要做到以下两点。

（1）减轻学生的焦虑。教师应该对语言学习过程中犯的错误进行容忍，然后间接地让学生自己去明白产生错误和纠正错误的必要；鼓励学生勇敢自信地参加英语的课内、课外活动，对这些学生的进步予以表扬，使学生可以感受到进步的喜悦。

（2）让学生有适度的紧张感。教师在教学过程中可以帮助学生产生适度的紧迫感，但这并不是催促，而是激发学生的动力，让他们可以尽自己最大的努力来达成目标。

（二）移情

所谓移情，是指从其他人的角度来看待某一种行为或者意识。移情有助于构造和谐的人际关系。但值得注意的是，移情并不是要让学生放弃自己的情感，也并不是对其他人观点的绝对认可。在英语课堂教学中，师生关系是影响学习气氛的重要因素，如果两者关系疏远，那么必然就会造成一种陌生感，当然两者的交流也会受到阻碍。因此，在实际的英语课堂教学中，教师应该以平等的姿态与学生进行对话与交流，切记不要将自己的意志强加给学生，而是要尊重学生的选择和意见。

（三）自尊心

自尊心对学生而言有着重要的影响。所谓自尊心，是指学生对自我的认识和评价。在相同的语言环境中，焦虑性强并且缺乏自信的学生一般不会主动回答问题，也不会积极参与各种活动，因此放弃了许多英语实践的机会，致使学习也达不到令人满意的结果。这些问题的存在就需要教师针对不同学生的个性特征来设置不同的学习任务，这样才能使学生感受到自己的进步，从而增强了自己的自尊心和自信心。

（四）课堂交流

课堂是教师教学、学生学习的场所，师生关系、生生关系都是在课堂上发生的，可见课堂交流对语言学习的重要性。因此要求教师应该放下架子，积极与学生进行沟通，采用各种手段与方法了解学生的实际问题和困难并帮助其解决。只有这样，学生才能增强自己的信心，取得良好的学习成果。

四、情感教学模式的优势

人的一切活动都离不开情感体验。在英语课堂教学过程中，积极健康的情绪更有利于学生对英语的理解和掌握，对学生提高综合运用英语的能力也有很大的影响。情感教学对于英语课堂教学具有非常重要的意义，而语言与情感态度的关系与其他学科相比更为密切。积极的情感态度在英语教学中的应用除了创设良好的互动气氛，更好地激发学生的学习兴趣，增强学生的自信心以外，还有以下几点现实意义。

（一）有利于促进学生的全面发展

传统的教学过多地强调学生认知能力的培养而忽视了他们非理性的发展，最终导致"情感空白"。所以，在英语课堂教学中，教师除了对学生认知能进行培养之外，还要重视他们情感因素的培养。大学英语教学应该以培养和促进学生的全面发展为最终目标。在英语课堂教学中，教师要不断激发学生对英语学习的兴趣和积极性，并逐渐转化为学习动机，帮助学生认清自己的优缺点，从而努力克服自己英语学习的困难，在英语学习过程中养成健康向上的品格，促进学生的全面发展。

（二）有利于提高学生的学习效果

消极的情感因素会对学生学习潜力的正常发挥产生不利的影响，而积极的情感因素却能创造出有利于学生学习英语的心理状态。布朗（Brown）通过对别人的研究成果进行总结得出了一个重要的结论："情感因素在英语学习中具有决定性的作用，认为凡是那些不成功的学习者都是由于各种情感障碍的存在。[①]"

（三）能够帮助学生树立正确的学习态度

缺乏正确的学习态度是很多学生英语学习不好的一项重要原因。大部分学生将英语学习的目的归结为通过考试，这种现象很容易造成学生在课堂上只是被动的听课、记笔记，却很少主动参与到课堂活动中。最后，大部分学生虽然具备了英语的应用技能，但是当他们走向社会的时候却明显感觉到各个能力都不足，沟通能力明显薄弱，不能将英语用在复杂的交际环境中。因此，在英语课堂教学中，一定要帮助学生树立正确的学习目的和态度，进而使学生能够摆正自己的学习状态，以适应实际交往的需要。

五、情感教学模式的设计原则

众所周知，情感并不是在课堂中直接学习的内容，但是它会间接影响学习的效果。因此在实际的课堂教学活动中，教师应该根据情感教学的原则来指导教学实践活动。下面就对情感教学模式的设计原则进行介绍。

（一）移情原则

之前已经提到，情感可以从一个人的身上转移到相关对象的身上。如果将这一原则放在具体的教学中，主要包含两个方面：一是教师的个人情感影响学生的情感，这里面的情感包含教师的教学水平、道德品质、人格魅力等；二是文章的人物情感影响学生的情感。在这一原则的贯彻过程中，教师应该引导学生体会作者的写作情感和意图，让学生在实际的英语学习中陶冶自己的情感。

（二）寓教于乐原则

寓教于乐原则是最核心的原则，主要是让课堂教学活动在学生快乐的情绪下进行，教师在教学活动中要能够预测和把握好一切变量，激发出学生的学习兴趣和积极性，使学生乐于接受、乐于学习。在这一原则的贯彻过程中，教师

---

① 鲁子问. 英语教学论（第二版）[M]. 上海：华东师范大学出版社，2009.

不能整节课都处于调节学生的情绪上，而应当把调节情绪作为课堂教学活动的一个突破口，使学生的学习状态达到最佳的层次，同时也保证课堂活动的正常进行。

（三）情感交融原则

情感交融原则指的是师生之间的情感，这种情感的优劣会影响到学生的情感反应，和谐的师生关系有助于学生的学习积极性以及教学效果的优化。众所周知，教学活动是在教师和学生两者之间进行的，属于一项传递师生之间情感的特殊交流活动。因此，这一原则在课堂教学活动中必须得到遵守。

（四）以情施教原则

以情施教原则是最具有代表性的原则，主要是以情促知，达到情知交融。通俗来讲，就是教师在授课的时候应该引入积极的情感，使情感与知识融为一体。在这一原则的贯彻过程中，教师首先要控制好自己的情感，将自己置于积极的情感之上，只有教师自身的情感积极性强，才能带动学生的情感积极性。此外，这一原则也可以应用于处理实际的教学内容上。

六、情感教学模式的实施方法

在具体的英语课堂教学过程中，情感教学模式的实施方法主要表现为以下几种。

（一）加强学生认知，激发学生积极性

受传统单一教学模式以及应试教育的影响，学生大多数都是缺乏积极性和主动性。而由于英语改革正在如火如荼地进行，新的教学改革要求学生应该主动参与课堂活动，参与知识的构建，因此学生必须改变传统被动接受知识的形式，充分发挥自身的主观能动作用，使自己更能适应社会发展的需要。例如，对于发音不准确的学生，教师可以安排他们利用课余时间进行语音训练，帮助学生纠音；对于语法知识不熟悉的学生，可以让学生多读一些课外读物，从实际的应用中了解语法。

（二）帮助学生克服情感态度方面的问题

焦虑情绪伴随着整个英语学习的过程中，严重的可能会引发害怕或者紧张。因此，教师应该帮助学生努力克服这些困难，主要可以从以下几个层面着手。

（1）善于发现每位学生的优点，并将其不断扩大。

（2）通过关爱、呵护每位学生来保护他们的自尊。

（3）适当降低对学生的一些要求，让他们尝到成功的甜头。

（4）帮助学生分析错误并加以指正，而不是大声的训斥。

（5）多与学习困难的学生进行交流，并鼓励他们迎难而上。

（6）对于学习困难的学生的进步要有所期待。

（7）通过组建学习小组，来保证学习困难学生的参与。

（三）建立良好的师生关系

之前已经提到师生关系的重要性，建立良好的师生关系，可以使学生愿意和教师交流情感，同时教师也可以进一步了解学生。在这一方面，教师可以从以下三个方面着手。

1. 展现教学的魅力

教师将教学的魅力展现在学生面前，有助于吸引学生的注意力，使整个的教学活动充满动力和情趣，同时由于学生的注意力也是非常集中的，当然兴趣就很快被激发出来了。

2. 真诚的爱护每一位学生

教师需要拥有真诚的品质，这不仅体现在道德层面，也体现在教学层面。教师对于每一位学生都是公平、真诚的，不分学生的优劣，只有心与心的交流，尤其是对于比较困难的学生，更应该予以关怀与鼓励，同时尽量少批评、少指责，要相信自己的学生。

3. 完善自身个性

教师应该具备内在的人格魅力，使自己拥有负责、真诚、宽容、热情以及幽默等优秀的品质，不断努力完善自己的个性。

第三章

国内外实践教学研究

第一节　国外实践教学研究

要研究高职英语的实践教学体系，首先应该对高职教育的实践教学有所了解。这是因为高职英语的发展离不开整个高职教育的发展，而高职教育的实践教学也深深影响着高职英语实践教学的形式、途径和成效。然而，由于中西方国家在政治、经济、文化和工业化进程上的不同，职业教育发展水平也不尽相同。国外的职业技术教育经过一百多年的发展历程，已经形成一整套相对完善的、成熟的职业教育理念与人才培养模式，尤其是在"产、学、研结合""校企合作"和"工学交替"等实践教学方面，成为其他国家、地区竞相学习的榜样，其中比较典型与成功的有德国的"双元制"模式、英国的"三明治"教育、美国的"合作教育"、新加坡的"教学工厂"、日本的"产学合作"和澳大利亚的"TAFE"教育等。

一、德国的"双元制"模式

（一）什么是"双元制"?

第二次世界大战后德国经济得到奇迹般的恢复和发展，令世界为之瞩目。这与它实施的"双元制"教育体系有着密切的联系。所谓"双元制"，是指一种校企合作共建的办学制度，即"在企业里学习实际操作和在部分时间到职业学校里学习理论知识平行，使学校教育与企业训练密切结合起来"（朱勃，等，1980）。"双元制"的特点主要表现为以下几点：①教育与生产紧密结合。一方面，接受"双元制"职业教育的学生，60%～70%的课程是在企业里进行。一线的实践操作和技能培训使学生能够较早地接触企业当前使用的最新设备和技术，从而有利于他们一毕业后就能投入工作，极大地缩短了人才的培养周期，提高了生产效率。另一方面，企业直接参与教育教学。这促使学校坚定不移地实施与开展"教学与科研必须为企业生产实践"服务的宗旨，方便他们充分快捷地利用企业的教学资源和职业环境来加强对学生的理论与实践教学，同时紧密围绕企业的用人需求，强化以工作内容为载体的语言技能、专业技能与职业素养，真正为企业培养合格的应用型人才。②教育的互通性。接受"双元制"职业培训的学生经过学习后仍可以进入高等院校继续学习，而接受普通教育的毕业生为了能在大学之前获得一定的职业经历和经验也可接受职业培训。这种"无后顾之忧"充分发挥与调动了学生学习与实习的积极性与潜力，使其能始终保持与社会的联系。③培训与考核相分离。这种考核办法体现了公平的原则，使岗位证书更具权威性。

（二）中国高职院校在"双元制"教学模式方面的尝试与实践

与普通的学校制职业教育相比，"双元制"职业教育更注重实践技能的培养，使学生在特定的工作环境中与企业有更多的交流机会；同时，"双元制"职业教育要求学校真正以岗位要求为培训目标，构建相应的教学大纲和教学内容体系；要求企业实施跨企业培训中心进行培训等，对我国的高等职业教育具有很大的借鉴与指导作用。自20世纪80年代末，中国陆续开展"双元制"职业教育模式的引进，并取得了一些成绩。① 譬如，2003年北京师范大学珠海分校 DFI 中德合作办学项目从德国汉堡 DFI 学院引进了"双元制"模式，在上海建立实践教学基地和专业工作室，同时聘请大量在行业界具有资深经验的专业人士参与教学，共同制定教学大纲，并针对当代品牌设计与管理领域的特点和需要，培养既精通艺术设计，又了解市场需求，具有多元文化背景的复合型创意和管理人才。他们的学生一毕业就可以无缝对接到企业工作，受到了业界的极大欢迎。

然而，德国的"双元制"职业教育模式在中国的实践并不是一帆风顺的。它也遇到了一系列的问题，譬如企业因要支付培训成本而参与的积极性不高、"双元制"所需的文化环境还没有形成等。我国的职业教育必须遵循具有职业教育特色的普遍规律，同时也要适合中国的特色与地方的特色，探索人才培养模式。

---

① 盛建军，周晓刚. 高等职业教育借鉴德国"双元制"模式的实践与创新 ［J］. 中国电力教育，2014（2）：18－19，39.

二、英国的"三明治"教育

（一）什么是"三明治"教育？

"三明治"是对英国职业教育"学工交替式"课程设置的一种形象比喻，其演进与发展大致经历了四个阶段：第一阶段，在 20 世纪初至 20 世纪 50 年代，是"三明治"教育的萌芽和起步阶段；第二阶段在 20 世纪六七十年代，是"三明治"教育的快速增长阶段；第三阶段在 20 世纪八九十年代，是"三明治"教育的成熟发展阶段；第四阶段是 21 世纪初至今，是"三明治"教育的繁荣稳定阶段。在"三明治"教育模式下，学生在校学习期间有很长一段时间必须走出校门参加实际工作训练。通常来讲，英国的工读教学时间安排可分为长期和短期两种。其中，长期的又分"2＋1＋1"和"1＋3＋1"两种。前者是指学生入学后前两年在学校学习，第三年在企业工作，第四年又回到学校学习、考试和取得证书；后者是指学生第一年在企业工作，第二至四年在学校学习，第五年又回到企业；短期的工学交替时间通常为 6 个月。

英国"三明治"教育的最大特点就是企业在合作教育中发挥重要作用，譬如雇主会在一些教育基金会、学校领导班子等关键机构中担任要职；企业会参与职业资格标准的制定和学校的评估，并以各种方式向学校提供资助，如支付英国学生在企业工作和在校学习的酬金，提供实训设备、场地，等等。

（二）我国在"三明治"教育方面的尝试与实践

应该说，英国的"三明治"教育与现阶段我国高校，尤其是高职院校普遍实施的工学交替有着较大的相似之处，其操作模式有较大的借鉴作用。譬如，上海工程技术大学在不影响教学课时的前提下将暑假适当延长，这样使得学生通过 4 个暑期的实习可以拥有半年多的实践经历，毕业时学校会给合格的学生颁发由学校和用人单位共同签发的"实践证书"，无疑使学生在就业市场上取得了优势。然而，"三明治"教育实现所需要的企业支持与扶助在目前我国的大部分地方还是可望而不可即的。

三、美国的"合作"教育

（一）什么是"合作"教育？

合作教育是当今世界高等教育发展的重要趋势之一，也是我国高等教育改革发展的重要方向之一。这里的"合作"教育是指现代职业教育的一种学习制度。美国国家合作教育委员会对合作教育的基本界定是"把课堂学习与相关领域中生产性的工作经验学习结合起来的一种结构性教育策略，学生工作的领域是与其学业或职业目标相关的"。"合作"教育在美国也被称为"学工交替式"，即美国大学生自入学半年后，便将企业的实际训练和学校的教学以两个月左右为期限交替进行；在毕业前半年待在大学学习直至毕业。"合作"教育通过学校与工商企业、服务部门等校外机构之间的合作，把学生的理论学习与实际操作训练有机结合，提供渐进的经验，旨在培养合格的劳动者，其主要特点在于：①办学以学校为主，学校根据所设专业的需要与有关企业取得联系，并签订合作合同；②企业参与性高，企业通常提供劳动岗位与劳动报酬，派管理人员辅导学生适应劳动岗位、安全操作，协助学校教师确定学生应掌握的技能，评定学生的成绩、劳动态度、工作数量和质量等。

（二）我国高职院校在"合作"教育方面的尝试与实践

在合作教育的过程中，学生、教育机构和雇主之间是伙伴关系，参与各方都有自己特定的责任。至此，"'合作'教育这一概念已不再是某个国家的一种培养模式，而是具有世界意义的一项教育培养模式"（贺明亮，2011）。1985年，上海工程技术大学学习了加拿大滑铁卢大学的经验，采用"一年三学期产工学交替"的模式进行产学合作教育实验。在全球化经济发展日益紧密的今天，高职院校与企业的合作已经成为高等职业教育改革与发展的重要战略方向。但合作教育到底应该如何更有效地开展？如何对实习中的学生进行评定？这些问题仍然困扰着中国众多的高职院校。

四、新加坡的"教学工厂"

（一）什么是"教学工厂"？

"教学工厂"（teaching factory）由新加坡南洋理工学院前院长林靖东先生结合新加坡国情，并在借鉴国外先进教学模式的基础上所提出的一种创新理念，意指"按工厂模式建校，全方位营造工厂实践环境"。"教学工厂"的形成和发展大致可分为四个阶段：第一阶段是学校和企业建立伙伴关系，主要是吸纳企业的技术和资金来全面模拟企业环境；第二阶段是学校持续地配合企业的需求开展项目教学，并安排学生参与项目的开发和建设；第三阶段是学校着手系统专能的开发和设计，尤其是教职工的专业培养；第四阶段是学校进行自我适应性调整和完善。显而易见，"教学工厂"的最大特点在于：①它以学院而不是以企业为本位，能最大限度地确保学院按照自己的教学目的、教学方法安排学生的培养过程，并对之进行监控和调整。②它遵循实用性和超前性。学院教学实验设备大多按照企业实际使用和将要使用的要求进行配备，极大地缩短了学生学习与应用之间的差距。③它强调实践性和有效性。理工学院要求学生每学期有 8 周时间到"教学工厂"进行实习，而且"教学工厂"对每个学生要进行考核评估，包括对毕业生为期 6 个月的工业项目设计指导等。这既能保证毕业生掌握最新的知识和技能，也让他们在项目合作中学会相互合作。④它特别注重教职工的专业培训工作。学校有专业科技中心，负责承接和开发企业项目，并将项目转换为教材教授给学生。

（二）我国高职院校在"教学工厂"方面的尝试与实践

学校全方位地模拟企业环境，大量兼具培训能力和工业与科技项目开发能力的"双师型"骨干教师、先进的工业仪器、设配等是"教学工厂"成功运转的关键因素。这既离不开当地政府政策和经费的大力支持，也离不开企业的倾心相助。2006 年，温州经济职业技术学院在全国率先发起"捣墙运动"，即把传统的标准的教室改造成一个个车间式的生产性实训基地；全院 30 多个专业都与企业建立了紧密合作的"教学工厂"，生产包括电器、模具、阀门、服装、鞋、家具等产品；根据协议，校企双方共同出资购买实训室设备；学院的场地和设备提供给企业使用，企业派遣项目组技术人员及员工进驻校园，负责生产，并指导学生实践；合作基地所有设备的运行、保养及维修等均由企业承担，并无偿为学院提供生产性实训指导和所需的材料消耗等；学生在校园内就能真正感受企业真实的氛围，并通过"学做合一"，掌握专业技术；很多教师主动下企业锻炼，自我"增值"，以适应新的高职教学要求。这种培养模式实现了学校与企业共同培养高技能人才的目的，大大提升了温州职业技术学院在全国的知名度，更是为温州这个民营企业高度发展的城市输送了大量人才，促进了当地经济的快速发展。①无独有偶，1997 年 12 月，由时任新加坡总理吴作栋先生亲自提议，经江苏省人民政府批准设立了苏州工业园区经济职业技术学院。这是中国高职院校在"教学工厂"方面的又一次大胆尝试：它依托苏州工业园区，借鉴新加坡、德国等国家先进的职教经验，确立"用明天的技术，培训今天的学员，为未来服务"的办学宗旨，形成了以股份制、校企合作、国际交流为特色的办学风格，已为驻扎在苏州工业园区的外资企业培养了高素质、高技术人才。

---

① 简祖平. 向新加坡"教学工厂"学什么：从教学工厂的概念谈起 [J]. 中国职业技术教育，2010（19）：34-36.

温州经济职业技术学院和苏州经济职业技术学院正是依托当地高度发展的民营经济和外贸经济，在促进人才培养质量与地域经济发展的过程中，实现了校企"双赢"。然而，就当前中国现实来看，要真正全面实现"教学工厂"之路还很漫长，因为能像温州、苏州这样民营和外贸经济较为发达的地区毕竟不多，能得到地方政府和企业大力支持的则更是少数。这也构成了目前中国高等职业教育校企合作中的一大挑战，正如在 2010 年度职业教育与成人教育工作会议上，时任教育部部长袁贵仁一针见血地指出，"当前职业教育的致命弱点是弱在了校企合作"。到目前为止，我国从国家到地方都还没有建立起推动校企合作的制度保障和政策体系，这势必影响企业参与的积极性。

五、日本的"产学合作"

（一）什么是"产学合作"？

企业教育是日本职业教育的一大特点。在大企业，企业教育被视为企业经营战略的重要组成部分，并给予了特别的重视，譬如丰田公司开办了"丰田工业大学"，松下电器公司成立了"松下电器工学院"等，专门培养及提高企业所需人才的技能。同时，中小企业也会根据本企业的具体情况，单独或联合开设本企业学校或研修所，培训自己的从业人员。

2012 年 6 月，由新日本制铁公司、三井住友银行等 20 家日本主要企业与东京大学、早稻田大学等 12 所名牌大学召开"产学合作人才培养圆桌会议"，公布了"领袖人才培养行动计划"，提出今后大学和企业共同行动的七大计划，包括：充实和强化全球化人才培养；创建年轻人到海外留学的有力环境；创建世界各国优秀年轻人在日本学习、工作的环境；应对全球化的大学教育环境的准备；创新人才的培养和运用；通过共同研究、合作办学等方式，促进产学人才交流及改善奖学金体制；培养国家未来的栋梁等。这必将促进大学和企业在深层次、广角度范围内的共同行动。

（二）我国高职院校在"产学合作"方面的尝试与实践

在这里的"产学合作"中，"校企合作、工学结合"的主体始终是学生，是一种将学习与工作相结合的教育模式，把课堂教学与直接获取实际经验的工作有机结合起来，充分利用学校内外不同的教育资源与教育环境，让学生在一线岗位接受职业指导、职业训练等。"产学合作"作为高技能人才培养的最有效途径和方式已被实践所证实，而中国各高职院校也正结合自身特点，以服务区域经济的发展为出发点，在"产学合作"教育方面进行了积极的探索和有效的尝试，形成了各种各样的产学合作模式。如湖南机电职业技术学校的"校中厂"，通过引进专业对口的企业入校园，促进学院重点专业的建设，进行资源的有效利用；义乌工商学院与浙江奥星工贸公司合作，在奥星工贸公司设立印刷专业"企业教学站"，进行有关教学项目的现场教学等。"以服务为宗旨，以就业为导向，走产学结合发展道路"（教高〔2006〕16 号）已成为高等职业教育办学的基本要求。

六、澳大利亚的"TAFE"模式

（一）什么是"TAFE"模式？

"TAFE"是英文"Technical and Further Education"的简称，意指"技术和继续教育学院"。澳大利亚的"TAFE"历史悠久，可追溯到上百年前，自 20 世纪 70 年代以来，发展尤其迅速，已经形成一个在国家培训框架下以能力标准为基础的，以培训包为课程开发依据的国家职业教育和培训体系，旨在培养具有高度专业知识和技术的人才。"TAFE"的核心理念是"以市场需求为导向，以岗位准入的法律制度为支撑，以能力为本位，由行业企业专家制定人才培养标准，强调在培养学生的一般能力、素质的基础上，突出岗位特有的职业能力、适应能力、创新能力和可持续发展能力的培养"，具体体现如下。

（1）在管理上，由澳大利亚国家培训署（ANTA）负责宏观管理，各州政府负责具体管理。ANTA 主要负责起草国家职业教育与培训的战略规划并实施有关政策，管理改善国家的职业教育与培训体系，预测未来劳动力市场需求变化，提供最新的相关数据，依托与行业的紧密联系，通过对国家宏观经济发展与劳动力市场的变化进行战略性分析，并引导全国职业教育与培训发展的大方向等；而各州政府负责拨款，调整办学形式和注册教学大纲等。

（2）在师资选聘上，"TAFE"的所有教师，无论是兼职或全职，都要求具备 3～5 年从事本行业工作的实践经验。受聘后，教师也必须参加各种新知识讲座和新技术培养，还要经常或定期去企业进行技术实践，参加企业培训。

（3）在课程开发上，"TAFE"根据社会和行业的要求，统一由政府的相应机构负责开发，学院根据师资、场地、地方经济特点和行业需求等决定课程的种类和数量。

（4）在评价方式上，"TAFE"强调学员平时的学习和资料的积累，注重实践能力的培养和提高，并在考核的最后阶段采纳各种不同的手段进行实践测评。常见的有"观测、口试，角色扮演、模拟操作、第三者评价、证明书、面谈、自评、案例分析、工厂制作、书面测试、录像和其他"。具体操作上至少选择两种以上方法。

（5）在校企合作上，"TAFE"与行业联系紧密，如"TAFE"教学的培训包由各行业的全国性行会制定，雇主参与对职业教育和培训满意度的调查等。

（二）我国高职院校在"TAFE"模式方面的尝试与实践

人类社会进入 21 世纪，高等教育的国际化趋势日益明显。为了丰富师生的国际化经历，开阔国际化视野，提升国际化素质，近年来，我国在科学与科研领域与国外合作日益频繁，其中澳大利亚是很多中国学校心仪的合作对象。我国的高职院校也不例外，它们已经或正在努力与澳大利亚合作办学，派遣教师去澳大利亚学习进修，试图引进澳大利亚"TAFE"体系，充分利用澳方的教育进行各种形式的教育教学改革，以提升学校的知名度。杭州职业技术学院是浙江省杭州市首批开展中外合作办学的高职院校之一，自 2005 年起一直与澳大利亚墨尔本职业技术与继续教育学院合作办学，主要通过采用以澳方提供的全英文教材为主，教学上实施小组调研的实践形式，后期专业课程由澳方教师采用讲授等手段，充分挖掘学生的学习兴趣，提高其实践能力。湖南交通职业技术学院与澳大利亚博士山学院进行合作，由对方为学生提供大学本科、专科文凭及职业培训课程等，培养学生的英语听、说、读、写、译等语言技能和实用的专业技能，同时学院为学生营造的国际化教学氛围也使学生充分了解西方文化，帮助他们较快地获得迅速适应国际化工作环境和工作需要的能力等。

客观地讲，当前我国高职院校在澳大利亚"TAFE"模式方面的尝试与实践主要还是体现在教学上的借鉴，如教材上的引进、中澳师资上的合作、教法上的改革，以及派遣学生去澳洲留学等。这与其他形式上的教学改革并无任何差异，离真正意义上的"TAFE"教育相距甚远。

第二节　国内实践教学研究

国家教育部高教司根据高职高专教育面向职业岗位群的特点，明确了高职高专教育的目标，即"培养从事生产建设、服务、管理第一线需要的高等技术应用人才"。那么，如何才能使学生毕业后就能步入职场，从事生产建设、服务、管理等一线岗位，为社会做贡献呢？加强学校与企业的联系，强化实践教学，无疑是一条重要的有效的途径。实际上，我国自职业教育创办以来，在借鉴国外先进职业教育理念的同时，一直进行着校企联合办学的实践教学尝试和研究，并逐渐形成一些具有中国特色的职业教育教学模式，常见的有"订单式培养""工学交替""理实一体化"与"校内实训"等。

一、订单式培养

在目前我国各种形式的产学研结合教学模式中，"订单式"培养是比较常见也是比较有成效的一种形式，是"高职院校针对用人单位需要，校企双方共同制定人才培养方案，签订用人合同，并在师资、技术、办学条件等方面相互合作，共同负责招生、培养和就业等一系列教育教学活动的办学模式"。"订单式"培养的主要特点在于将文化理论学习与工作实践相结合，使得学校根据用人单位的需要来培养人才，突出技能与职业素养培训；学生毕业之后即能直接上岗，而无须"从零开始"。这样既能节省人才培养成本与周期，亦能提高生产效率。2004 年，教育部发布了《教育部关于以就业为导向深化高等职业教育改革的若干意见》，明确提出以"订单"培养作为职业教育的发展方向，并把这种模式确立为高职教育新的人才培养模式。

目前中国众多高职院校纷纷依托地域经济，结合学校特色，如火如荼地进行各种类型订单班的组建与教学：有与金融机构组建的订单班，如浙江金融职业学院的银行订单班、邮政储蓄订单班等；有与协会组建的订单班，如深圳职业技术学院与深圳市机械行业协会组建的订单班；有与外贸企业组建的订单班，如浙江经贸职业技术学院与米奥兰特组建的校企合作班等。不管是何种形式，"订单式"人才培养模式的构建离不开企业的需求与支撑，也必然要求学校具备一定的办学和专业优势，其中包括师资队伍、课程设置、教学方法、考核机制等，否则，就会变成一个空架子。[①]

二、工学交替

"工学交替"是工学结合的教育模式之一，意指按照专业人才培养方案要求和教学计划的安排，组织在校学生到企业生产服务第一线参加的实践教学活动。工学交替的常见形式有专业实习、认知实习、顶岗实习等。通过走入社会，走进企业，学生能亲身感悟企业环境，了解岗位职业要求，学习企业先进的文化与管理理念，并在实践中发挥并进一步巩固、更新自己所掌握的知识与

---

① 李亚杰. 高等职业教育"订单式"培养的探索［J］. 广东交通职业技术学院学报，2007，6（3）：90－92.

技能等，实现理论知识与实践知识的有效融合，互相促进。

（一）认知实习

认知实习是目前中国各职业教育实践性教学的一个重要环节，对象一般为大一新生，时间安排在暑假开展，主要目的在于让一年级高职生通过对实际业务单位的参观、访问、调查和参与简单的业务操作实践，了解本专业所面向的职业与岗位的工作性质、工作内容，从而培养其专业兴趣，增强其职业意识等，为后续专业课程的学习打下感性的认知基础。通常而言，学生认知实习采取学生家庭住址就近实习的原则，根据本专业所面向的职业和岗位，确定合适的单位进行实习等。

（二）专业实习

专业实习是教学计划的重要组成部分，是贯彻理论联系实际原则，对学生进行专业训练的重要环节，也是保证培养规格的重要手段。专业实习一般在大二的暑假开展，一方面是为了检测学生对过去两年所学专业知识与技能的掌握，同时也能让学生通过实际体验和实践，了解企业所在行业的运行态势，发展自身的职业素养，为最后一年的高职学习和真正实习打下铺垫、确立目标。

（三）顶岗实习

顶岗实习是学校教育、课堂教学的有机补充和必不可少的重要教学环节，是培养学生综合素质与技能的重要途径，也是校企合作人才培养模式的具体体现。顶岗实习一般安排在大三的第二个学期，主要目的是使学生全面了解企业生产经营运作，在真实的工作环境下，寻求理论与实践的结合契机，提高学生的实践能力与职业能力；同时，通过实习，使学生熟悉职业岗位业务操作流程，熟练掌握岗位职业技能，增强社会适应性，培养团队合作精神，全面提高职业素养，为毕业后踏入社会做足准备。

同时，为了加强与社会的联系，锻炼学生的能力，同时本着服务社会的宗旨，各高职院校会安排一段时间，如一周或两周，开展工学结合的相关教学活动，通常由专业教师带队，带领学生到相关企业或机构进行学习、观摩、实习体验等。如著者所在专业每年都会开展相关的商务英语翻译"工学交替"，由专业教师带队，率领学生去各会展或旅行社或翻译协会服务、观摩学习等。

三、理实一体化

如果说"订单式"培养与"工学交替"是校企合作的具体实践形式，那么"理实一体化"则是课堂教学的具体实践形式。"理实一体化"即理论实践一体化教学，强调充分发挥教师的主导作用，通过设定教学任务和教学目标，让师生双方边教、边学、边做，全程构建素质和技能培养框架，丰富课堂教学和实践教学环节，提高教学质量。职业教学的职业属性要求职业教育的教学过程应尽可能与职业的工作过程保持一致性，强调学习过程必须依照职业的工作过程展开，以便获得完整的职业行动能力。"该教学模式在理论和实践两方面都突破了传统的文化课—专业基础课—技能训练的教学模式的框架，将理论与实践融于一体进行组合教学"。目前我国很多高职院校所实施的"案例分析""角色扮演""头脑风暴""模拟教学"等就是"理实一体化"的积极尝试，其中项目教学是最主要的实践模式。项目教学通常包括三个阶段，即项目的准备阶段、实施阶段及评价阶段。在准备阶段，教学内容突破以往传统的学科界限，把变按教材章节顺序进行教学的方式，改为可操作的按综合学习项目的顺序进行，鼓励学生在有意义的完成任务过程中开展合作式的探究学习，自主进行知识构建，从而获得理解和解决实际问题的知识与技能；在实施阶段，教师通常以引导的方式，让学生以小组为单位收集信息，制订计划，选择方案，直到最终的成果展示与评价等；师生始终主动、积极地去思考问题、解决问题，这是一种开放型的创新能力的培养；在评价阶段，项目教学不仅用传统的笔试、口试等方式考核学生掌握知识的程度，而且更强调运用完成项目的方式考核学生综合运用知识与技能、解决实际问题的能力；在评价标准上，更多地关注学生是否达到项目教学的目标要求，是否有进步等；在评价主体上，既鼓励学生主动、客观地评价自己的学习成果，也鼓励学生之间的相互评价，以此促进学生对自身学习成果的反思，而教师的评价则更注重对学生学习的指导等。

四、校内实训

由于社会资源有限，同时安排所有学生进入企业进行实践教学在操作上也存在很大的难度，因此，为了配合专业课程教学和人才培养模式改革，目前我国很多高职院校在校内创设模拟企业生产场景的仿真环境或真实职场环境（如前面提到的温州职业技术学院的"教学工厂"等），在教学过程中安排学生在这个环境中进行实训。这种实训教学的主要好处是，即使是在学校里，学生也能时时感受到企业的氛围，通过边学边做，学做合一，努力实现知识学习与技能训练的相互结合，从而形成基本的实践能力与操作技能、专业技术应用能力与专业技能及综合实践技能的有机结合等。校内实训由于一改过去课堂纯理论教学的状况，强调学生在一个相对真实的环境中进行职业能力的提升，已然成为我国高职院校校内实践教学环节的重要组成部分和主要形式。

第四章

高职英语网络课堂教学模式的理论与实践

第一节　高职英语网络课堂教学模式概述

一、计算机网络概述

（一）计算机网络的定义

计算机网络是通过通信线路和设备，将分处在不同地理位置的、具有相互独立功能的多个计算机系统连接起来，并按照一定的网络协议互相通信，从而实现资源共享的计算机互联网系统。

（二）计算机网络的功能

计算机网络的功能主要有三个：数据通信功能、资源共享功能和分布处理功能。

1. 数据通信功能

数据通信是计算机网络最基本、最重要的功能。它能够快速传送计算机与终端以及计算机之间的文字信息、图片资料、报纸版面等各种信息。利用这一功能，人们能将分散在各个地区的计算机网络连接起来，进行统一的调配、控制和管理。

2. 资源共享功能

这里的"资源"是指计算机网络中所有的信息、软件和硬件。资源共享即指网络中的所有用户都能看到、查到、利用这些资源。例如，某些单位的数据库可供全网使用；某些软件可供需要的地方有偿调用或办理一定的手续后调用；一些外部设备如打印机，可面向用户，使没有这些设备的用户也能使用这些硬件设备。计算机网络的资源共享功能使师生能够通过网络及时获取所需信息，丰富教学内容，提高学习质量和效率。

　　3．分布处理功能

　　分布处理功能表现在：当某台计算机正在处理某个任务或负担过重的时候，网络能够将新任务分配给空闲的或负担较轻的计算机来处理，这样就能均衡各计算机的负担，同时提高任务处理的效率。对于大型的综合性问题，计算机网络还可以将问题的各部分分给不同的计算机分头处理，这就充分利用了网络资源，扩大了计算机的处理能力，增强了计算机网络的实用性。对于复杂的问题，多台计算机集群成高性能的计算机系统，这种协同工作、并行处理要比单独购置高性能的大型计算机更加经济、实用。

二、网络辅助高职英语教学的特点

（一）教学目标多元化

　　学习英语的学生之间总是存在这样那样的差异，或学习风格不同，或学习方法不同等。这就意味着高职英语教学在面对不同学生的时候必须有所差异，从而实现多层次的教学目标，而网络辅助高职英语教学恰好可以实现这一点。网络辅助高职英语教学可以根据学生的实际确定教学的起点和目标，学生的学习环境可以做到个别化。[①] 学生可以根据个人兴趣、理解能力和学习进度自己选择学习内容。从认知的角度来看，利用网络展示教学信息有助于知识、理解、分析、运用、评价等各种学习目标的实现。

（二）教学管理便利化

　　从教学管理方面来看，网络辅助高职英语教学能够使更多的学生受到优秀教师的辅导。在传统高职英语教学中，优秀教师即使全天候地教学，他们接触到的学生人数也十分有限，但若将他们的教案、教学视频等上传至网络，就能够使更多的师生受益。这样既缓解了师资短缺的矛盾，又充分发挥了优秀教师的潜力和作用。

（三）教学过程交互化

　　网络辅助高职英语教学过程具有交互性，包括师生交互、生生交互和人机

---

① 顾铁华. 基于网络平台的高职院校公共英语辅助教学研究 ［D］. 上海：华东师范大学，2010.

交互。利用计算机网络开展高职英语教学有助于为学生创造一个真实的语言环境，如网上聊天、电子邮件等。[①] 这样，学生不但可以及时得到反馈信息，提高学习效率，还能在与其他人进行网络交流的过程中提高学习兴趣和学习效果。

（四）教学方式先进化

网络辅助高职英语教学强调学生的主体地位，认为学生是知识意义的主动建构者，教师只对学生知识意义的建构起组织、调控、评价等作用，而不能取代学生的位置霸占课堂，这与现代教育观念是一致的。因此，个性化教学成为高职英语教学改革的新趋势。而英语网络教学以其丰富的网上资源和网络技术的特征，在教学实施上充分显示其针对性、灵活性、适时性和自主性的个性化教学特征，这是传统教学所不具备的。英语网络教学还能为学生学习英语提供大量的语言符号信息和真实的情景画面，这不仅有利于培养学生的形象思维，还有利于培养他们的抽象思维，激发学生的学习兴趣。

网络辅助英语教学还有一个明显的特点——教学无师化。随着学生人数的不断增多，学生人数增加与教师缺乏的矛盾日益显露。而这种"无师化"教学则缓解了师资短缺的矛盾。因为在"无师化"教学中，学生能够在教师的督促辅导下，利用网络具备的电子多媒体课件资源（包括文字、声像及其讲解等），实现无教师自学，大大减轻了教师的压力。

三、英语网络教学存在的问题及对策

（一）英语网络教学存在的问题

1. 部分师生对网络教学不适应

当前英语教师的学科结构偏文科且女教师居多，计算机及网络运用知识不足，有很大一部分教师对信息化的现代教育技术存在畏惧心理，回避甚至拒绝使用网络化信息技术。还有一部分教师把主要精力用在提高学历、写论文和评职称上，而不是提高教育教学水平上。这样的教师认为教学方法的改革对个人的前途发展没有任何关系，主观上没有接受网络教学的积极性，这些现实情况在某种程度上制约了高职英语网络教学的发展。

在我国，不同地区的教育发展水平存在差异，有些地区较为贫困，计算机的使用尚未普及，计算机对于这些学生来说还很陌生，在日常学习中也很少使

---

① 马田. 高职院校英语教学中的多媒体技术应用研究［D］. 咸阳：西北农林科技大学，2016.

用电脑。因此，网络教学在这一部分学生中很难进行，他们往往因为网络学习难度大，对网络教学产生抵触心理。

2．学生自主学习能力不足

自主学习是指以学生作为学习的主体，通过其独立的分析、思考、探索、解疑等方法实现学习目标。由于学生长期以来接受的都是以"教师为中心"的教学模式，他们习惯了跟着老师的思维走，对自主学习不适应。因此，在自主学习时，学生不会围绕网络教学内容安排自己的课外学习，不知道应该何时学、学什么、如何学等，结果导致学习效率低、学习效果差。下面我们就导致学生自主学习能力不足的三个因素分别进行论述。

（1）学习动机。我国高职英语教育存在应试倾向，学生学习英语的目的往往是为了考取高职英语证书。为了通过这些考试，学生不得不将大量的精力投入到应试的强化训练中，并选择性地学习与考试相关的内容，对于综合性的、系统化的英语学习他们根本无暇顾及。在考试中取得好成绩成了学生学习英语的主要动机。这种动机虽然在短期内可以激励学生学习英语的积极性，但很容易使学生忽略长远的学习兴趣的培养。

（2）传统教学模式。我国传统教学模式注重教师在教学中的中心地位，教师是知识的传授者，学生是被动的接受者，学生学习英语的过程实际就是对教师所讲授知识的记忆过程。在这种教育模式下，学生往往过于依赖教师的教学引导，遇到问题也习惯性地寻求教师的帮助。这样的教学模式抑制了学生学习的积极性，不利于学生自主学习能力的培养。因此，当大多数学生开始接触网络教学模式时，会感到很茫然，不知道怎样自主安排学习，通常需要一段较长的时间来适应。

（3）学生自控能力。教师的职责除了向学生传授知识，还要及时地对学生的学习过程进行监督。同样，学生也已经习惯了在教师的监督下学习，那么，学生一旦离开了教师的监督，往往就会表现出注意力不集中、自由散漫的状态，因此，学生的学习效率以及学习效果也大打折扣。这些都是由于学生缺乏自控能力造成的。学生在进行网络学习时，很容易在学习过程中分心，尽管他们知道学习英语的重要性，但是面对网络的诱惑，很多学生还是难以自控，无法把注意力完全集中在英语学习上，比如有些学生在打开英语学习界面的同时，打开多个与英语学习无关的网页，当教师走近时，学生立刻从其他网页调换到英语学习界面，教师一离开，学生又继续做与学习无关的事情。这些现象表明学生在进行网络自主学习时学习目标不够明确，学习计划不够详细，学习自控能力有待加强。

3．校园网络建设质量低

目前，我国高校的内部网络建设普遍存在质量低的现象，主要原因是过分追求网络技术方面的先进性。由于现在高校的网络建设成为教育评估的一项重要指标，使得很多高校一哄而上，投入大量的资金和人员建设校园网站、开发网络课件，同时，高校为了吸引学生点击网页，设置了大量华而不实的网络功能吸引学生的眼球，结果本末倒置，校园网络没有为学生的学习提供实质的帮助。还有一些学校为了追求网络教学中的高技术含量，发动教师编写了大量的低水平的重复性的教学软件，结果造成人员以及网络资源的极大浪费。国家鼓励高校建设校园网络，是为了给学生提供更多的学习资源，方便学生学习工作的开展，提高学生的知识水平以及学术能力，因此，高校的网络建设应以教育教学活动为中心，而不是网络技术的应用。

4．英语网络教学手段落后

相比西方一些先进国家，我国英语网络教学的建设稍显落后，这主要是由我国的高职英语教学研究和网络教学实践起步较晚，计算机网络技术水平的发展相对较慢造成的。目前，我国在网络教学软件开发、语料库建设以及教育教学设计方面的人才较为欠缺，尤其是在英语网络教学领域，既懂得高职英语教学又懂得网络软件设计的人员数量很少，这些导致了高校网络教学系统缺乏适合高职英语教学的软件，现有的高职英语教学软件质量低、不适用等。

（二）英语网络教学问题对策

1．网络教学与传统教学相结合

网络教学是信息与技术发展的必然产物，它为高职英语教学创造了更为有利的语言环境，在很大程度上弥补了传统教学的不足，但是仅依靠网络教学而完全舍弃传统教学的做法也是不可取的。[①] 传统教学有着网络教学无法比拟的优势，两者应互相结合、取长补短，才能实现最佳的教学效果。

与传统教学相比，网络教学缺乏教师与学生之间面对面的交流，忽略了学生在学习过程中的情感因素，学生也无法得到来自于教师的人文关怀。在传统教学中，教师可以通过口头的表扬或是鼓励的微笑帮助学生树立学习的自信心，激发学生的学习积极性。同时，教师还可以及时地处理学生在学习过程中出现的情感问题。由此可见，只有将网络教学与传统教学有机地结合起来，才能达到最佳的教学效果。

---

① 顾铁华. 基于网络平台的高职院校公共英语辅助教学研究［D］. 上海：华东师范大学，2010.

2．重视教师培训

网络教学顺利开展的前提是教师必须掌握网络教学中的相关操作技术，可以利用网络技术功能进行科学合理的教学设计。但现实情况是许多教师对英语网络教学模式一知半解，不能较好地利用网络手段顺利地开展教学活动，因此，对教师进行网络教学相关内容的培训十分必要，培训的内容可以涉及网络教学课件的制作、网络教学软件的使用、网络教学管理和评价等，只有重视教师的培训，增强教师使用网络教学的能力，各种网络教学才能发挥应有的作用。

3．改变教师教学态度

许多高校英语教师已经习惯了传统的教学模式，并且经过多年的教学经历，总结出了一套较为完善的教学方法，因此，这些教师面对较为陌生的网络教学普遍存在排斥心理，不愿意尝试网络教学这一新兴模式。还有部分教师习惯了在教学过程中起主导作用，认为网络教学这一以学生自主学习为主的教学模式会削弱他们的职责。可见网络教育要想在高职英语教学中得到更广泛的应用，必须改变英语教师对网络教学的态度。可以通过培训帮助教师认识到网路教育的优势以及教师掌握网络教学对于自身教学能力提高的益处。当然，不可否认的是网络教学向教师提出了更高的要求，面对新的要求和挑战，英语教师更应该转变思想、更新观念，积极投入到网络教学的构建中去，并帮助学生接受新教学模式，培养自主学习的能力。

4．加强对学生自主学习的监控

目前，国内各个高校的英语网络教学应用普遍存在一个问题，那就是对于学生自主学习的监督和控制作用比较薄弱。学生运用网络系统学习时，完全自主选择想要学习的内容，自主安排学习的计划，这样一来，对学生的自控能力要求很高，然而大多数学生在缺乏外界监控的学习环境中很难保证学习的效率和质量。因此，加强对学生自主学习的监控很有必要。

一方面，学校可以通过进一步完善网络学习平台对学生整个学习过程进行有效学习信息的跟踪和记录。例如，记录学生在整个课程过程中每次测试的时间、测试的结果，并根据这些信息分析出学生近期的学习状况，教师可以在需要时随机查询。另一方面，网络平台可以建立工作和评估机制，从而确保教师在指导工作中的效率和效果，真正起到监督学生有效学习的作用。

5．加强对学生学习策略的指导

对于大多数学生来说，由于长期接受传统教学模式的教育，对教师的依赖性很强，自主学习能力较差，因此，为了让学生在自主学习中知道学什么、怎么学、培养学生合理制定学习策略显得尤为重要。教师可以在课堂教学中采用展示、示范、训练、评估和扩展的方法传授学习策略，还可以指导学生定期对自己的学习进行评价和总结，并及时地调整学习方法，从而帮助学生掌握适合自己的学习策略。学生掌握学习策略对于其更好地管理自我学习有很大的帮助。

6. 改善英语网络教学模式设计

由于我国英语网络教学起步较晚，发展尚不成熟，因此，英语网络教学模式的设计还存在很多需要改进的地方，当然这项工作不是短期就能完成的。英语网络模式设计是整个英语网络教学以及课程的设计和开发的关键，决定了即将开展的英语网络教学活动的种类，也决定了英语网络教学未来的发展方向。因此，整个设计过程需要网络教学设计人员、网络技术开发人员、高职英语教学人员等几个领域的专业人员组成设计团队共同努力合作，构思英语网络教学的基本模式，设计出既符合语言教学理论和网络教学理论，又不超出现有技术开发能力的英语网络教学活动。整个设计活动要求团队成员之间分工明确，通力合作。成员之间的沟通交流是十分重要的，如果缺少技术上的互相交流，很有可能导致最终设计出来的教学模式过于注重语言教学，或是过于重视网络教学，或是过于重视网络技术功能，无法达到预期效果。由此可见，一个优秀的、分工明确的设计团队是建设成功的英语网络教学模式的必要前提。

四、英语网络教学的模式

（一）网络教学模式的定义

要明确网络教学模式的定义，首先我们要清楚教学模式的定义。关于教学模式的定义有多种说法，其中《实用课堂教学模式与方法改革全书》对教学模式的定义归纳如下：①教学模式属于方法范畴，教学模式就是教学方法；②教学模式就是在教学实践中形成的一种设计和组织教学的理论；③教学模式就是在一定的教学思想或教学理论指导下建立起来的、较为稳定的教学活动结构框架和活动程序。

陈坚林对教学模式所下的定义为："所谓教学模式是指在相关教学理论与实践框架指导下，为达成一定的教学目标而构建的教学活动结构和教学方式。它是将相关教学理论转化为具体教学活动结构和操作程序的中介，是将相关教学理论与实践框架同具体教学情景相结合的结果。"

钟志贤对教学模式的定义是："教学模式是指在学习环境设计理论与实践

框架指导下，为达成一定的教学目标而构建的教学活动结构和教学方式。模式是依据一定的理论基础表征现实活动和过程的一种模型或形式，代表某种对象活动结构或过程的范型。"

综合上述几个观点我们可以看出，教学模式不仅是指教学使用的方法或是教学活动的结构，当然这些都属于教学模式的组成要素，但并非全部内容。完整意义上的教学模式应该是指在一定的教学思想和教学理论的指引下，为了达到一定的教学目标而制定的较为稳定的教学方法和教学活动的结构框架。教学理论和教学思想是构建教学模式的理论基础。由于教学所涵盖的范围很广，包括心理学、语言学、学习理论、教育学、技术学等，因此教学理论涉及多个学科领域的理念和理论。教学模式的构建离不开教学目标的指引，教学目标是教学实施过程中的潜在动力，围绕教学目标设计的教学模式具有稳定性的特征，这种稳定性是由教学理论思想以及该模式的组成要素所决定的。教学模式中的教学活动以及教学方式是相对稳定的，但是具体的教学方法和操作过程往往要根据实际教学情景的需要灵活变通。

根据教学模式的定义，我们可以归纳出网络教学模式的一般概念：网络教学模式是基于计算机网络技术下的新型教学模式，即与技术相结合的教学模式。

（二）网络教学模式的特征

在对网络教学模式的特征进行归纳之前，我们首先要了解教学模式所具有的一般特征，具体包括以下几方面。

第一，教学模式是在总结教学活动经验的基础上，对教学活动方式的抽象概括。教学模式的教学方式以及教学活动的结构一般较为稳定，但并不是一成不变的，而是一个开放的、不断完善的动态系统。

第二，教学模式是各要素及其相互关系结构化的、简约化的表达方式。教学模式是对理论基础、目标、条件、策略、方法和评价的有机整合，是对教学的空间关系和时间关系的系统概括。在空间上表现为多要素的相互作用方式，在时间上表现为操作的过程和顺序。

第三，在一定的范围内，教学模式具有一定的代表性和示范性。任何教学模式都具有一定的适用范围，有其独特的运作条件和系统的策略方法。其形象具体的表征、开放性的动态结构和可操作性的特点，使得它具有启示、借鉴、模仿、迁移、转换的价值。

网络教学模式在涵盖教学模式普遍特征的基础上增加了网络信息技术应用的特征。正是由于计算机网络信息技术在教学模式上的应用使得传统教学模式发生了许多本质上的变化。例如，在传统教学模式中，教师是教学的中心，而教师的教学水平被看作是教学效果的直接决定因素，而网络教学模式强调的是课堂教学和自主学习的结合，通过网络信息技术为学生提供集视频、音频、图画、文字于一体的学习资料，使教学变得更具趣味性，更能激发学生的学习兴趣，同时将学生的自主学习与教师的教学过程有机地融合在一起，也促使教师对教学的构想产生创意，改变传统的教学过程，发挥网络信息技术的优势，从而提高实际教学效果。

综上所述，我们可以将网络教学模式的特征归纳为"个性化""自主学习化"和"超文本化"。

"个性化"可以从教师和学生两个角度出发，从教师方面来看，网络技术的应用为教师进行个性化的创造性教学提供了技术上的支持；从学生方面来看，网络为学生提供了无限的学习资源，学生可以按照自己的实际情况或兴趣、爱好有选择性地安排有效学习。网络教学中"自主学习化"是指学生以计算机网络技术为媒介，自主制定学习目标、安排学习计划、选择学习内容、评估学习成果的学习活动。"超文本化"一词属于计算机用语，词义为：一种软件系统，用户可以在相关文件或文本章节之间快速移动。"超文本化"是与"计算机辅助语言学习"相对被提出来的，指的是"网络学习，多媒体或超媒体"。

（三）网络教学模式的构成要素

1. 教学理论或教学思想

任何教学模式都有其支撑的教学理论或教学思想，可以说教学理论是教学模式存在并发生作用的根基。上文我们具体探讨了网络教学的相关理论基础，其中建构主义理论可以说是网络教学的最主要理论依据，建构主义注重以原有经验、心理结构和信息为基础来建构知识。强调学生不是外部刺激的被动接受者，而是自身认知结构的构建者，教师也不是知识的灌输者，而应转变为促进学生有意义学习的引导者和帮助者。这些是网络教学模式赖以形成的思想基础。

2. 教学目标

教学目标是指网络教学活动实施的方向和预期达到的成果，它是教学思想和观念的具体化表现。教学目标决定了网络教学模式的创建以及发展方向。一般来说，特定的教学目标有与之对应的教学模式。例如，以提高学生词汇及语法能力为教学目标的课程应选用网络自主学习模式，以提高学生语言应用能力为教学目标的课程应选用网络任务合作模式。

3．技术环境

技术环境是网络教学模式赖以运作的物质条件，主要包括互联网、广域网、局域网、校园网以及计算机设备等。网络教学模式的技术环境主要受到设备的性能以及信息传输条件等的制约。相对于其他教学模式，技术环境这个要素在网络教学模式中显得尤为重要，它是网络教学模式区别于其他教学模式的最主要特征。

4．教学策略

教学策略是指网络教学展开的步骤、过程、方式和方法的总和。它是教学模式具有稳定运作结构的外在表现。特定的教学模式就表现在它有其独特的操作程序、教学方法和措施上。①

5．人—机角色关系

人—机角色关系是网络教学模式的重要因素。这里的"人"包括教育者和学生，"机"指的是媒体设备等技术环境。人—机角色关系主要包括两个方面：师生关系和师生与计算机网络之间的关系。教师与学生在教学模式中扮演的不同的角色便形成了不同的师生关系，不同的师生关系决定了"人"与计算机网络终端形成不同的相互作用关系。这些关系的交融就构成了特定的网络教学模式。

（四）英语网络教学模式设计原则

1．目的性原则

教学方法不仅受教师的语言观和语言学习观的影响，而且还受制于教学目的。不同的教学目的有不同的教学方法。因此，利用网络辅助高职英语教学首先必须具有明确的目的性。

英语网络教学主要目的就是实现教学过程的最优化。宏观上来看，教师应了解《教学大纲》或《英语课程标准》所规定的总体要求，明确培养目标；微观上来看，每节课都要有明确的教学目标，并据此选择合适的教学内容、教学资源和教学手段。总的来说，英语教师必须根据教学大纲的要求以及教学的实际情况，对教学内容和媒体资源进行筛选、更新和补充，并充分发挥现代化教学手段的优势，将丰富的信息资源有效地传递给学生，调动学生的各种感官，帮助学生掌握教学内容，实现预期目标。

2．以学生为中心原则

以学生为中心的原则强调学生在学习中的主体地位。语言的学习需要大量

---

① 马田．高职院校英语教学中的多媒体技术应用研究［D］．咸阳：西北农林科技大学，2016.

的实践，而实践的主体又是学生，因此语言教学不管采用何种教学模式、何种教学手段，都应该以学生为中心，为他们的学习活动提供环境支持。英语网络教学模式会使学生积极参与语言学习活动，主动建构知识与意识，按个人交际水平和特点，选择所需语言学习内容，自我安排学习进度。学习遇到困难时，学生可以通过教师、同学，甚至是计算机来解决问题。例如，通过 E-mail 等方式向教师寻求帮助和解答；或在班级建立论坛、QQ 群发布帖子与其他同学进行讨论。在此过程中，学生一边自己动手操作，一边积极思考，增强了自主学习能力，整个高职英语教学也就实现了由"以教师为中心"到"以学生为中心"的转变。

3. 情感与合作学习原则

情感因素（包括动机、态度、兴趣、注意力等）是影响学习质量的一个重要方面。显然，积极的情感因素能促进语言学习，消极的情感因素则会制约语言学习。英语网络教学模式的生动、丰富等特点对激发学生的学习动机，提高学生的学习兴趣而言十分有利。[①] 同时，网络教学为我们提供了一种全新的教学方式，它克服了许多传统教学的弊端，使原本抽象的、枯燥的学习内容转化成形象的、有趣的、动感的内容，使教学内容更容易被接受和理解。需要指出的是，网络的使用必须恰当，如果教师不能正确地看待网络在高职英语教学中的辅助作用，一味地依赖它们，忽略师生间的情感交流，久而久之，学生也会对学习失去兴趣。

4. 系统性与最优化教学原则

语言学习不是一蹴而就的，而是一个循序渐进的过程。高职英语教学也必须遵循这一规律，使学习内容系统化，教学目标渐进化，实现识记、感知、理解、运用、创新的递进。目前的教学光盘、多媒体教室及网络系统可为师生提供丰富的具有渐进性和系统性的教与学的资源。教师在选择教学材料的时候必须考虑学生的实际需要和现有水平，所选择的材料不能太难，也不能太易，而应难易交错，并随着学生语言能力的提高而不断拔高。另外，教师还应根据学生的学习进度发现学生的学习困难，并给予及时的帮助与指导。

5. 情境与交际性原则

语言的学习与社会文化背景有着紧密的联系。这些社会文化表现在各种各样的情境之中。真实的情境可以激发学生的联想思维，使他们能利用自己原有认知结构中的有关经验，去同化和探索当前的新知识，从而在新旧知识之间建

---

① 廉东昌. 高职英语网络教学模式研究综述［J］. 中国电力教育，2012（4）：153－154.

立起联系，并赋予新知识某种意义。高职英语教学的目标就是提高学生的英语综合运用能力。要实现这一点，学生就必须在真实和半真实的语境中，不断运用所学知识，锻炼听、说、读、写、译五种技能。

目前，网络技术已经渗透到了高职英语教学的各个领域，并以其技术优势为高职英语教学创设虚拟真实的语言情景，支持着英语交际活动。其中就不可避免地会涉及英语文化知识。这就需要培养学生的跨文化意识。使用网络开展高职英语教学就必须发挥其特有的优势，使学生在真实或虚拟真实的语言情景中培养跨文化意识，提高交际能力。

（五）英语网络教学的主要模式

英语网络教学模式是在一定教学思想和教学理论指导下、依托计算机网络技术、为达成一定的高职英语教学目标而构建起来的、较为稳定的教学活动结构框架和教学方式。下面介绍一些常见的英语网络教学模式。

1. 网络自主学习模式

网络自主学习模式注重个性化教学和自主学习。学生是整个教学的中心，教师只是起到辅助教学的作用。网络自主学习模式主要分为网络自主接受模式和网络自主探究模式。

（1）网络自主接受模式。网络自主接受模式的要素有学生、学习资源、学习指导者。其中学习资源是指通过网络传输的，以计算机作为媒介呈现的视频、音频、图像、文本等语言资源，我们将其称之为"网络课件"。这里的学习指导者并不仅指教师，还指教师＋智能导师（计算机）。由于自主接受模式主要针对的是学生语言知识和技能的训练，因此训练的内容主要以完形填空、单向选择、多项选择、判断、拖动配对等带有详细答案的形式为主，学生完成测试并提交答卷后，计算机通过已设定好的识别和反馈程序可进行自动批改，答卷中的错误会清晰显示并同时提供正确答案。学习软件还可以通过学生的答题情况，自动探测出学生的语言水平，并提供适合该学生的学习资料或学习途径等。计算机在这里充当了教师的角色，但是计算机的不足之处在于无法满足学生的情感需要。当学生在学习过程中遇到问题，尤其是一些个性化的问题，学生需要向教师寻求帮助时，教师可以通过论坛、邮件等网络交流工具来解决学生的问题。

（2）网络自主探究模式。网络自主探究模式的要素有学生、任务、参考资料、教师。这一模式主要用于培养学生的语言应用能力，而不是词汇或语法等语言基础知识。教师会给学生布置语言任务，如观看某一英语原版影片后写影评，或阅读某一文学作品后写感想，或翻译某段指定文本等，教师会提前给学生提供一些必要的指引，如上传一些相应的辅助资料，或是提供一些可参考的图书列表等。在学生完成任务的过程中，教师还会及时地通过邮件、论坛等网络交流工具与学生进行交流，对学生提出的问题予以解答。可以说，学生在模拟完成一个真实的语言任务的过程中，通过得到教师的不断指导，加之自身不断地改正与探索，最终达到熟练掌握语言技巧的目的。

2. 网络综合教学模式

在实际网络教学中，单一的教学模式往往不能满足不同教学目标的需要，通常需要将上述几种教学模式根据具体情况综合使用，这就是我们所说的综合教学模式。[①] 例如，在网上开设大学英语泛读课程，教师要求学生在课前根据某一单元内容制作多媒体课件，当学生展示完课件后，教师组织学生阅读课文，并完成网上课后的填空、选择、判断等练习，最后要求学生翻译其中的某段课文或是写一篇读后感想。这样一堂课涉及了自主接受模式、自主探究模式以及集体传递模式。我们在设计和确定教学模式时，应综合考虑教学目标、师资力量、技术开发水平等因素，科学地采用综合网络教学模式来达到最佳的教学效果。

3. 网络任务合作模式

网络任务合作模式的要素有学习小组、任务、参考资料、教师。这一模式主要是通过学生组建学习小组，利用网络资源，完成教师指定的一般较为复杂的语言任务，来提高学生的综合语言能力以及团队合作意识。这里的任务通常是与学生的社会生活或工作有关的，如策划一次集体活动或研究大学生就业形势等。在任务合作模式中，教师的作用比较重要，首先教师要按照学生的语言以及综合能力水平等对学生进行分组，并提供必要的资源索引，在学生完成任务过程中，教师要及时对其出现的问题予以指正，协调小组合作时可能出现的成员矛盾，整体上把控学生完成任务的进度，并在任务完成后组织评估工作。学生的任务主要是进行小组内部任务分工，合作制订任务完成计划，定期进行阶段性评估，最后总结发言并提交作品。在整个过程中，学生应尽量使用目标语言完成，如使用目标语言进行沟通，选用目标语的参考资料，用目标语言总结发言，最后提交的作品用目标语书写等。这种教学模式是通过构建一个虚拟的任务情境，让学生在完成任务的过程中得到语言综合应用能力的提高，同时也培养了学生的团队合作能力。

---

① 廉东昌. 高职英语网络教学模式研究综述 [J]. 中国电力教育，2012 (4)：153 - 154.

4. 网络集体传递模式

网络集体传递模式的要素有学生、学习资源、教师。这种模式与传统的教学模式比较类似，传统的教学是在教室里进行的，这种教学模式是利用虚拟网络进行的。该模式一般有两种教学方式：一种是教师给学生布置任务，一般为观看教师制定的多媒体课件或让学生根据教学内容自己制作多媒体课件，然后在指定的时间内，教师通过网络实时教学系统为学生上课，通过网络课堂为学生提供教学指导；另一种是完全意义上的网络课堂，即教师与学生在指定的上课时间内集体登录网络课堂，教师通过使用教学课件讲解教学内容，还可进行网络课堂练习、分小组讨论等教学活动。

五、英语网络教学的优势

（一）提供大量的学习资源

网络可以提供大量的学习资源和学习信息，并且这些资源会得到及时的更新，更具有实用价值。对于高职英语教学来说，网络所提供的学习资源的优势则更加明显。高职英语教学十分注重学生所学语言的真实、地道以及实用。传统教学所提供的学习资源大多是文学著作，使用的大多是文学用语，那么学生学到的日常交际语言就相对较少。网络所提供的英语既有文学语言，又有日常生活用语，这些语言的生动性和数量之大都是教科书无法比拟的。

高职英语教学注重学生语言技能的培养以及文化知识的积累。传统教科书通常无法满足学生在文化资源方面的需求，网络可以帮助学生在掌握语言技能的同时扩充自己的文化知识，从而提高自身的文化素养。例如，学生在学习英美文学时，可以借助网络了解文学作品的相关背景。在学习语言学时，可以借助网络扩充与语言学相关的理论知识等。

（二）提供新的师生交流平台

网络教学为师生提供了新的课下交流平台。学生可以通过论坛给教师或同学留言，可以通过发帖的形式提出问题或回答他人的问题。教师也可以通过平台的通知板块为学生提供学习建议，提出学习目标或是发布近期作业。教师和学生还可以通过电子邮件等网络手段进行课下的交流和讨论。可以说，网络方便了教师和学生之间的沟通，也促进了师生之间的交流。

（三）提供大量真实生动的语言

高职英语教学界认为，学生必须学习真实、地道的英语，然而这对中国学生而言十分困难。众所周知，我国缺乏英语使用的大环境，学生大多通过英语课堂接触英语。语法翻译法占主导地位时期，学生主要通过文学著作学习语言，虽然提高了英国文学修养，从经典著作中学到了英语，但却对日常交际用语十分陌生。听说教学法时期提倡学习根据语言结构编写的教材或改写过的简易读物。这一做法又被交际法的倡导者们指责为不地道的"教材语言"。而互联网的优势就在于，它不仅能够提供大量英语文学作品的原文，还包括大量的英语日常用语，其语言之生动、真实与数量之大是任何教材都无法比拟的。

（四）有利于培养学生的听说能力

网络教学具有开放性和灵活性的特点，学生不需要太多的语言学习材料，只要有一台电脑，便可以随时随地地利用教学资源进行学习。网络资料集音频、视频、图片、文本等媒体于一体，给学生带来了传统教学无法提供的视听享受，丰富的语言学习材料、生动有趣的动感信息增添了学习的趣味性。除此之外，英语网络教学还给学生提供了一个线上互相交流的平台，通过网络学生可以和其他英语爱好者一起交流学习。这就是英语网络教学具有的视听优势。英语学科主要培养学生的听说读写能力，而网络教学所提供的正是视听方面的教材。因此，相比其他学科，英语学科使用网络教学更能体现其优越性，也为学生个性的发展提供了更广泛的空间。

网络教学的使用提高了高职英语教学的广度和深度，传统教学模式较为单一，教师与学生之间的互动交流很少。使用网络教学能够实现互交式的教学环境，如师生对话、学生交流、人机对话、情景模拟练习等，在很大程度上提高了学生的学习效率和学习效果。目前，由于我国缺乏良好的语言教学环境，学生仅能通过课堂来获取知识，这就使得学生的学习受到两方面的制约：一是课堂时间有限，教师为了完成规定的教学任务，没有过多时间用来交流或是练习；二是语言输入有限，学生在课堂上获取的语言输入主要来自于课本和教师的传授，那么课本的质量以及教师的语言水平在很大程度上制约了学生语言交流能力的发展。语言的学习主要通过交际，课堂上的交际活动也往往受到很多因素的制约。例如，师生之间的交流受到师生地位、年龄、对事物认知程度的影响；学生之间的交流受到个体语言能力差异的影响。而网络教学给学生提供了真实的语言交际环境，学生可以通过人机交流锻炼语言交际能力。

综上所述，网络教学所提供的视听资源以及网络交流平台更有利于学生听说能力的培养。

（五）有利于实现学生的自主学习

传统的高职英语教学是以教师为中心的教学模式，即教师讲解较多，学生参与较少。学生的主要任务是被动地接受教师在课堂上传授的语言知识。这样一来，课堂的大部分时间都是教师在训练自己的语言技能，而不是学生锻炼语言能力，这种教学模式在很大程度上消减了学生学习的主动性和积极性。当然，如果把课堂完全交给学生，让学生自主操作网络平台，任由他们在无限的网络资源里搜寻适合自己的学习资料也是不现实的。这样很可能造成课堂时间的浪费，学生也会迷失学习方向。网络教学中网络平台的使用合理地解决了这一问题。学生可以通过操控网络学习平台，自主安排学习进度，自主选择课程，从而实现真正意义上的个性化学习。

建构主义理论认为语言习得是在一定的语言环境中，通过与外界（教师、同学）的交流，借助足够的语言输入，主动地通过意义建构的方式获得的。因此，学生是认知的主体，是语言习得的主动实施者，而不是被动地接受教师灌输的知识。在网络教学中，学生可以借助电脑，进行自主式的学习，并且不受时间和空间的限制，可以随机随地选择自己想要学习的内容，自己安排学习进度，并通过人机交流的方式进行语言练习。这样教师和教材不再是学生知识来源的唯一途径。网络帮助学生实现自主学习，并在自己建构的知识体系中提高自身的语言综合水平。

以教师为中心的教学模式和以学生为中心的教学模式都是不科学的，因此，只让学生进行网络学习而不借助课堂教学的教学方法也是不行的。网络学习需要课堂教学的监督和指导，才能有效地发挥优势，从而提高学生的学习效率和学习效果。实践表明，学生在教师的指导下上网学习英语的效果显著，学生的自主学习能力也得到了明显提高。在中国，由于英语学习的语言环境远不如汉语环境的条件优越，英语学习的困难也比较多。因此，英语自主学习能力的培养并非易事。而网络教学开展以后，每个学生都必须用英语查询信息，从中选择需要的材料，并与教师或同学交流信息，学生无法再继续依赖教师来获取知识，这对培养学生的自主学习能力十分有利。

综上所述，网络教学有着强大的生命力，原因不仅在于其上述的优越性，更在于其认知心理学与社会语言学的基础。网络教学的目的是使学生理解语言的意义，培养学生的分析能力、判断能力，提高他们的语言运用能力。因此，部分应用语言学家认为，网络教学的理论基础是认知论与社会语言学的结合。这一理论使计算机在语言教学中的作用发生了变化：它从早期的语言操练手段发展成为提高人们认知水平与语言交际能力的工具。由此可见，英语网络教学不仅是科技进步的结果，更是认知心理学与社会语言学结合的产物。计算机技术与认知心理学、社会语言学的结合赋予了网络教学以强大的生命力，推动着高职英语教学的不断发展。

六、英语网络教学的理论依据

（一）基础理论

1. 心理学

心理学是研究人类认识世界，获取知识、技能和发展智能的心理规律及其心理机制的一般性原理。心理学在语言研究中的应用主要体现在输入信息处理以及语言认知能力两方面，并逐渐发展成为心理语言学与教学心理学。这两种学科主要研究的是学生习得英语知识以及掌握语言技能的心理过程以及发展规律。心理语言学主要有行为主义和认知心理学两个研究方向。其中行为主义学派认为语言在本质上是刺激与反应的结合，即语言是人对外界刺激的反应，可以通过观察以及测量得出反应的规律，也可以通过外界的强化、训练、模仿或塑造逐渐形成。行为主义理论在 20 世纪 50 年代以前曾是教育界的主流教育理论，但随着人们对认知心理学的认识，行为主义理论受到很大的质疑和抨击，并逐步被行为主义心理学所取代。到了 20 世纪 90 年代，瑞士心理学家让·皮亚杰（Jane Piaget）在认知心理学的基础上提出建构主义心理学，并成为高职英语教学与信息技术相结合的主要理论依据。网络高职英语教学依据心理学、心理语言学和高职英语教学的有关原则，更加科学有效地培养学生掌握英语知识与技能，发展学生的智力与个性，提高其语言交际能力。

2. 教育教学理论

网络教学属于教育学的一个分支，教育学的教学理论同样适用于网络教学。教育学研究的对象是教育中存在的普遍教育现象以及教育问题，属于一般意义上的教学原理。网络教学以教育学的基础理论为指导，研究高职英语教学的教学目标、教学方法、教学模式、教学环境、教学资源、教学评估以及与高职英语教学相关的学科理论。可见，教育学为网络教学提供了理论支持，网络教学同时也拓展了教育学的研究领域，两者之间的关系十分密切。

3. 方法论

方法论指的是人们认识世界、改变世界的一般方法，即人们在观察事物和处理问题的过程中总结出来的一般规律。方法论是对具体科学方法的概括和总结。科学方法指的是人们获取可靠信息、正确地解释现象、理解文本的方法。科学方法是科学精神的集中体现，彰显出科学的实证精神、理性精神和审美精神，充分体现出科学的怀疑和批判意识。

科学方法的特征概括如下：①将事实进行准确的归类，总结出内在的相关和秩序。②通过创造性的想象发现科学定律。③自我批判和对所有正常构造的心智来说是同等有效的最后检验。

方法论在教育学的应用主要体现在对系统科学的研究，即系统科学方法。系统科学是以系统为研究和应用对象的一门学科，研究的对象包括物理、化学、生物、心理、语言、社会等学科。因此，系统科学方法是包括自然科学、社会科学和思维科学在内的所有现代科学研究的一般方法论。

高职英语教学是教学信息由教育者向被教育者传递的过程，然而信息传递的效果往往受到信道容量及其传递方式的制约。网络教学中大量的网络资源以及网络媒介为教学信息的快速传递提供了客观条件。同时，网络媒体辅助高职英语教学能对教学过程实施有效控制，及时获取反馈信息，调整教学策略，修正教学进度，优化教学过程，获得理想的教学效果。由此可见，方法论为网络教学研究提供了不可或缺的理论指导。

4．绩效理论

绩效是指人们在工作中完成任务的数量、质量以及效益成果等。绩效一词源于英语的 performance，原意为性能、能力、成绩、工作效果等。在西方心理学中，绩效则是指与内在心理过程相对的外部行为表现。绩效技术之父吉尔伯特（Thomas F. Gilbert）曾说过绩效是一种成就。在教育界，绩效这个概念也越来越引起教学工作者以及科研人员的关注，他们发现将绩效理论应用到教育教学中有助于提高教学工作的效率，尤其是以信息技术为依托的网络教学。

绩效技术又称"人类绩效技术"（HPT），是指对科学理论与方法的运用与实施过程。在网络教学中，绩效技术包括的内容有分析、设计、开发、实施、评价等。任何教育都是有组织、有计划、有目的教育行为，都有其预期达到的教育效果，即总体教育目标。要达到预期的教育目标，往往可以采用多种教育手段和途径，因此，在制定教学模式时，要充分考虑学生所投入的时间、精力与其获得的学习成果是否成正比，同时还要考虑教学投入与产出的经济价值比问题，有关资本投入的多少、教学模式的选择及媒体手段的采用，一般取决于组织者的需求分析、发展目标、财力状况等因素。

所以，在英语网络教学中应用绩效技术来设计教育、教学方案时，要体现适应性、经济性、可行性等基本原则。

5．传播学

传播学是研究人类一切传播行为和传播过程发生、发展的规律以及传播与人和社会的关系，社会信息系统及其运行规律的科学。传播学是 20 世纪 30 年代以来跨学科研究的产物，与其他社会科学学科有密切的联系，处在多种学科的边缘。由于传播是人的一种基本社会功能，因此凡是研究人与人之间的关系的科学，如政治学、经济学、人类学、社会学、心理学、哲学、语言学、语义学等，都与传播学相关。传播学与教育学相结合产生了教育传播学。教育传播学是指教育者按照一定的教学目标，选择相应的教学内容，通过有效的媒体把知识、技能、思想、观念传达给受教育者的一种活动。教育传播学结合了传播学和教育学的理论和实践，研究的对象主要为信息传播活动的过程及其规律，研究的内容主要包括"传播过程中各基本要素的相互联系与制约，信息的产生与获得、加工与传递、效能与反馈，信息与对象的交互作用；各种符号系统的形成及其在传播中的功能；各种传播媒介的功能与地位；传播制度、结构与社会各领域各系统的关系等"。传播理论在网络教学中的运用有助于高职英语教学信息更加有效的传播，为优化高职英语教学效果提供了理论上的支持。

6. 哲学

哲学是自然知识、社会知识、思维知识的概括总结。可以说哲学是一切自然科学、社会科学以及思维科学的理论基础。英语网络教学同样需要应用辩证唯物主义的认识论和方法论，这些理论的应用有助于构建更加有效的网络教学体系。

在英语网络教学中使用哲学的观点有助于其构成要素之间关系的处理，如教师与媒体之间的关系、教师与学生之间的关系、传统教学与现代教学之间的关系、传统教学资源与网络资源之间的关系等。只有处理好这些构成要素之间的辩证关系才能保证网络在高职英语教学中实现更有效的教学作用。

7. 美学

美学一词来源于希腊语 "aesthesis"。最初的意义是"对感观的感受"，18世纪由德国哲学家鲍姆加通（Baumgarten）首次使用，它的产生建立在自古希腊以来历代思想家关于美的理论探讨之上，是以往美学理论的体系化、科学化。而古希腊以来的美学理论探讨又建立在人们审美欣赏和审美创造活动基础之上，是人们审美活动的哲学反思。

美学是从人对现实的审美关系出发，以艺术作为主要对象，研究美、丑、崇高等审美范畴和人的审美意识、美感经验，以及美的创造、发展及其规律的科学。美学在网络教学中得到了充分的体现。从网络资源方面来说，不同于传统教学单一的文本教材，网络学习资料（尤其是音像教材和多媒体教材）往往包含生动形象的图画、形象优美的语言表达、五彩鲜艳的颜色搭配、悦耳动听的音乐旋律等，这些都是艺术美在网络教学中的具体体现；从教学手法来说，网络技术把原本抽象单调的教学内容形象化、艺术化，并通过多媒体课件等方式展示出来，大大增加了教学内容的趣味性和吸引力。可以说网络教学从内容到形式都强调通过科学美、教学美和艺术美来传递教学信息，但高职英语教学中的美应突出一个"真"字，即真实而准确地表达教学内容的科学性，揭示语言本质的客观规律。

（二）语言学习理论

1. 行为主义学习理论

行为主义学习理论又称"刺激—反应理论"。行为主义者认为，学习是刺激与反应之间的联结，他们的基本假设是：行为是学生对环境刺激所做出的反应。他们把环境看成是刺激，把随之的有机体行为看作是反应，认为所有行为都是习得的。

行为主义学习理论最早是南美国心理学家约翰·华生（John Watson）于20世纪初提出的，此后在桑代克（Edward Lee Thorndike）、斯金纳（Burrhus Frederic Skinner）等的影响下，行为主义学习理论在美国占据主导地位长达半个世纪之久。斯金纳更是将行为主义学习理论推向了高峰，他提出了操作性条件作用原理，并对强化原理进行了系统的研究，使强化理论得到了完善和发展。

华生认为人类的行为都是后天习得的，环境决定了一个人的行为模式，无论是正常的行为还是病态的行为都是经过学习而获得的，也可以通过学习而更改、增加或消除。认为查明了环境刺激与行为反应之间的规律性关系，就能根据刺激预知反应，或根据反应推断刺激，达到预测并控制动物和人的行为的目的。他认为，行为就是有机体用以适应环境刺激的各种躯体反应的组合，有的表现在外表，有的隐藏在内部，在他眼里，人和动物没什么差异，都遵循同样的规律。

桑代克通过对动物以及人类学习、教学原理和学习迁移的深入研究，提出了一系列关于学习的定律。他认为学习的本质是在刺激和反应之间形成联结。学习的过程是不断尝试错误以形成联结的过程。学习的主要规律可以总结为准备律、练习律和效果律。其中准备律是指学生对某种外界刺激做出反应的前提条件是有所准备；效果律是指学会了的反应，经过多次重复练习后，会增加刺激和反应之间的联结，否则这种联结就会减弱；练习律是指当刺激与反应之间已形成联结，当反应的结果是积极的、愉快的，那么这种联结就会得到强化，相反，则会削弱。

斯金纳在行为主义观点的基础上提出了新行为主义学习理论，其核心是操作性条件发射，即 R 型条件反射。斯金纳认为，人类行为主要是由操作性反射构成的操作性行为，操作性行为是作用于环境而产生结果的行为。斯金纳一生的著作很多，1957 年出版的《言语行为》标志着行为主义在语言教学理论中统治地位的确立。

综上所述，行为主义学习理论有以下几个基本观点：①学习是由刺激情境与正确反应之间形成的联系构成的。用公式表示为 S—R（刺激—反应）。②学习过程是一种渐进的"尝试与错误"直至最后成功的过程。学习进程的步子要小，认识事物要由部分到整体。③强化是学习成功的关键。

网络教学中的刺激源主要是学生使用的网络资料，如图像、视频、动画、文本等，学生受到这些刺激，产生相应反应，从而达到记忆的效果。网络教学的主要特点是重复性的语言训练，即通过大量的刺激源不断重复进行"刺激反应"理论，从而实现语言的习得。将行为主义理论应用到英语网络教学中有利于实现个性化教学，如成绩较好的学生可以利用网络资源学到多于课本上的知识，进一步提高语言技能；学习较为落后的学生可以根据自己的情况制定适量的学习任务，并努力完成。

行为主义学习理论中的"刺激—反应"理论对网络课件的设计也有很大的启示作用，具体如下：①即时反应。反应必须在刺激后立即出现，如果刺激和反应的间隔太长，反应将被淡化。②重视重复。重复练习能加强学习和记忆，引起行为比较持久的变化。③注意反馈。让学生知道反应正确与否，及时给出反馈，这种评价对学习非常有用。④逐步减少提示。在减少条件的情况下，使学生的反应向着期望的方向发展，从而引导学生顺利完成预定的学习任务。

行为主义学习理论促进了视听教学、程序教学及早期 CAI 的发展。但行为主义学习理论有很多不足：它完全否认人类学习的内在心理机制，把动物实验的结果生硬外推至人类的学习，忽视了人类的主观能动性，难免走向机械主义和环境决定论，受到认知主义等学习流派的批评。

2．认知学习理论

认知学习理论是通过研究人的认知过程来探索学习规律的学习理论。一般认为，认知学习理论来源于早期认知理论的代表学派——格式塔心理学的顿悟说。但是，认知学习理论的真正形成却是 20 世纪六七十年代的事情。

从认知学习理论的背景来看，它是心理学与邻近学科交叉渗透的产物。控制论、信息论及计算机科学与语言学的发展，直接影响到了认知学习理论的产生与发展方向。认知学习理论中的许多重要观点都是在结合以上这些学科相关研究成果的基础上得出的。① 例如，美国教育学家加涅（Gagne）的累积学习的一般理论模式，就直接借鉴了控制论与计算机科学的某些重要的思想。

认知学习理论也是心理学自身发展的结果。在过去的几十年间，学习理论经历了重大的变革。前半个世纪，占主导地位的关于学习的概念是以行为主义原则为基础的，学习被看作是明显的行为改变的结果，是能够由选择性强化形成的。因此，在行为主义者看来，环境和条件，如刺激和影响行为的强化，是学习的两个重要的因素，学习等同于行为的结果。然而，这是与事实相违背的。布鲁纳（Bruner）认为，在学习过程中，我们必须考虑到以往的认知结构对于现有的学习过程的影响，如穷人家的小孩往往比富人家的小孩把硬币看得更大些。由于行为主义学习理论在研究中不考虑人们的意识问题，只是强调行为，把人的所有思维都看作是由"刺激—反应"的联结形成的。这就引起了越来越多的心理学家的不满，开始放弃行为主义的研究立场，转向研究人的内部心理过程，从而导致了认知主义学习理论的发展。

认知学习理论的基本观点包括如下几点：①人是学习的主体，学习的过程并非刺激与反应的直接联结，而是一个主动形成和发展认知结构的过程，是在内在动机的推动下，学生主动对新知识加以选择、转换、储存和应用的过程。其公式是：S—AT—R（S 代表刺激，A 代表同化，T 代表主体的认知结构，R 代表反应）。客体刺激（S）只有被主体同化（A）于认知结构（T）之中，才能引起对刺激的行为反应，即学习才能发生。②人类获取信息的过程是感知、注意、记忆、理解、问题解决的信息交换过程。学习过程不是渐进的尝试与错误的过程。学习是突然领悟和理解的过程，即顿悟。③学习是信息加工过程，人们对外界信息的感知、注意、理解是有选择性的。人脑好似计算机，应建立学习过程的计算机模型，用计算机程序解释和理解人的学习行为。④学习的质量取决于效果。学习是凭智力与理解，绝非盲目的尝试。认识事物首先要认识它的整体，整体理解有问题，就很难实现学习任务。⑤外在的强化并不是学习产生的必要因素，在没有外界强化条件下也会出现学习。

3. 人本主义学习理论

人本主义学习理论（anthropologismus learning theory）是 20 世纪 50 年代至 60 年代在美国兴起的一个心理学的重要派别。人本主义心理学主张从人的直接经验和内部感受来了解人的心理，强调人的本性、尊严、理想和兴趣，认为人的自我实现和为了实现目标而进行的创造才是人的行为的决定因素。它

① 刘珣. 语言学习理论的研究与对外汉语教学［J］. 语言文字应用，1993（2）：32-41.

所提倡的学习理论，不像行为主义和认知心理学那样，从验证性研究中得到原则后再形成推论，而多半是根据经验原则提出观点与建议。此外，人本主义学习理论不限于对片面行为的解释，而是扩大至对学生整个成长历程的解释。

罗杰斯（C. R. Rodgers）认为，人类具有天生的学习愿望和潜能，这是一种值得信赖的心理倾向，它们可以在合适的条件下释放出来。当学生了解到学习内容与自身需要相关时，学习的积极性最容易激发。在一种具有心理安全感的环境下可以更好地学习。罗杰斯还认为，教师的任务不是教学生知识，也不是教学生如何学习知识，而是要为学生提供学习的手段，至于应当如何学习则由学生自己决定。教师的角色应当是学生学习的"促进者"。人本主义心理学的目标是要对作为一个活生生的完整的人进行全面描述。人本主义心理学家认为，要改变一个人的行为，首先必须改变其信念和知觉。人本主义者特别关注学生的个人知觉、情感、信念和意图，认为它们是导致人与人的差异的"内部行为"，因此他们强调要以学生为中心来构建学习情景。

罗杰斯把学习分为两种类型：认知学习和经验学习，相应的学习方式也分为两种：无意义学习和有意义学习。无意义学习是指学生所学的内容没有个人意义，只涉及学生心智发展，不考虑学生感情因素；有意义学习不仅是学生增长知识和技能的学习，更是一种与个人经验融合在一起的学习，是一种使个体的行为、态度、个性以及在未来选择行动方针时发生重大变化的学习。

人本主义教学观主张有意义的学习，即学生的自主学习。教师在教学中的任务不是教授学生知识，而是为学生提供学习资料以及营造激发学生学习的气氛，让学生自主安排学习。教师促进学生学习的关键不在于教师的语言能力或是教学技巧，而在于特定的心理气氛因素，具体表现为对学生的尊重、关注和理解，创设自由宽松的学习氛围，激发学生的学习积极性，从而促进学生学习和成长。

英语网络教学的教学理念符合人本主义教学观。首先，英语网络教学注重的不是语言知识的灌输，而是语言应用能力的培养。网络教学软件提供了理想的语言交流条件，学生随时可以通过网络交流软件进行语言练习，从语言实践中习得语言。其次，网络教学以学生的自主学习为主，教师起辅助和监督教学的作用，除此之外，教师还可以给予学生情感上的帮助，及时解决学生学习中遇到的情感问题，帮助其更加高效地完成学习任务。

（三）社会语言学理论

1. 交际语言教学理论

交际语言教学理论主要来自交际能力理论和功能语言理论。交际能力理论是由美国著名社会语言学家海姆斯（D. Hymes）于 1972 年提出的，他认为语言的交际能力必须包括两方面的内容：一是语言必须符合语法规则，二是语言在情境中可接收性。功能语言理论是由英国语言学家韩礼德（M. A. K. Halliday）提出的，他认为语言具有多种功能，其中包括语言的交际功能。

交际语言教学理论提出的主要观点有：①语言的主要用途是人际功能和交际功能；②语言的结构反映其功能和实际用途；③语言的主要单位不仅仅是语法和结构，还包括功能和交际范畴。

由此可见，高职英语教学不仅要重视学生词汇和语法等基础知识的掌握，更要重视学生语言应用能力的培养。

交际语言教学理论主张教学应以学生为中心，注重学生语言交际能力的培养。这一理论的支持者认为学生掌握交际能力以及语言能力的主要途径是以语言交际为主的实践活动，因此，教学活动的内容安排应以培养学生交际能力为主要宗旨，而不是背诵单词或是学习语法。交际法还强调语境对语言学习的重要性，重视教师与学生、学生与学生之间的互动交流。为了创造更多的交流机会，教师应在教学过程中多安排任务型的语言学习活动，如小组讨论、互动游戏、话题辩论、角色扮演等，这些活动可以帮助学生在有意义的情景中训练语言交际能力。

交际法理论在网络教学模式中得到了充分的应用。网络技术为学生听、说、读、写各项技能的训练提供了良好的语言环境，它能够模拟语境，提供语言交际环境以及丰富的语言学习资料，能够提供完成各种学习任务所需的工具，从而促进有意义的语言输入和输出，实现在语言实践过程中培养学生的语言交际能力。

2. 社会语言学理论

社会语言学（soeiolinguistics），顾名思义是研究社会与语言关系的一门学科，这一学科兴起于 20 世纪五六十年代，并涉及语言学、人类学、交际学、社会学、社会心理学、大众传媒等多个领域，属于边缘学科。社会语言学的学科性质可以归纳为以下几点：①社会语言学具有较为广泛的外延性；②社会语言学带有显著的跨学科特点；③社会语言学注重社会、语言、文化之间关系的讨论；④社会语言学注重语言与社会及语境因素的内在关联；⑤社会语言学试图结合语言使用，通过考察社会对语言的影响，以及语言的社会意义等现象，以期对语言学问题提供一种不同于单纯的结构分析的描述与解释。

社会语言学根据研究范围的不同，可分为宏观社会语言学和微观社会语言学。宏观社会语言学主要研究的是民族或区域语言状况以及语言与社会环境发展之间的关系，如语言规划、语言政策、语言规范化、双语教育等语言问题；微观社会语言学主要研究的是社会发展过程在语言中的反映，各种社会因素（如性别、年龄、种族、社会阶级、教育水平等）与语言之间的关系。

社会语言学根据研究方向的不同可分为理论社会语言学和应用社会语言学。理论社会语言学主要的研究对象是语言变体以及言语群体结构，应用社会语言学主要研究的是导致语言使用不平等现象的社会及政治因素。

社会语言学强调学生语言习得的社会性，认为语言的学习是在某一特定语言团体中，通过大量的实践学习和社会交际而实现的。因此，在语言学习中，应多为学生提供具有真实性的社会交际的机会，使他们能够将课堂上所学的知识真正应用到社会交际中去。以计算机为媒介的英语网络教学模式是社会语言学理论的最佳体现，网络教学提供了大量的虚拟交际活动、合作学习活动以及跨文化学习活动，并且将这些活动扩大到全球范围，真正为语言学习营造了最佳的社会环境。

第二节　英语网络课程教学实践

一、教学任务

以上海英语教育出版社出版的《综合英语教程》第四册中第三单元课文 *Alienation and the Internet* 为例，展示网络阅读课程一个单元的设计。

二、教学目的

（1）了解互联网的发展历史以及互联网给人们的生活和工作带来的影响。
（2）了解该单元的关键词和词组的用法，包括名词转化为动词现象。并学会使用这些词和词组。
（3）学习阅读理解策略。

三、教学形式

个人、小组。

四、教学流程

（一）课堂教学准备

在该阶段，教师将与文章有关的背景材料提供给学生，包括互联网的发展历史、互联网相关术语、互联网对人类生活和工作所产生的巨大影响等方面的背景资料。先前知识的激活对学生信息负载的减轻十分有利。

（二）阅读交互设计

在网络学习过程中，人与人之间面对面的情感交流机会很少，因此使两个学生结为学习伙伴，可在一定程度上解决独立学习过程中容易产生的厌倦和孤独情绪。具体而言，教师可以把学习水平相近或者是高水平和低水平的学生分为一组，让他们共用一台电脑；也可以把高水平和低水平的学生分为一个学习小组，这样高水平的学生可以有效地帮助低水平的学生，而对低水平的学生来说，高水平学生对自己也起到激励学习的作用；也可以将水平相近的学生划分为一个学习小组，学生不会因感觉和水平有差异的学生学习而浪费时间，而且学生可以互相取长补短，从而提高学习效率。值得提及的一点是，在交互阶段，教师应确保给学生提供同样的活动，学生分组讨论互联网对自己的学习和生活的影响，讨论结束后，互相分享讨论结果。

针对 *Alienation and the Internet* 这篇文章的第一部分，教师可以让学习小组讨论如下问题。

（1）What is the author's long cherished position about the strong points of the Internet?

（2）Does the author see any negative side of the Internet? What is it?

（3）How did the author start his argumentation?

（三）讲解并培训阅读策略

本课程的阅读策略培训是通过多媒体动画教师来实现的。多媒体动画老师以有声思维的形式讲解阅读策略以及教师是如何在上下文语境中猜词的。

在网络课程的教学过程中，教师应根据学生自身学习情况提供不同的学习策略，主要包括自主学习策略和协作学习策略、教与学指导策略（主要针对教师和承担辅导任务的学生）等。为了便于学生在阅读过程进行自我监控，教师可设计阅读策略自检表。

在教学平台上，教师可以创建如下功能模块：助学模块、辅助模块、评估模块、学生信息模块、在线导师模块、论坛互助模块和作业上交模块。

1. 助学模块

助学模块包含背景知识、词汇知识、阅读策略培训、讲义及在线词典等辅助工具。

2. 辅助模块

辅助模块包括助学工具和监控工具。

助学工具包含在线词典、词汇索引和等级词汇表（分为英语专业和大学英语词汇表）。在线词典可以选择在线词典的链接，如 StarDict Merriam-Webster、your-dietionary 等。词汇索引采取鼠标取词的方式，当学生点击感兴趣的单词时，单词的音标、发音、词性就会显示在该单词上方。在阅读文章的过程中，当遇到生词时学生可以采用鼠标取词的方式加以了解。系统会将学生查询单词的频率和类别记录下来，在学习结束之后给学生提供一个评估报告。

监控工具主要用于记录学生鼠标取词、查询的频率以及阅读理解中的停顿，之后提供一份报告，这样学生就能了解自己在学习过程中的行为表现以及自己在词汇学习和阅读理解中存在的问题。系统记录学生完成阅读和相关练习所需的时间，记录学生浏览了哪些单词，在后面的阅读材料中可以有意识地增加这些单词。这些对教师监控学生的学习过程和状态十分有帮助。

3. 评估模块

评估模块可分为两类：测试评价和学生学习风格评价。测试评价包括词汇评价和阅读理解评价。词汇评价由学习前的前测和学习后的后测两部分组成。前测是评价学生是否已经了解单元中出现的生词，学生所不知道的陌生词汇将出现在完成阅读理解学习之后的词汇后测中。阅读理解评价主要是对学生阅读理解水平的考查。

在本单元中，教师首先应进行词汇的前测，了解学生目前拥有的词汇量，单元学习结束后，再进行词汇后测，对学生对所学新词汇的掌握情况进行评价。阅读理解的评价采用在线监控的模式，对如下几个方面进行综合考量：学生在阅读中所花费的时间、鼠标取词的情况、查询生词的频率、客观理解题的正确率以及主观题回答的合理性。

4. 学生信息模块

学生信息模块主要保存学生的年龄、学习风格、学习需求、前测和后测、平时成绩各种信息。

5. 在线导师模块

在该模块中，教师可利用语音 MSN，Skype，QQ 等软件进行师生之间实时通话，在线解决学生的疑难问题。教师可鼓励学生加入网络会议，这可以实现传统课堂中的讨论。此外，教师和学生在正式进入教与学之前可以先见面，互相了解，以使语音对话顺利进行。

　　6．论坛互助讨论区

　　在讨论互助讨论区中，学生可以在线提问，问题可以包含阅读方法的交流，生词的记忆方法。

　　7．作业上交区域

　　在单元学习结束后，教师要求学生写一篇课文小结，统一收取，以便了解学生对本单元的掌握情况。

四、教学分析

　　上述教学案例从激活学生先前知识、阅读交互、阅读策略培养、阅读评价等几个方面展示了网络环境下英语阅读教学的设计。在将网络运用于教学时不仅关注课程内容，还充分体现了网络的优势，充分发挥了学生的主体作用，采用类似于协作式学习、问题解决学习、基于资源的学习等多种教学方法，在使学生了解了互联网便利的同时，更好地学习了本单元的词汇，学习了阅读理解的策略，这对提高学生的阅读理解能力十分有利。

第五章

高职英语网络多媒体
教学模式

第一节　高职英语网络多媒体教学模式综述

一、计算机网络多媒体技术的发展

计算机从问世那天起就与其他现代技术的发展有着密切的关系，随着其发展和完善而被逐渐运用于英语教学中。例如：教学信息传播和利用突破时间限制得益于声—光—电技术和电磁和数字记录技术，而多媒体技术拓宽了人们接受信息的通道带宽；教学活动突破空间的限制得益于电讯传播技术的应用，异步教学状态的出现得益于传播技术与记录技术的结合，而"虚拟教育"的产生要归功于信息和网络技术的诞生发展。

计算机的功能随着时代的需要和现代科学技术的发展变得日益完善和多样化。而在应用于现代教学中，如超量信息传输、教学示范、场景呈现、模拟互动等都能通过计算机得以完美实现。可以说在众多计算机功能中蕴含有许多高科技成果，尤其是人工智能技术（artificial intelligence）、数字化技术（digital technology）、信息和网络技术（information and internet technology）这三大关键技术使得计算机的功能得到了超越式的发展。

1. 人工智能技术

在信息化外语教学系统中人工智能技术被认为是整个系统的核心技术，这项技术使得计算机的功能智能化，进而可以使计算机在教学中扮演人的角色，进行拟人思维。而正因为计算机有拟人思维的功能，智能化的计算机教学系统能够做到教学行为人性化、人机互动自然化、教学过程合理化以及繁杂任务代理化等。

2．数字化技术

所谓数字化，从广义上讲，主要是指以计算机为基础的信息数字化技术。这项技术简化了教育技术系统的设备，统一了标准，性能更加稳定、可靠。并且在不断发展中，使得教学信息的存储和传输在量上有了一个跨越。

随着数字化技术的发展，现代信息技术在构建的外语教学环境上具有情景的信息化、外语学习的全球化和个性化的特点。应用在教学过程中，突出表现在传播媒介的改善升级，形象化的声音、影像、图片替代呆板无声的书本、黑板。

3．信息和网络技术

信息和网络技术是除了智能化和数字化的第三个关键技术，是这项技术中的数字卫星通讯系统，移动数字通讯系统使当今的数字化信息网络做到了"天网"与"地网"（因特网及其他网络）的合一，既相互独立又优势互补。

（1）信息和网络技术使得英语学习可以轻松实现自主化、个性化。比如学习者可以通过相应的网站学习英语写作，网站可以帮助学习者修改润色文章，在某种程度上能起到教师的作用。

（2）通过这项技术，学生和学生之间的合作学习更为简单便捷，学生课下的合作学习可以通过网络的传送轻而易举地实现。

（3）网络拥有广泛的资源，而在学习过程中，信息和网络技术能使学习者接触到新颖、即时的学习内容。如学生可以通过某些网站看到图文并茂、地道的英语视听资料。这些资料即时、生动、新颖、活泼，能多角度地反映英美文化的各个方面。

可以说，信息和网络技术的发展已经使学校没有了围墙，"学校"将随时伴随着人们。网上学习外语与在学校学习外语一样，将在人们外语学习过程中起到非常重要的作用。

这三大关键技术相互独立，又互为依存，使计算机的功能发生了革命性变化：信息网络化使计算机能覆盖广泛，资源共享；数字化使计算机能精确、海量地储存信息；智能化使计算机能拟人思维，创建虚拟外语环境。可以说，这三大技术共同促使计算机在教学中从"配角"到"主角"的转变。因此，计算机的超强功能应该得到全面地开发和利用，从根本上改变传统低效的外语教学模式。

综上，计算机信息技术的迅猛发展可以说给教学打开了一些以前不敢想象的天窗，在这样的技术环境中，我们完全跨越教学效率的增强这一标准，对英语教学提出更高的要求，树立更高的教学标准。

二、传统教学模式"危机四伏"

我国自古是个尊师重道的文明古国，但自古以来的这种传统形成了课堂上以老师的"教"为中心的传统课堂教育模式，在课堂上，教师主宰着课堂，是课堂的"宙斯"，一切知识能量的来源，课文、词汇、语法，讲解、操练、核对答案再讲解已经成为一种外语教学不变的套路。几十年来，这种重传输知识型的"满堂灌"教学套路显然忽视了学习者的主观能动性。

到了 21 世纪的今天，随着数字化信息时代的发展及世界各国间贸易及联系的日益密切，传统的教育模式培养出来的外语人才已经远远不能满足社会的需要，而我们的教学环境与半个世纪前或 20 世纪 80 年代相比也发生了天翻地覆的变化，传统教学模式在这个高速发展的时代已经显得捉襟见肘、漏洞百出，这主要表现在以下几个方面。

（一）传统教学模式使教学质量下降

班级规模过大不仅使得教学效率无法提高，同时对教师来说在课堂管理上也是一个挑战，在一个六七十人的课堂当中，怎样既能够完整地实施教学备案又能调动起大部分学生的积极性，使课堂形成一个很好的氛围，对教师来说是一个挑战。当然教师更做不到把学生的水平差异控制在他们能把握的范围里，实施因材施教的理念。由于学生水平参差不齐，一些课堂甚至还出现"水平较高的学生嫌节奏太慢而上课干自己的事；较差的学生由于跟不上教师的节奏，听不懂而索性缺课"等现象。

可以说，班级的人数与师生的互动机率成反比，在有限的课堂时间里，学生人数越多，课堂发言的机会越少，教师纠正学生发音错误的机会也越少，像一堂课 45 分钟，六七十个学生每人轮流讲几句，时间几乎不够用。

因此，在这样人数众多的课堂讲课，教师不可能照顾到各种层次的学生，势必会降低教学的效果和效率。正如戴炜栋教授（2009）所指出的那样："短时期内学生数量的快速增长使得师资力量相对薄弱，致使教学质量难以得到有效保障。"显然，在这样的传统教学模式下，扩招势必会影响到整体的教学质量。

（二）传统模式不能适应社会和语言环境的变化

传统教学模式的教学质量在受到班级规模的制约之外，还受到其他社会和环境因素的影响。

首先，在学习的动机上，人也是随时代而动，过去的时代比较单纯，学生学习的目的就是为了通过学业考试获得文凭谋份工作。现代的社会环境可以说学习的动机更为丰富、多层次，对人的发展要求的更为长远和丰富，层次也更为高级。学生学习英语可能是为了出国留学，可能是为了报考研究生，可能是为了一份与外语相关的工作，课本及课堂教学的内容已经完全不能满足他们个性化和专业化的需求。由此可见，传统的教学模式很难适应这些变化，也很难满足社会和学生的新要求。

其次，学习的环境和手段也在不断更新和进步。过去的教学手段和工具可以说非常落后，高职英语课堂围绕课本开展教学，偶然会听些录音。当代计算机信息网络的发展，使学生外语学习的手段更为高级和丰富，比如，可以通过电脑网络获得更多的学习资源，学生不再满足外语学习只围着课本转的传统方式。

学生已趋向于摒弃仅仅靠教材来学习英语的模式，转而采取从多种媒体和渠道接受语言的输入。传统的教学模式在电脑、网络等多媒体的冲击下，已不可避免地失去其原有的地位和优势。

（三）传统模式不能有效培养学生英语"听、说"的实践应用能力

众所周知，我国传统的教学模式离不开"课本＋黑板＋粉笔"，离不开习题集和标准的答案，教师和学生每天都是沉浸在语法、词汇无声的海洋里，教师通过精讲教科书中的核心范文（core text）向学习者输入某一阶段或某一种的语言的主要词汇用法和语法规则，学习者通过教师的精解和自己的反复操练来形成正确的语言习惯（language habits）和语言行为（linguistic performance）。这就是我国特有的"精耕细读"式的传统教学模式，故称为"精读课"。

这样的传统精读模式必然会导致语言教学中出现"哑巴英语""聋子英语"。因此，从某种意义上说，"哑巴英语""聋子英语"也是这种传统精读教学模式的产物，其原因就在于精读教学模式追求的是"精"，是分析，而不是"读"和"说"，这种传统教学模式引导学生把英语当作一种语言体系来研究，而并不是一种工具来交流、交际，背离了语言教学的本质和目的。在这样的情况下，要想把孤立、精细的语言知识很快转化为实用高效的语言运用能力，是不现实的，也是不可能的。

三、计算机英语课程构成及优点

1. 课程的构成范式

一般说来，课程是教学模式和手段乃至教学理念的承载者和实施者，体现着教学的基本规划和蓝图。而传统的外语课程的构成范式是理论、方法＋课程或教材的"2＋1"模式，但是随着社会的进步、经济的发展以及科学技术的日新月异，计算机网络技术带来的高效便捷使其逐渐在社会各个领域得到普及，自然地也就进入了外语教学领域。为此，外语课程的构成范式也就随之从传统的"2＋1"模式转变为"理论、方法、技术＋课程"或教材的"3＋1"模式，即教学理论、教学方法、信息技术（教育技术）体现于课程或教材之中。《大学英语课程教学要求》就是这种"3＋1"模式的最好体现。这种构成范式的转变也体现在具体的教学实践上，如传统教学一般以教师为中心，学生的知识主要来自于课本，而如今我们的外语教学除课堂外，学生可以（利用技术）在计算机网络上进行自主学习，他们从被动的学习者转变为知识的主动建构者。因此，课程构成范式的改变是计算机网络环境下外语课程定位的首要特征之一。

2. 计算机在课程中的地位

在传统的外语教学中，计算机只是作为一种辅助工具被使用的，但是自从《大学英语课程教学要求》首次在我国外语教育史上明确提出将计算机作为课程的有机组成部分后，计算机在课程中的地位发生了根本性的改变，开始从辅助的地位走向了教学的前台。一般来说，利用计算机进行外语教学的方法有两种：一种是计算机辅助教学，计算机只是作为一种辅助的工具；另一种是把计算机整合于外语教学之中，使其成为外语教学过程中一种必不可少的有机组成部分。

计算机作为辅助教学工具的主要目的是帮助教师改善教学效果，然而在实际教学中其表现出来的特点有以下几方面：①计算机仅作为辅助教师的演示工具来使用，并没有发挥其强大的功能；②教学内容基于课本，纸质教材电子屏幕化；③教学材料限于课本，学生知识来源单一化；④"教"合"学"始终以教师为中心，学生外语学习依然被动。

由此可见，计算机辅助教学不能从根本上改变传统课程的结构。但是如果计算机成为课程的一个有机组成部分，成为整个教学过程中的一个重要环节，就可以为以学生为中心的自主学习以及各种其他拟真学习活动奠定基础。具体来看计算机网络学习有以下特征。

（1）在计算机合作学习过程中，一般以小组的形式，在师生之间、生生之间借助互联网提供的交流平台和海量学习资源进行讨论、交流、协作，在虚拟的网络平台上合作完成学习任务。

网络学习平台和学习环境为学生的学习、交流、合作打破了时空的限制，比如学习者不仅可以从网络上下载教师的讲义、作业和其他有关资料，而且可以通过网络平台向教师提问，与网上其他同学讨论和评价在课堂上所学的知识，增加了学生间交流的途径和机会，调动学生的学习积极性。

（2）非结构化学习。在网络环境中，网络媒体超文本结构的基本构架决定了网络教学的学习环境是非结构化的。教育的最终目的是让学生成为一个能主动探索、面对现实游刃有余的人。在借助网络指导学生进行自主学习的过程中，教师通过向学生布置直接或间接的非结构化任务，促使学生在非结构化的情境中得到锻炼和学习，提高自己的能力。如在完成某一项目的过程中会涉及查阅资料、询问专家、与别人沟通等。

（3）个性化学习。在互联网环境下，教师和专家可以将学习课程和相关教学指导（包括教学课件，补充学习资料，甚至学习方法指导等）发布到网站上，要求学习者按照自己的实际情况制订学习计划，调整学习进度，并可以自主选择时间和地点来学习。

（4）通过媒介技术学习，网络环境下学生自主学习是通过网络和计算机这样的媒介进行的，因此，教师对学生的评价不能像传统教育模式下那样直接、全面、客观。

从以上特征描述可以看出，网络环境下的自主学习对教学实施者和学生都提出了很高的要求，教师对网络平台的利用上要充分，以此来充实教学资源，为学生提供学习指导，同时要跟踪学生的学习情况。而学习者则需要根据自己的英语水平和学习需求来确定学习进度，制订学习计划，并进行自主学习，这就需要学习者具有较强的自主性和自我约束能力。

因此，在计算机网络环境下外语课程的定位中计算机应成为课程的一个有机组成部分，外语教学系统中的必备要素之一。

综上所述，著者认为外语课程应该以"3＋1"模式（理论、方法、技术＋课程或教材）进行规划和设置，同时将计算机网络为核心的现代信息技术设为课程的有机组成部分，使其成为整个外语教学系统中的要素之一。这就是计算机网络环境下外语课程定位的关键所在。

第二节　高职英语网络多媒体教学多模式探究

一、高职英语网络教学多模式探讨

在高职阶段的英语学习中，来自各个专业的学生的英语水平存在较大差异，而且教师的教学能力及教学风格也存在较大差异。鉴于此，在高职英语网络教学中可以对不同专业和不同英语水平的学生采用不同的模式进行授课，即所谓的采用多模式教学的方式。在此以学生为主体，针对其不同的水平进行如下三种模式的探讨。

（一）多媒体教学＋传统教学＋自主学习

这种模式主要针对英语水平一般、计算机应用能力一般的学生。主要由以下几个部分组成。

1. 初始测试

新生入学先参加统一的初始测试，然后通过网络依据学生的测试成绩学生会被分配进入相应级别的学习教学系统进行课程学习。[①] 学生每学完一个单元并通过网上单元测试后，即可参加教师的面授辅导，然后再进入系统的下一单元继续学习。

2. 课堂教学

课堂教学以传统模式为主，班级以 40 人为基准，学生依据入学测试成绩来划分，教师适当制作一些课件作为补充。每两周听说教学占两课时，可以使用听说教程的配套光盘。

3. 课外自主学习

以校园网的高职英语教学平台为依托，学生可以灵活安排自己的学习时间、学习地点（如校内电子阅览室、多媒体教室、图书馆甚至寝室），选择适合自己水平的学习内容，并根据自己的作息及学习风格，随时随地进行学习，得到相关信息反馈适时了解自己的学习情况，并据此调整继续学习策略。这样可以实现非定时多地点的学习，以达到最佳学习效果。

---

① 陈可. 网络平台下高职英语教学模式研究［J］. 山东商业职业技术学院学报，2017，17（2）：47-49，66.

在具体的学习内容上，学生既可以充分利用教辅资源，结合自身的学习特点，有选择地进行循序渐进的学习，也可以利用网络课程部分对课堂所学内容进行回顾。

教师为了了解自己学生的学习进度和效果以方便备课，可以利用网络系统随时进行查看，同时还可以根据所掌握的情况进行针对性指导。

此外，通过高职英语校园网络教学平台，教师和学生对英语的教授指导和学习可以采取实时和非实时相结合的形式。所谓实时，就是教师可以与学生约定网上的工作时间，进行在线即时交流；而非实时，就是教师可以在网上定期查看和解答学生其他时间提出的问题，还可以对任课班级布置作业，上传一些相应的辅导资料等。就布置作文来说，教师可以在 BBS（网络论坛）的导师辅导区直接发布，或者也可以附件形式供学生下载，学生可以跟帖或上传附件的形式提交作业。教师可以让学生互相批改，也可以从中有目的地选择一些作文进行批阅，发布优秀作文供学生参阅，归纳和总结共性的错误。

4．评估

在实现课程目标上，全面、客观、科学、准确的评估体系对英语教学至关重要，它是高职英语课程教学的一个重要环节。有效的评估体系，可以帮助学生调整学习策略、改进学习方法、提高学习效率，可以帮助教师获取教学反馈信息、改进教学管理、保证教学质量。评估分为终结性评估与形成性评估两种。

终结性评估应为英语考试级别的总结，教师可利用网上测试中的级别测试内容进行在线测试，并将成绩自动记录、统计，也可以结合口试和纸介笔试的方式对学生语言技能进行评估。

形成性评估的内容较为丰富和综合，它一般应包括网上阶段性测试成绩、网上讨论的参与程度、作业提交情况、学习过程记录、学生自我评估、学生相互间的评估等，也还应包括与教师的主动交互。

学生的本级综合评定成绩应由着两种评估方式结合评定形成，具体应当遵循信度（reliablity）、效度（validity）、区分度（discrimination）和可行性（feasibillty）这四个标准。

（二）课堂教学＋自主学习

该模式针对的是英语学习水平优秀和计算机操作熟练的学生。

1．初始测试

对目前所有的高职院校而言，新生入学后，可先统一安排网上初始测试，然后学生依据网络测试结果分配学生进入相应级别的教学系统课程进行学习。学生学习以单元为单位，在每学完一个单元并通过网上单元测试后，即可参加教师的面授辅导，辅导通过后方能进入系统的下一单元继续学习。

2．课堂教学

班级以 40 位学生为一个单位，每周教师上课时间为两节课，课堂授课可以分为两部分：第一部分以导学、助学和提问为主，第二部分由主讲教师和一名助教分别带领学生开展语言技能方面的游戏活动或训练。其余两节安排学生借助网络进行自主学习。自主学习包括学习网络中的综合教程和听说教程，这部分学习相当重要，主要用于准备课堂上教师的提问和找出学习内容的难点，这项学习需要学生具备高度的学习自觉性和较高水平的自学能力。

3．评估

参照多媒体教学＋传统教学＋自主学习评估部分，可进一步加大随堂测试在课堂教学中的比例及其在最终成绩中的比例。

（三）网络教学＋学生课后自主学习

这一模式针对英语水平和计算机应用能力较好的学生，可分为下列部分。

1．初始测试和单元测试

初始测试和单元测试和前两种模式的内容一样。

2．课堂教学大小班结合

一是面授。英语学习过程中不管是传统教学还是网络学习，教师作为"教"的一方作用始终不能小觑。因为面授可以让教师对学生的实际情况做到更好的掌握，以便更好的指导、鼓励学生，并帮助其解决在学习中出现的问题。教师的面授应以小组为主，原则上每组的学生人数应在 8 人左右，最好不超过 8 人，如果师资力量有限，适当可以放宽到 8～10 人。在辅导过程中应重点考察学生的自学效果，并根据检查结果决定学生是否可以继续学习。

二是小班授课。小班授课目的主要是进行语言技能训练与实践，强调"听"与"说"，学生人数原则上不超过 30 人。这部分授课可以利用网络课程中的听说教程部分进行授课，借助网络系统提供的交互模式学习来自于国外的原汁原味的英语。在这样一个虚拟的语言环境中，学生和教师的创造力和想象力可以得到充分的挖掘，克服了原先完全脱离情景进行机械教学的弊端，这也是传统教学课堂所不具备的。

三是大班授课。大班课主要使用网络课程中的综合教程部分，为保证课堂秩序和教学质量，大班学生人数每班应控制在 150 人以下。[①] 教师在课前充分

---

① 刘群芳. 高职英语网络教学模式的探索［J］. 法制与社会，2008（14）：218－219.

熟悉这个网络系统并结合自己的教学特点对网络课堂内容进行重新梳理，在适当的条件下教师还可以制作一些多媒体课件调动课堂气氛或进行课堂教学的补充，当然重点要落在知识性与趣味性相结合的原则上。授课形式上应以导学为先、助学为主，为学生明确指出学习重点难点，布置相应的学习任务。在课时分配上，每一级为 72 学时，每周为 4 学时。每周大班两课时小班两课时，面授可以每两周一课时。

3. 自主学习

该系统强调个性化教学与自主学习，具体可参见模式多媒体教学＋传统教学＋自主学习的模式。

4. 评估

与多媒体教学＋传统教学＋自主学习一样。

综合来看，以上三种模式既有联系也有区别。模式一与传统意义上所说的计算机辅助教学（CAI）类似，但比前者更多地强调了课后自主学习以及网络实时与非实时的互动。模式二与模式三的学习都注重交互性，不同之处在于模式三是以任务教学法（task based）为主，而模式二则更注重培养学生的自主学习的能力。三种模式的共同之处在于每种模式都无一例外地强调了自主学习在语言输入与语言输出上的重要性，体现了其建构主义的思想基础，表现出以人为本的特点，三种模式都强调了英语学习过程中，不管是师生还是生生间的实时或非实时的交互性的重要性。根据 Long（1985）的 Interaction Hypothesis（互动假说）理论，要想使语言输入变为可理解性输入需要一种交互性的活动。网络系统，尤其是 BBS 平台，正为我们进行交互性活动提供了更多的可能。

这三种不同的模式适合根据学生的不同水平来制定，不同特点的教师和学生，具体采取哪一种模式要视具体情况而定，在英语教学过程中，切忌对学生和教师采用"一刀切"的原则，学生既应是教学过程的主体和中心、知识的主动探索者和技能的主动实践者、教学过程的参与者，同时也应是问题的提出（或解答）者、学习困难的征服者，学习过程及结果的合作评估者。教师应既是教学任务的设计者、教学材料的提供者和教学过程的示范者和咨询者，同时也应是教学进度的监控者、学习困难的鼓励者和协助解决者、教学结果的评估者、教学效果的研究者。只有这样，才能使教学效果和学习效果得到逐步提高。

二、高职英语网络教学对学生和教师的要求

网络教学是网络技术发展的产物，不同的网络教学模式也对师生提出了新的要求，网络教学提倡以学习者为中心，教师的教置于学生的学当中。结合网络教学的特点，教师要担任多重角色，并且要强化教育信息意识等能力的培养，学生也要转变传统的观念，培养自主学习的能力。只有将网络教学的模式和教学的具体主体有机地结合起来，才能发挥网络教学的优势。

(一) 网络教学环境对学生的要求

1. 学生要学习多媒体网络技术

对多媒体网络技术的熟练掌握乃至精通是进行网络多媒体学习的敲门砖。在多媒体网络教学环境和平台中，学生只有熟练使用网络技术，才有可能成为高效的信息获取者，信息资源的整合者，网络资源最有效的利用者，才有可能成为网络教学环境下的英语学习的领跑者。教师在新生入学后尽快指导他们学会使用网络的基本技术，为学习服务；而学生更要打开眼界，改变传统观念，尽快掌握先进的多媒体网络技术，为自己的学习增添一个有力的助手。[①]

2. 学生应培养研究问题和自我评估的能力

学习不但是基础知识的积累和记忆，最重要的是要学会提出问题，问题是学习和思维深入的推进器，计算机网络教学为学生提供了更为丰富的资源，更多地发现问题、提出问题的土壤，以及更多解决问题的途径。与传统教学模式中，学生学习偏重于机械记忆、浅层理解和简单应用相比，网络自主学习为学生提供了更为便捷的提升学习的途径，学生不再仅仅是知识的接受者，还是问题的提出者和研究者，知识也不再长期处于相互分割和备用状态中，而在充足的资源和深入的学习中相互联结成了系统的整体。学生要学会借助网络平台不断提高自己的实践能力、创新精神以及分析资料和得出结论的能力。学生在经过一段时间的学习之后，可以在网上自动生成的试题上进行实时自测，那么学生要学会利用这样一个平台为自己的学习进行自评，通过总结评估才能不断促进自己的学习，增强学习主动性。

3. 学生要培养自主学习的能力

教育的最终目的并非传播知识，而应该是培养出一个拥有学习习惯和精神

---

① 陈可. 网络平台下高职英语教学模式研究 [J]. 山东商业职业技术学院学报，2017，17 (2)：47－49，66.

的对立学习者。网络多媒体技术在教学上的应用为很好地培养学生独立自主的学习能力提供了很好的技术支持。

在整个网络多媒体学习过程中，学生不再处于从属、被动的地位，他们成为自己学习的主人，并对自己的学习负责。[①] 因此，学生首先应该对自己的网络学习有个客观全面的认识，适应新的语言学习环境，掌握多媒体网络技术，了解各种教学软件的内容、特点和使用方法；学会利用各种便利手段获取所需信息；此外，还要了解老师的教学目标和要求，制订出符合自己实际情况的学习计划，在老师的指导下从丰富的网络学习资源中整合出一套对提高自己学习效果和效率行之有效的学习策略，不断提高自己的自主学习能力。

（三）网络教学对教师素质的要求

1. 教师的自身发展

网络教学对教师提出了更高的要求。

首先，教师要不断提高自身素质，尤其是对计算机和语言的运用上。基于计算机网络技术条件下的网络教学，教师应该熟练利用多媒体创建虚拟学习环境，熟练地利用计算机进行备课，制作电子教案，游刃有余地在网上作业，有效整合教与学的行为，下载教学所需的资料，并会制作网页和 CAI（Computer Assisted Instruction，计算机辅助教学）课件，进行网上教学。

其次，网络教学环境中教师和学生面对面交流的机会变少，教师要加强与学生沟通的能力，突破传统的模式，积极营造以学生为主体、以现代信息技术为平台的相互沟通的认知空间，构建相互平等、相互信任的新型师生关系。教师要具备现代教育思想、观念以及先进的教学理念，不能墨守成规；教师还应与学生进行情感的交流，以至建立起相互信任的师生关系。

2. 教师的职能和作用

一直以来，传统的以教师为中心的课堂教学模式占据了很重要的地位。在这种传统教学模式中，教师监控整个教学活动的进程，是知识的传授者，是主动的施教者；学生是知识传授对象，是外部刺激的被动接受者。尽管现在外语教学改革中大力提倡交互式语言教学（interactive teaching），但这种传统的以教师为中心的课堂模式在高职英语教学中还是相当普遍的。而在网络教学环境中教师应做到以下几点：

第一，在网络教学中，教师要对学生的学习进行监控和管理，网上的资源

---

① 刘群芳. 高职英语网络教学模式的探索 [J]. 法制与社会，2008（14）：218-219.

浩瀚无比，教师尤其要对学习资源的情况有全面深入的了解，以便对学生做出正确而有效的指导。比如教师应对学生清楚明确地提出学习的主题和任务，让学生积极主动地去阅览相关的学习网站，以免在信息的海洋中迷失方向。

第二，作为一名教育工作者，教师不仅是知识的主要传播载体，还应与学生多交流，在学生成长过程中给以一定的心理健康方面的指导。具体来说，教师要帮助他们树立健康信息道德意识，提高自身思想文化的免疫力，使学生心理状态走向健康成熟。

第三，在网络教学环境中，计算机信息技术是教师应必备的技能，通过这项技能，在教学过程之初，教师就应该创设一定的网络学习情境，开放和提供学习资源。再次需要指出，对教学资源的提供应该依据学生具体的英语水平和情况，最好具有一定的层次性，让学生根据自己的喜好、水平和努力方向进行选择。此外，教师应该结合自己的教学经验，充分有效地利用各种教学设施，设计和组织教学素材，并以科学合理、趣味有效为原则和要求，并要做到定期进行管理和更新。

第四，在网络教育环境下，学生拥有更多的自主学习的空间和时间，而这种自主学习并非完全独立和自由的，任何没有问题产生的学习都是没有多大效用的，因此，在网络自主学习过程中，教师还应对学生出现的各种各样的问题给予及时耐心和建设性的回复；并且，根据学生的进度和作业情况给以定期或不定期的测试，以巩固学习效果，检验学生学习情况。

布朗（H. D. Brown）提出，"教师是课堂教学的控制者、指挥者、管理者、促进者和信息管理者"。不难看出，在多媒体和网络技术日趋普及的今天，教师担任的角色就远远不止这些。在开放和相对自由的网络环境里，教师不再是唯一的知识源，不能再把传递知识作为自己的主要任务和目的，而要把精力放在创设有利的学习情境上，教学生如何学习，指导学生掌握信息处理的方法，获取自己所需要的知识。这样，教师的角色就变成了学生学习的指导者、帮助者、促进者、参与者以及情感的支持者，从而使教与学的关系表现出平等、和谐的特色。

第三节　我国高职英语多媒体教学模式改革中存在的问题及对策

英语网络教学系统的应用对高职英语教学的影响毋庸置疑，通过现代化快捷的网络平台和海量的英语语料和资源，老师和学生的"教"与"学"的模式、方式和方法也在默默地发生着变化。然而任何新事物都有利有弊，经过几年的探索与实践，网络教学的"利"自不必多言，为了推动网络教学进一步发展，对网络教学的"弊"及网络教学过程中遇到的问题与困难，还是有必要展开和深入地讨论一下的。

一、国内现有高职英语多媒体教学的存在问题

（一）学生的自主学习能力缺失

在我国长期应试教育制度下，学生习惯了跟着教师的指挥棒走，老师指到哪学生跟着走到哪，在"教师中心"的影响下，形成教师让做什么就做什么的模式。而在相对自由和自主的网络学习环境中，很多学生多多少少都存在着自主性学习上的手足无措，具体表现在：缺乏自我计划和自我管理的能力；不会围绕网络教学内容安排自己的课外学习；不知道应该何时学、学什么，如何学等，结果导致学习效率低、学习效果差，对自主学习不适应。

教育的重要目标之一就是帮助人们树立终身学习的观念和掌握自主学习的技能。网络自主学习正是朝着这一目标迈进的教学改革。简单地说，现在的教学改革正在逐渐实现让学生自己对自己的学习负责任，以便让其进行更为有效的学习。①

对于网络教学设施，很多学校都建设了软硬件完备的高职英语网络教室，但对于很多非外语类专业为主的普通高校，并没有课余时间可供所有学生自主学习的网络教室。部分学校也设立了基于校园网培的英语网络化教学平台，只要在校园网内，任何一台网络终端都可以随时进行高职英语学习。但这样无形之中增加了英语学习的成本。

（二）部分教师和学生对于网络化教学环境难以适应

从教师方面来说，英语学科偏文教师性别结构不平衡，以女性为主，而很多女性老师相应的计算机知识不足，对信息化的现代教育技术有畏惧心理，回避甚至拒绝使用网络化信息技术。特别是老教师习惯了传统的讲解式教学，加上不懂计算机技术，对多媒体、网络教学怀有畏惧和排斥心理，害怕把握不好而影响教学秩序和效果。而部分教师觉得网络化教学改革对自身没有什么好

---

①　刘利平，刘丽洁，刘红达. 网络多媒体环境下的高职英语教学模式改革探究［J］. 河北师范大学学报（教育科学版），2010，12（11）：118－120.

处，因此不能积极主动地投入和适应，而把主要精力放在提高学历水平、写科研论文上来晋升职称。这些现状对于我们进行网络化高职英语教学是不利的。

在学生方面，我们国家地域广阔，地区经济文化发展不平衡，差距大。计算机对于一些来自贫困地区的学生而言还是一个新生事物，非常陌生，在以前的学习中很少甚至没有接触过电脑，更不用说用来日常学习。这样一来，新型的网络化高职英语教学模式对于这一部分学生而言，大大增加了学习难度，而且在实际学习中也很可能产生厌学情绪，对网络化英语教学产生抵触心理。

（三）教师不能及时转变角色

在网络化教学中，许多教师在自身角色转换上存在很大困难，很多教师在网络化教学中因为对自己缺乏合适的定位，往往失去了掌控教学的能力。有很多老教师因不能找到自己的位置或者不能胜任新的角色而显得有些手足无措，这也成为制约英语教学发展的障碍。而且，部分英语教师受到长期以来的传统授课方式影响，造成知识单一，缺乏英语交际经验，只会照本宣科，不能有效地指导和组织课堂交际活动，更无法满足开放式个性化教学任务的要求。

二、国内现有高职英语多媒体教学平台改进探讨

（一）学生平台功能模块改进设计

1. 提高学生的听说能力

信息网络的外语学习平台会有充足的音频和视频资源，但学生和这些资源间的交互性几乎不存在，因而学生要提升自己的听说实践能力还是有很多的不足。而随着现代科技的发展，语音识别技术对学生听说训练的有效设计能够很好的解决这一问题。[①] 通过这一技术可以设计"三维人物"的智能代理来增加学生在系统中做听说训练的趣味性和真实性，并通过这个"人物"为学生提供反馈，从而克服听说训练的单调性。

2. 网络自主学习支持工具

在网络自主性学习过程中，学生需要对部分学习内容进行记录，因而"网络自主学习笔记"功能就显得极为必要。这项功能技术可以让学生在进行自主学习时，有支持工具来记录他们在网上的学习和探索。它支持学生在课程内容上加注和编辑自己的笔记，从而建构自己对部分语言材料的理解，同时也可以

---

① 刘利平，刘丽洁，刘红达. 网络多媒体环境下的高职英语教学模式改革探究［J］. 河北师范大学学报（教育科学版），2010，12（11）：118-120.

让学生对自主学习过程进行自我反思，这项功能体现了学英语网络教学系统的个性化。

3. 协作交流系统

协作功能是一项可以实现学生间的实时交互和文件共享的功能，它使得合作学习在网络平台成为可能。具体来讲就是多个学生（也可以包括教师）可以对同一个文件一起编辑，每个学生可以看到文件被实时编辑的过程。在协作交流过程中，主题可以由教师提出，学生通过这项交流系统加以音频会议的辅助，通过协作交流与主题相关的问题激励学生运用英语，合作完成某个作业或项目，系统的功能设置还应该支持教师在学生讨论过程中的指导，从而引导讨论主题有序进行。这项功能不仅可以激发并提高学生的学习动机，同时还为学生提供在网络环境下锻炼协作能力的机会。

（二）教师平台功能模块改进设计

英语网络教学过程中，教师由知识的载体、知识的传输者转变为教学过程的组织者、管理者，学生知识建构的帮助者，学生学习生活的引导者。根据这一转变，网络教师平台的设计也应该根据教师身份多样性的转变来进行科学合理的设计。

1. 学生个人学习档案的管理

在高职网络英语的教学系统中可以为每位学生设计一个人才培养的档案，在这份档案中包含学生的学习记录、学习进度和网络测验的水平。这种网络学习档案的设置可以突显出网络教学系统的个性化，并且在很大程度上对学生的学习是一个监督，可以提高学生学习的自我效能感。

在这项系统功能中，学生的评价不再仅仅由其期末的测验成绩决定，而是根据学生的综合表现，如针对学生平实网络学习的次数、进度等，这种形成性评价可以大大减轻学生学习时对期末考试的心理负担，能够让学生重视并享受学习的过程。

2. 教师对教学的控制

为了进一步提升网络学习的效用，记录和反映学生真实的学习情况，网络学习管理中心还可以屏蔽掉 QQ、优酷等影响学习的聊天和视频软件，为学生的客户端计算机安装光标跟踪程序以更好的监控可判断学生学习过程的参与度。这项措施对学生的学习行为起到很好的规范作用。

教师通过各种参数设定来对学生的网络学习进行适当控制，如教师可以设定学生选择章节的权限，还可以设定每种题型通过测试的标准。教学进程控制功能体现了教师对学生网络学习的控制，通过对在线学习全班进程的设定，可以有效地规范学生在网络系统中的学习行为，还可以激发学生的学习动机。通过对在线学习个人进程控制，可以对不同基础的学生提出有针对性的学习要求，体现了个性化教学的特征。

（三）学习资源模块

1. 建立教师学习交流网络平台

"教学相长"，网络教学平台的设立不光要为学生的英语学习服务，更应该为教师的教学活动服务。所以网络教学平台除了设计学生的学习模块还应该为教师设置一个教师交流和学习的平台，这个平台可以收集一些教学科研成果、网络教学实施系统中的一手数据等信息，学生心理问题及辅导方法等，专门为教师讨论、交流并寻找网络和平常教学活动中的难题解决方法服务。

对学生的自主学习，教师首先要给予学生对资源有效利用的指导，学习方法和策略的介绍等，所谓"授之以鱼"不如"授之以渔"，而教师交流学习网络平台的建立正是为教师更好地"授之以渔"服务的。

2. 建立学习资源网站

网络学习的一个很大的特点就是其丰富的学习资源，然而网络上关于学习资源的链接过于杂乱，还有很多广告，容易分散学生学习的注意力不能实现持续有效的学习，因此，学校英语网络学习中心应该将这繁杂的学习资源进行整合和梳理，并定期更新，这样既可以解决网络系统资源杂乱和不足的问题又实现了资源的多样化。[①] 此外还可以为每个资源提供文字说明和注释，开发专门针对网络资源的英语训练模式，如阅读、听力和听写模式等，以便学生针对自己学习的薄弱之处进行强化和巩固，实现网络学习的个性化。

（四）师生交互平台功能模块

高职英语网络学习的大部分时间是学生的自主学习，然而在这种自主的知识建构过程中，学生也会遇到各种问题，这种情况下就很需要教师的帮助，因此师生间的互动也极其重要，为了解决这一问题，师生交互平台的设置就很有必要。在这个平台上师生间包括生生间可以就学习内容、方法和状态进行交流，教师可以对学生的学习动态有个很好的了解和掌握，及时帮助学生解决各种问题，引导其以积极健康的状态开展学习。

三、高职英语网络教学问题的对策探析

---

① 林侃. 试析网络多媒体环境下高职英语教学模式改革 [J]. 中国报业，2015（20）：37－39.

（一）网络教学中辅助以互助式学习模式

互助式学习模式以合作学习理论为支撑，通过组建互助式学习小组，学生在完成自主性网络学习的同时，积极参与互助性学习小组的各种活动，互助合作完成各种学习任务，达到促进学生的英语学习进步，并提高团队合作精神和人文意识等教育目的。

（1）教育是知识的传输与重构，这个过程中必然离不开交流交互。根据情境认知理论，认知是人与情境、人与社会互动的产物。英语作为交际工具，其学习过程更是如此。互助式自主性学习模式主张学生的学习活动以合作性小组的模式开展，在小组讨论、探索乃至争论和辩论过程中可以激励学生自主学习，培养钻研和探索的学习精神，改善学习方法和策略，提高批判性思维。

（2）外语教学要与时俱进，在具体的实践中实现先进的教育理念，比如要注重创新，推行"通识教育"，实现教育目的多样性，不仅要培养学生的语言能力，更要为学生充分创造个人习得语言的机会。这就要求学生在经历中学习，在学习过程中将语言同文学、文化和科学教育相结合。而互助式的学习模式则能使学生有更多用英语交流的经历，而这样的经历反而又能促进学生将语言学习、知识面开拓、能力培养等，从而实现教育目的的多样性。因此，合作学习不失为一种在高职英语教学中培养学生学习能力、提升综合素质的教学策略。

这种方式降低了考试的社会权重，也形成了将语言习得理论与人本主义理论有机结合的教学观念。人本主义的教育观提倡要以人尤其是个人兴趣作为出发点。网络教学以学生自主学习为中心，以最大限度地发挥学生的语言学习潜能为目的。但是，在英语的网络教学和学生的自主学习过程中，在人机对话和交流为主的教学模式下，忽视了学生作为个体的人文素质教育，互助式合作学习这样一种学习模式是对学生人文素质培养的一种弥补，在这种教学模式中以人为本的教学思想在学习中得到体现，重新重视了学生在学习过程中的态度、情感等非理性因素，学习者自我实现、不断满足自我的愿望得到尊重和满足。

总的说来，基于网络的互助式的学习模式教学给学生提供了一个自主学习的良好环境，也在某些方面弥补了传统教学的不足。网络自主学习状态下的互助式学习使学生的语言、知识、逻辑思辨和合作交流等综合能力得到全面发展。它在语言知识传授和技能训练的同时，营造轻松愉快又具有吸引力的学习氛围和环境，学生在互相帮助和合作中体会到英语学习的乐趣，从而培养出持久的学习英语的兴趣，因此，在高职英语的网络教学过程中，辅助以互助式学习模式是切实可行的。

（二）充分实现网络教学与传统教学的优势互补

电子信息与网络技术的迅猛发展给英语教学打开了更为广阔的视野，提供了更为丰富的教学模式，也为学生的学习带来了更为广阔的空间，对传统英语教学产生了强烈的冲击。但任何事物都有利有弊，马克思主义认识论教会我们一分为二地看待问题和事物，因此虽然高职英语网络教学有着许多传统教学所不及的优势，但不能完全否定传统教学模式，只有将两者有机结合起来取两者之长，充分实现网络教学与传统教学的优势互补，才能取得最优化的效果。[①]

1. 传统面授教学与网络自主学习的结合

在我国汉语语言的大环境中，语言课堂是学生接触目标语语言素材、观察和参与目标语交际活动、学习有关目标语及其文化知识的重要场所。因此，教师在教学活动中，除了利用教材以外，还可以补充大量其他现实生活中的语言材料。在设计课堂活动时，给予学生充分的英语表达自由和机会，鼓励学生利用已掌握的语言知识组织和表达自己的思想。

根据语言学家斯韦恩的观点，学生的课堂语言输出有多重意义：①为其他学生提供更多、更好的输入；②检验自己有关语言形式的假设；③促进语言知识的自动化；④增强对话技能；⑤形成自己的话语权。

教师可以通过传统的课堂教学为学生创建一个有益的外语口语交流与实践的环境，使他们的口语得到一定的练习。当然，马克思主义哲学上讲做事情要学会抓住重点，解决主要矛盾，这就要求教师在有限的课堂时间里，根据学生的需要和学习的困难以及教学的进度来选择某些重点语言形式来进行课堂交际活动。通过这些活动，学生可以对这些重要的语言形式产生敏感性。

虽然课堂教学是外语教学的重要组成部分，大量事实证明，课堂的讲解对学生的外语学习起到的作用实际上十分有限。语言学习是一个艰苦的实践和积累的过程，是一种语言意识不断提高的过程。大量的成功经验说明仅靠课堂教学是无法真正培养学生综合运用外语的能力的。

因此，外语的学习还离不开学生课下的自主学习，应当将两者做到有机的结合。外语教学不仅要教给学生外语的相关专业知识还应当教会学生怎样进行外语学习，掌握适合自己的有效的外语学习策略，养成良好的外语学习习惯。在学生的课外自主学习过程中，教师应当给学生以适当的布置检查和督促指导，让学生充分意识到语言学习的本质，意识到作为语言学习者，应该扮演什

---

① 马平. 谈网络多媒体环境下大学英语教学模式改革［J］. 新西部（理论版），2012（26）：152-153.

么样的角色，把自己从单纯的考试和学校的课程限制中解脱出来，真正学会怎样学习，因为教育的最终目的就是培养一个独立的学习者。

2．传统教学的人文环境是对网络教学的补充

人文精神是一种普遍的人类自我关怀，表现为对人类遗留下来的各种精神文化现象的高度珍视，对人的尊严、价值、命运的维护、追求和关切，对一种全面发展的理想人格的肯定和塑造。从某种意义上说，人文精神是对人类生存意义和价值的关怀，是一种以人为对象、以人为中心的思想，主要包括人的信念、理想、人格和道德等。

高职英语网络教学目标的实现，借助的是网络教学平台以及各种网络通讯工具，与传统课堂教学相比，网络教学更强调学生的自主和独立学习。因此，网络教学缺少传统教学中教师与学生面对面的直接交流，因而学生的兴趣、动机、焦虑等个人情感因素在学习过程中被忽视，整个网络教学过程显得缺少人文关怀，在人文环境的创设上存在欠缺。

在传统课堂教学中，学生一部分自信来源于教师的语言、微笑、手势等激励方式。传统教学中营造的自主式、探究式学习的良好氛围，全面而合理的评价机制的建立，对学生的进步予以的及时的反馈，学生参与有效度的提高，这些都可以让学生感受到学习的乐趣，使学生能够最大限度地发挥自己的潜力。

传统课堂上的灵活之处在于教师可以通过及时了解和掌握学生情况，包括学生的情绪、参与度、作业状况以及研究思路与方法等，对教学的内容、进度进行及时调整，做出相应的灵活合理的安排，充分体现课堂教学的人性化，构建人文课堂。不仅如此，在传统课堂教学中所传授的隐性课程，也是网络教学所无法做到的。教师的教学功能不仅仅在于传授知识，而对学生的专业素养、道德品质、人生观、价值观都有着十分重要的影响。

在传统教学过程中，因为教师与学生是面对面的交流，教师可以通过对学生的直接观察来点透学生一些生活上、感情上和学习上的困惑，对学生的心理成长意义重大。教师这种教书育人的职能，在开展网络教学的过程中非但不能削弱，反而应该给予足够的重视。因此，我们应该在传统课堂教学中创设人文环境，弥补网络教学过程中情感交流环节的缺失，赋予教学以引导性、启发性和随机性。从关注学生需求入手，激发学生兴趣，尊重学生，创新教育方式，在课堂中建立民主平等的师生关系，从而促进学生身心健康的、全面和谐的可持续发展。

（三）通过教学管理促进网络教学成效

英语教学管理是管理学在英语教学领域中的应用，它既是英语教学实践又

是对英语教学管理的理论总结。在某种程度上来说，如何使用教学管理方法和使用怎样的教学管理方法决定了教学成效的好坏。英语教学管理理论和方法来自于英语教学实践，反过来，英语教学实践又指导者英语教学的管理。管理者和教师在教学实践中积累管理和教学经验，并把一般经验总结为教学和管理的科学方法，从而用作实践指导。

英语教学管理以其完整的学科内容和体系，在各方面推动着英语教学的发展。这里所说的英语教学管理包括三个方面的内容：①学校组织结构、组织文化、信息转变和师资管理；②英语教学过程、大纲设计和发展，教学评价以及测试手段等；③根据语言学、教育学、管理学等相关学科建立起来的管理模式。

高职英语教学质量关乎 21 世纪我国能否培养出符合时代发展要求的人才，对高职英语教学的改革不仅仅要着手于教学的方法、模式、途径和理念，还应当重视教学的管理。只有符合我国实际情况的科学的教学管理体系，高效的英语教学的组织和管理也必不可少。

在传统教学方式已经根深蒂固的情况下，要完整自主学习系统并不是一件容易事情。因此在教学管理上我们可以建立其他基础教学组织以配合整个自主学习系统。在多数高校中，语言教学是相对孤立的。在组织形式上，也是以单一的课堂教学为主，缺乏教学辅助组织和设施。所以，在教学管理部门要对学习资料和语言设备的购买、维护、使用率负责。

自主学习系统构建的关键是系统中各个组织之间的配合，其中包括以下几点。

1. 改善学生的学习策略和教师的教学态度

教育由"教"和"育"组成，"教"是告诉学生所不知道的新知识、新学习方法，"育"是培养学生自主探索和学习的品格，以及高尚的人格情操。语言教育也不例外，语言教育不仅仅要教给学生语言知识本身，让其拥有很好的语言技能，还应该引导和挖掘学生对语言的好奇与兴趣，让其充分发挥其探索精神，制订自己学习的策略和目标计划，形成自己特有的语言学习风格和策略。

观念认识是活动的动机和先导，在高职网络教学之初就应该让学生和老师都明确，高职阶段自己的学习和教学的责任和义务在哪里，不能让学生还停留在高中时代的"哺乳式"的"满堂灌"的模式之中，老师应明确告诉学生在高职阶段的学习过程中，作为一个成年人，高职生对自己的学习要富有更多的责任，教师的作用不再是知识的载体和传授者，而是辅助者，学习是一件自己的事情，知识的海洋是无穷无尽的，要靠自己给自己做一个稳健而美丽的航船去遨游。

Dickinson 和 Carver（1980）曾强调说，在培养学习者自主的时候，首先就需要改变学习者和教师的观念，并列出了十项在课堂上鼓励学习者自主学习的技巧。但是学习者的观念各异，不是十项技巧可以解决的。Wenden（1986）也表示学习者观念的不同对自主学习产生不同的影响。

因此教师更应该因材施教，在实践中探索方法。在自主学习中，教师的教学观念也很重要，因为学习者自主模式不仅没有削弱教师的职责，反而对教师提出了更高的要求。目前我国的高职英语教师多是在传统的语法和翻译法下成长起来的，面对新的要求和新的挑战，高职英语教师更应更新观念，改变以教师为权威的思想，积极构建学习者自主的教学模式。

2. 改进课堂教学手段和组织模式

利用多媒体辅助教学可以有效地促进学习的自主性，多媒体技术与网络技术的结合，电脑网络学习模式的产生，搭建起了不同学习者之间的交流平台。另外，网络课程的推出引起了教学模式的转变，使得传统教学模式逐步演化到自主选择参与的教学，这样既可以实现由教师现场指导的同步学习，也可以在教学计划指导下的非同时自学，还可以实现通过使用网上讨论、电子邮件、网络通话等手段的组合型学习有效地促进课堂和课外的自主性学习。

21世纪是个信息大爆炸的时代，在这样一个高速变化和发展的时代，学习能力尤为重要，否则就跟不上时代的步伐，所以这又是一个学习化的时代和社会，全球化的大发展使得贸易、经济、文化和教育的交流和融合借鉴日益频繁，因而外语自主学习的能力更是必不可少。因此，高职教师和学生都应该更新教学和学习的观念，在更新和改革教学和学习的方法的同时，实现自身可持续发展能力的培养。

在教学模式上，建构以学生为中心，充分发挥学生自主性的模式，使学生的个人的潜能得以充分挖掘，学习需求得到充分满足；并且，这种自主学习模式的实践过程中应该遵循教师的指导，即学生课外自学能力的培养需要在教师的指导下进行，而且要注重学生语言综合能力的培养。在课堂上教师可以根据学生的学习进度、课文内容设计一些学生关心的或者是极其具有趣味性的主题，让学生从不同侧面对这一主题进行口语表达和训练，比如就某一热点话题举行一次演讲，要求大家共同参与，既培养了学生的思辨表达能力，又使学生积累了口语练习的经验。

第四节 网络多媒体教学环境下的高职英语自主学习模式探究

随着学习化社会的到来，学校教育的重要使命就是把学生培养成为自主学习者，使学生不断地更新自我、超越自我，以应对各种社会变化和挑战。于是，走向自主学习便成为新课程发展的客观要求，同时随着信息技术的发展，网络逐渐运用于课堂教学中。英语教学的本质就是教师采用各种方法和手段，有目的、有计划地组织学生实现有效学习的过程，网络教学的改革要使学习从以教材为主走向以学习发展为主，从以讲授为主走向以指导学习和回答疑问为主。因此，明确网络的地位并充分发挥其作用，构建新的网络环境下的自主学习模式非常有必要。

一、网络学习的理论基础——建构主义和情景教学理论

（一）建构主义（constructivism）

建构主义在学习理论上非常重视学习者原有的知识经验基础，在一定的基础上融合新的知识和信息、经验来实现新的知识系统的建构。在这样一种知识的建构过程中，教师成为知识资源的提供者、设计者，学生成为主动建构意义的帮助者、促进者，因而在教学模式上彻底改变了原有的满堂灌的教学模式而变得更为开放。

建构主义学习理论认为学习者的学习过程是以其原有的经验或知识为基础，融合新的信息或知识、经验来建构新的知识。而在这一过程中旧的知识、经验、兴趣、信念、态度等是作为选择、组织、解释外环境刺激的基础，在这一基础上逐渐吸收新知识，层层建构，在新旧知识相互冲突时会反复地测试并比较新旧的差别，最后自我调适，将新旧知识融合，达到学习的效果并选择想要接受的观念或想法，很自然地将所接受的知识纳入已经建立的知识系统中。

（二）情境教学理论（situated cognition）

情境教学理论以建构主义理论知识为基础，它强调在知识和技能的习得过程中情境的重要性，它认为学习者的学习应该置身于知识所在的情境、活动或社群中，学习者是在观察、模仿等一连串的实际活动中不断的实践、探索、反思和修正来实现知识和技能的掌握。知识产生于学习者和情境的互动，本质上

受到社会文化的影响。

在这种真实的情境教学活动中，主张学徒式的学习。学习最好在复杂的学习环境中开展，因为这种面对各种难题的学习环境有助于培养分散式的智能，在合作中从各种迹象找线索、找解决问题的方法，去建构和习得永久的知识技能。教师和教学模式发生很大变化，其中现代高科技的发展使得这种学习观点得以实现。

二、网络环境下自主学习模式的构建及实行策略

高职英语网络自主学习如何有序和高效地开展，需要建构一个有效的网络自主学习模式。这种学习模式的创建应该以学生心理和生理发展需求为根据，以课堂为主渠道，运用多种多样的方法和手段来激发学生的学习兴趣，培养学生的竞争意识和创新精神，引导学生自主学习。

（一）情景模式及策略

网络情境的创建和设置要从学生的实际出发，以多元化思维为导向，在个性与共性的统一中满足学生个性化的需求和选择。具体来说可以分为以下两种。一种是创建与当前学习主题相关的接近知识产生和实用的实际情境，这种学习情境被称为网络的主体背景情境，这种情境的创设能够让学生进入急急急的学习情感状态，提取记忆中的有关知识和经验，激发联想和想象；另一种是网络问题情境的创设，在这种学习情境中，学生的学习是基于一定的目标而进行的，为减少学习的盲目性和不合理性，学习的目标要求更加真实明确，在设置上可以分层次、体现知识、能力、情感和态度等方面的统一，在学习过程中学生要发现问题、提出问题、寻求问题的解决方法。

网络课件的制作与设计要转变观念，以服务学生的"学"为基点，以培养学生的"新"为目标，以挖掘学生的"自主"为核心，真正体现"以人为本"的新课程理念。

（二）自我构建学习模式及学习信息及时反馈的策略

网络环境下的英语自主学习是学生根据一定的学习目标，充分利用英语语言环境和已有的英语知识有选择性地深入学习，实现知识、技能的自我建构，能力态度的自我提高和优化。在这种学习模式的构建过程中，教学设计应充分关注学生的共性特征和个性化差异。

在这种学生自我建构知识系统的模式中，教师的作用是帮助者、合作者和引导者，因此，为了充分实现教师的这一教学角色，以便及时发现学生的问题

并给予帮助，相应的信息反馈系统的建立极为必要。

（三）合作交流模式及个人思考与同伴合作学习相结合的策略

在网络环境中，问题的解决途径可以是多样化的，比如构建网络交流平台，实现网络虚拟空间的合作学习。在网络交流平台上学生以自己的思考为开展同伴合作、小组讨论的基础，通过不同观点的交锋和补充修正，提炼观点，加深每个学生对当前问题的理解，以求得问题的最佳解决方法。

在网络合作学习这一过程中，不仅加深了学生对知识观点的认知，还培养了学生的合作意识和技能。

（四）创新探究及问题导引策略

学生运用自主建构的知识和交流学习中形成的知识与能力，分析探讨相关问题，并逐渐形成解决问题的思维与方法。围绕教学内容根据概念要求设计有针对性、可选择的多组序列性问题，面向全体学生，以问题来引发学生的动机与行为，从而深入地探索问题。学习目标的定位与问题的设计要体现真实性和合理性，遵循"最邻近发展区"原则，创设的问题要有思考价值，既有可探索的空间，又要避免目标的无法实现而导致的不真实。必须以学生的自主学习为中心。

（五）效果评价模式及双向评价的发展性评价策略

对学习效果的评价包括学生个人的自我评价和学习小组多个人的评价，评价内容包括：技能——信息技术素养、能力——自主学习能力与探究能力、知识——是否完成对所学知识的意义构建、态度——小组学习的责任意识与写作学习态度。

教学评价应体现过程及人性化，建立科学的质量评价体系。随着社会的不断进步，要求评估的内容不仅评价知识的掌握程度，还要评估他们的能力与情感。由仅仅关注知识、分数的单一层面，拓展到学生能力和基本素质的主体层面的关注；变单一的评价为综合质量评价。

第五节　网络多媒体环境下高职英语教学评估探究

随着计算机及网络技术的应用和普及，计算机多媒体教学在全球语言教育环境中已经成为一种大势所趋。与时俱进，将先进技术与传统英语教学相结合，网络教学以建构主义理论为指导，教学过程中教师的"教"和学生的

"学"可以实现时间和空间上的分离。学生的学习脱离了教师面对面的实时监控，学习过程变为自主的、协作式的、探究式的。

在这种全新的教学和学习模式中，传统的只重视反映最终学习结果的终结性评估模式因其信度和效度上的偏差的缺陷难以适应这种新型网络教学，不能对高职英语的网络教学产生良性效用。在网络自主及合作学习有效开展过程中，学习动机、学习自控力及自主意识起到极其重要的作用，而对网络学习者的监督、评价则成为这种学习方式得以有效开展的必不可少的动力支持，因而科学合理的评价模式必不可少。

一、网络环境下高职英语教学评价的理论基础

（一）行为引导教学理论

现代社会是一个学习型社会，21 世纪教育的目标是培养出具有终身学习习惯和学习能力的高素质人才。而与之相应的教学方法不是重在知识的教授，不是"学会"而是"会学"，不是学会"知识"而是学会利用知识，通过知识的转换和处理进行"创新"。行为引导教学法，以行为操作配合语言引导教学，在授课过程中能够使学生能怀着极大的兴趣自觉地参入，改变了过去传统教学中教师按板书讲，学生竖着耳朵听的灌输模式。教师在日常的教学中，在使用网络、多媒体及课件授课时，都自觉或不自觉地运用了行为引导教学法。

教学过程主要按职业岗位能力要求组织教学：教学组织形式由"固定教室、集体授课"向"课内外专业教室、教学工厂、实习车间"转变；学生由"被动接受的模仿型"向"主动实践、手脑并用的创新型"转型；教师由"单一型"向"行为引导型"转变；教学手段由"口授、黑板"向"多媒体、网络化，现代教育技术"转变。事实证明，在教学过程中采用行为引导教学法教学，能够增大课堂容量、节约时间、提高课堂效率，逐渐摆脱传统教学方式。网络教学的这种行为引导教学法成为高职英语网络多媒体教学的理论基础之一。

（二）建构主义理论

高职英语网络多媒体教学，以建构主义学习理论为理论基础，遵从以人为本的教育理念。

根据建构主义学习理论，网络学习者一方面能自主地选择学习内容和方式，并控制学习进程，另一方面也要能自行评定学习行为。评价系统被设计成可以将现有的知识与课程学习前的知识进行比较，进一步激发学习者学习的信

心。建构性的学习是累积性并有目标定向的，要通过自我诊断和自我反思来评价自己建构的学习过程和结果。

二、网络环境下高职英语教学评价体系的构建

（一）对网络学习平台的评价

在高职英语网络辅助教学中，为教学活动提供的硬件平台（网络学习平台）发挥着重要的作用，在一个设计合理、资源丰富的学习平台上，学习者可以自主地在网络教学平台中进行各种学习活动，教师不但可以将电子教案、教学课件和其他一些相关学习资料及时上传到网络平台上的资源学习模块，而且可以通过后台管理设置及时监控学生的学习情况，通过学习评价模块统计学生学习效果，通过交流模块及时同学生交流，为学生答疑解惑。

可以说一个设计合理的网络教学平台，能够在一定程度上激发学生的学习兴趣，激发教师利用平台有效开展教学、指导学生学习的积极性。因此对网络教学平台的评价可以从以下几个方面进行：效用评价、内容评价、技术评价。

1. 效用评价

效用评价主要是对交互性和使用效果的评价，效用评价着重点在于网站是否提供了丰富的交互手段，以及用户是否长期利用了这些交互手段。主要看网站使用后是否拥有一定规模的固定用户、数量较大的浏览者，用户参与度、学习效率、满意度等方面。

2. 内容评价

内容评价主要是对网络平台上学习资源的评价。评价学习资源可以从网络平台上提供的学习资源的数量、质量、资源的更新程度，学习资源的权威性以及是否涉及版权问题等方面来进行评价。

3. 技术评价

技术评价主要是对网络学习平台模块设计的合理性和功能性的评价。模块设计的合理性应从模块设置、模块便捷性、可操作性、网络平台版面设计、色彩搭配等是否具有新颖性和个性化等方面来判断。网络平台设置的合理具体来讲应该包括网络平台整体设计的人性化，用户界面友好并提供了用户指南，帮助信息清晰且便于查询，每个网页都有直接退回网页起始页和主页的功能键，资源可以打印或下载等。

（二）对教师的评价

在建构主义学习理论指导下，教学评价更强调学习过程中学习者的主动

性，学生可以作为评价主体参与评价教师，教学不再是一个单向、被动的过程，对教师教学评价的重点不在于传授知识的数量，而在于其指引学生对知识进行意义建构的作用。因此，对教师的评价主要是对教师教学内容的评价，对教师教学过程的评价，教师运用多媒体网络技术的能力和所从事的多媒体网络辅助教学研究的相关评价。

1. 教师运用多媒体网络教学的评价

网络教学对教师教学能力和教学技术使用能力提出了很高的要求。同时，教师使用多媒体网络技术进行教学的过程本身也是一个研究过程。在教学中，教师发现问题、分析问题和解决问题的过程能够帮助教师不断提高研究能力，促进研究水平。因此，这部分评价应包括：①在网络教学过程中，教师能否灵活使用多种文本和媒体形式丰富教学内容；②教师能否及时更新网络平台中相应指导板块的学习内容，是否能够引导学生拓展课程相关知识，为学生提供一定数量的学习资源，帮助学生了解课程发展的最新研究成果；③在教学过程中，教师是否从事了关于多媒体网络辅助教学的相关研究，研究成果的数量和质量如何；④教师是否能够按照教学要求，设计有效的教学内容，制作电子教案和教学课件。

2. 对教师教学内容的评价

在网络辅助教学工作中，教师应充分领会高职英语教学大纲的主要精神，要明确在网络教学中的任务和角色。对教师教学内容的评价包括：①教师教学计划的制订是否科学合理，能否从实际出发，根据教学目标和教学任务来制订教学计划，对教学资料和媒体资源的选择是否合适。②教学内容和教学目标的一致性，即课程备课内容符合课程学习目标。③教学内容结构的合理性，即教学内容组织结构合理，课程结构重点突出。④教师教学内容的正确、完整性，即教师对教学大纲的领悟程度，教学内容无科学性的错误，与教学大纲要求是否一致。⑤媒体及课件的适用性，即教师能否运用合适的文字、图表、图像、音频、视频、动画等媒体形式来呈现课程内容。⑥教师能否将课程的传统资源和网络资源有效结合和利用。⑦教学内容具有认知规律性和生动趣味性。认知规律性，即教学内容能够循序渐进，逻辑性强，符合学生的认知规律；生动趣味性，即教师教学组织和教学内容的编排能否激发学生的学习动机和学习兴趣，是否有利于引起和保持学生的学习注意力。⑧教学内容的科学先进性，即教师教学内容能否反映本学科国内外科学研究和教学先进成果，能在知识表述和教学设计方面借鉴最新教学研究成果。

3. 对教师教学过程的评价

对教师教学过程的评价是本课题研究的一个难点，这一评价过程基本是一个主客观评价相结合的过程。其中一些要素是可量化的，可以通过一些数据显示出来，这一部分评价很容易实现；但另一些要素则必须要经历一个非量化评价的过程，究竟哪些要素可以成为评价指标在很大程度上决定着评价的有效性。在以往我们所进行的网络教学评价过程中，由于对这一部分要素没有一个统一的界定，所以评价起来比较混乱，评价缺乏有效性。在进行大量调查研究和实践的基础上，本课题研究提出了以下几方面的评价。

（1）教师能否在教学过程中及时对学生进行学习指导。教师可以针对教学内容适当地提出专题性研究任务或挑战性任务，来推动学生复习巩固学习内容，体验学习过程，真正掌握学习内容。同时教师及时对学生的学习效果进行分析，将更有利于提高学生积极性和学习热情。当学生对所学知识感到迷惑时，教师也可以适当给出一些提示，指导学生进行下一步深入学习。

（2）教师能否根据课程学习情况针对学生个性化学习情况及时布置难易适中的作业，并能及时批改学生作业，提出指导性意见。

（3）对学生学习情况的跟踪、监督和管理。教师要密切关注学生的学习情况，可以从学生登录学习系统的次数、时长、与学生进行交流以及学习内容、作业完成情况等来了解学生的学习情况。

（4）教师参与教学活动以及教学互动情况。教师是否经常参与讨论区的讨论，发布多种试卷供学生自测。

（5）教师能否及时回答学生提出的问题，并及时与学生沟通和交流。

（6）教师是否经常进行教学反馈，如及时答疑、发布成绩、主动获取反馈意见、改进教学。

（三）对学生的评价

对学生的评价主要是以对学生学习成效做出合理评价为目标，根据学生的学习过程和学习效果，对学生的学习行为进行价值判断的过程。在制定此项指标之前，著者设计了一个学生学习情况调查表，在对调查表进行分析研究的基础上，课题组确定学生网络学习评价主要包含以下四个方面的内容。

1. 对学生能力的评价

学生的能力可以通过学生利用资源的能力、探究学习的能力、协作学习的能力以及自主学习的能力等测试出来。所以，网络学习评价可以通过广泛收集学生的行为表现、过程表现、作品展示和资源利用情况等考查学生的综合能力和整体素质。

2．对学习者自身的评价

所谓对学习者自身的评价也就是对学习者个性化因素的评价，具体包括：学习水平、学习背景、学习动机以及以往的学习经历等方面。这些因素都会影响到学习者的学习行为和成效。相关研究表明，网络学习者的学习方式、方法、积极性、参与度和网上学习时间等诸多方面均明显受到个性因素的影响。因此，通过对学习者自身进行评价，可以帮助他们认识到自己的特点，更好地掌握学习策略，调控学习活动。这样的评价，一方面对学习者具有很好的导向和激励作用；另一方面也可以帮助教师做到因材施教，针对不同学生的学习情况提供相应学习内容的动态导航，对学生进行有针对性的学习辅导和个性化的学习评价。

3．对学习方法的评价

学习方法是学生怎样进行学习，是达到学习目的的途径和手段，它对学习效果有着重要的影响作用。对学习方法的评价主要内容是了解学生平常是怎样进行学习的，比如怎样记忆单词的？采用的何种学习策略？比如多久对学过的内容进行复习？怎样进行复习？对好的方法和策略给予鼓励并进行推广。对学生学习特征、知识与学习方法之间适应性的评价分析，可以促使学生不断调整学习方法，提升学习效果，保证教学质量。

4．对学习成绩的评价

学习成绩评价可以帮助学生更好地作出自我评价，激发学生参与在线学习的热情；同时也可以帮助教师根据学生的学习情况对网络教学策略做出适当的调整。网络学习的过程是一个动态的过程，它能更真实地反映出学习者学习的真实过程。通过对网络学习过程的评价，评价者可以很清晰地了解到学习者的学习态度、学习自主性以及他们掌握知识的程度。因此，对网络学习的评价就是形成性评价的过程，在这一过程中，学生所制订的学习计划、完成的作业或呈现出的合作学习的成果、参与网上学习的情况、考试成绩、作业、答疑、讨论等都真实地反映和检验了学生在学习过程中所付出努力的程度，都可以作为网络学习成绩的评价对象。

三、网络环境下高职英语教学评价的模式

（一）网上延时评价系统

延时评价是一种动态评价方式，在这个评价过程中学生参与了信息的处理，可以发现问题，并产生创新性的见解，使其英语的学习能力进一步提高，

智力得到进一步发展。[①]

延时评价系统可以使得评价的主体多元化，对学生的评价不再是由教师进行"独裁"，而是同学、家长及社会人士可以共同参与的，这种评价可以实现评价的全面性、客观性，推动学生的全面发展，但应该注意到这种评价必须遵循科学性的原则。

（二）网上实时评价系统

网络实时评价系统以互联网为基础，在这个虚拟评价环境中，学习者可以不受时间、空间的限制，可以为学习提供及时的反馈，对学习过程进行有效地监控和管理，体现了英语网络教学的快捷、灵活的特性。通过这种网上实时评价系统，可以有效提高学习效率，增强学习的控制度。

（三）网络多媒体考试系统

网络多媒体考试系统以宽带、流媒体技术和虚拟现实技术为技术支撑，在传统考试基础上增加了视频、音频和图形等多媒体数据，还可以运用虚拟现实技术组建虚拟的考试环境，使英语口语测试、写作测试、情感交流等多种测评方式对多种评价对象得以实施。

（四）网络答疑系统

目前的网络答疑系统以互动交流和在线讨论两种形式为主，并在其系统的数据库中存储了大量的疑问和解答信息。教师应对这些信息进行定期的汇总和分析来从中发现教学问题，找到改进方法及时进行调整。网络答疑系统还应提供搜索引擎的数据库系统，学生可以通过关键字匹配、全文检索等技术快速得到问题的答案。

（五）文件夹式的评价

这是评价系统研发的前沿性课题，也是一种时间间隔较长的阶段性评价系统。具体来讲是在网络服务器上建立 FTP 站点，并给每个学生创建自己的文件夹，将每个学生在课程学习期间形成的作文、实践活动作品、读书笔记、数据分析等上传到服务器上的相应目录中，并按要求对这些材料重组，制作成个人主页。评价者可以随时通过网络了解其"文件夹"的动态变化过程，并以此为依据对学生学习过程的发展状态作出客观的评价。

通过这种在网络技术平台下创建的教学评价模式，在实际的教学活动中不

---

① 翁治清. 网络环境下高职高专大学英语教学评价体系的研究［J］. 内江科技，2010，30（1）：163－164.

仅可以克服单一的传统教学模式的弊病，还使得网络教学评价多元化成为可能。

四、高职英语网络教学评价应注意的问题

高职英语网络教学作为一项新事物，还存在很多不足之处，需要在实践的检验中不断地发展完善。首先评价体系有待完善，对高职英语网络教学的评价采用定性与定量相结合的方法，但两者在评价中应各占多大的比重还有待实践的检验和修正；并且在量化的评价中那些指标应该占多大的比重还需要进一步的探讨确定。而学生的学习过程、学习方法、学习态度、努力程度和学习结果及学生表现测验量表的设计等都有待进一步深入地探讨和科学地评定。

文件夹档案的建立与管理细则还需进一步探讨。例如：在利用文件档案进行形成性的评价时，哪些成果需要放入档案，听、说、读、写、译等每种成果有怎样的要求；由谁来规划档案的内容；教师和学生对样本的评分比重各为多少，前后样本对比结果及档案的后勤部署等问题都亟待解决。

在动态评价上，技术支持上还有待提高和完善，并且机器无法完成对态度、情感、体验等内容的评价。学生人数较多时，网上评价系统产生的工作量非常之大，光是看每个学生的文件夹中的作品就需要花大量的时间，所以，我们要选择在技术上和参与上都切实可行的评价方法。

基于网络的高职英语教学评价模式作为新技术条件下的崭新的评价模式，显示了越来越多的优势和吸引力。它能充分调动和发挥教与学两个方面的能动性，能更客观、全面地考查学生的语言运用能力和学习能力。学生学习的积极性被调动起来，成为自我激励、自我监控的自主学习者。当然，我们还需要系统地研究整个外语教学系统的各个组成部分、综合考虑网络技术、教学效果评价等因素，不断完善网络环境下的高职英语教学评价体系，推动高职英语教学改革。

第六章

任务型教学模式

第一节　任务型教学的概念

一、任务型教学的概念

关于任务型教学的概念众说纷纭，它们有任务教学（task-based teaching）、任务语言教学（task-based language teaching）、任务学习（task-based learning）、任务型教学（task-types teaching）等。当前，还有把任务型教学看作是外语和第二语言教学的任务途径（task-based approach）或任务大纲（task-based syllabi）；还有的把它看作是研究第二语言习得的单位（unit of research）（Crookes & Gass，1993）。本书把任务教学概念定名为任务型教学（TBT）或任务学习（TBL）。

二、任务型教学的定义

正如关于任务型教学的名称众说纷纭那样，对任务型教学的定义也是百家争鸣，各抒己见。尽管如此，给概念、给事物下定义是非常重要的，并不是可有可无和无关紧要的事。定义是概念或事物的本质特征概括的反映。只有了解了概念或事物的定义才能更好地领会该事物的本质特征，才能更好地采用更合理和更具操作性的策略方法，以达到把握该事物的发展规律。概念不明确，教师不知该事物为何物，就无所适从，更难以操作，不知从何处入手。

从 20 世纪初起，在我国英语教育中唯一提倡任务型教学十多年的实践过程中，有人把任务型教学看作是在真实情境中用英语完成真实任务，另一些人则把外语教学中的练习、操练等学习活动一股脑儿全称为任务型教学。任务型教学成为涵盖一切英语教学模式的教学模式，涵盖一切英语教学方法的教学方法，甚至英语课堂教学过程全部清一色地都构成了任务前、任务中和任务后，所有的教学环节也清一色地变成了任务一、任务二、任务三、任务四、任务五、任务六。那么，到底什么是任务型教学？让我们看看任务型教学创始人和一些外语教学法专家对任务型教学的定义。他们从各自不同的视角给任务型教学下了不同的定义。

（一）Long 的定义

朗（M. H. Long，1985）从真实的社会生活情境角度给任务下定义为：任务是某人或其他人自如地或为报酬而承担的一项活动。例如，任务包括刷篱笆，给孩子穿衣服，填表，买一双鞋子，订机票，借一本图书馆的书，考驾驶执照，打印一封信，给病人称重量，把信件分类，向旅馆订房间，开支票，寻找街坊目的地和助人过马路等。换言之，任务是人们每天生活、工作、玩耍中不断重复做的各种事情。

（二）Prabhu 的定义

Prabhu（1987）从认知过程（cognitive processes）给任务下定义为：任务是一种活动。这种活动要求学习者通过一些思维过程获得结果和允许教师控制和监管这种思维过程。

（三）Breen 的定义

布林（M. Breen，1987）从语言学习的视角给任务下定义为：努力学习任何有结构的语言，它具有特定的目标，恰当的内容，特定的操作程序和对承担任务者来说的一些结果。

（四）Richards 等的定义

Richards，Piatt & Weber（1986）从语言的加工过程给任务下定义为：任务是执行语言加工或理解语言结果的活动和行为，如听指令做出反应。

（五）Nunan 的定义

纽南（Niman，D.，1989）从言语交际行为的视角认为任务是一种课堂活动。他下定义是：交际任务是学习者运用目标语来理解、操练、表达或交往的课堂活动。在活动时，学习者的注意力集中在运用他们的语法知识去表达的意义上，而不是操练语言的形式上。任务也有完成活动的意思，也是在开始、其中和结束阶段中的一种独立交际的行为。

（六）Willis 的定义

Willis（1996）从获得结果角度给任务定义为：任务是学习者运用目标语为达到一个交际目的结果的，并经常进行的活动。

（七）Williams 等的定义

M. Williams，R. LBurden（1997）从语言学习的角度把任务定义为：任务是学习者参与促进学习语言过程的一种活动。

他们还从个人有目的地通过情境用语言进行协商和揭示意义过程习得外语的角度给任务下定义：任务发生于两人或更多人之间的有意义的交往的平台。

（八）Littlewood 的定义

Littlewood（1997）主张引用 M. Williams，R. LBurden（1997）的观点，从语言学习角度给任务下的定义：任务是学习者参与促进语言学习过程的一种活动。

（九）Richards 的定义

理查德（Richards，J. C.，1992）从任务的多个方面论述任务的定义：为帮助达到特定的目的而设计的活动。任务的很多方面影响它们在语言教学中的使用。这些方面包括：

（1）目的——教师和学习者确定任务的目的。

（2）程序——学习者用以完成任务的操作或程序。

（3）顺序——任务在其他任务系列中的地位。

（4）速度——花费在任务上的时间。

（5）成果——学生完成任务的结果，如阅读任务结果的总结。

（6）学习策略——学生用以完成任务的策略。

（7）评价——如何评价任务的成功。

（8）参与者——任务是由个人与同伴或与其他学习者小组一起完成的。

（9）资源——用以完成任务的材料和其他资源。

（10）语言——学习者用以完成任务的语言。

（十）Bygate 等的定义

Bygate，Skehen and Swain（2001），从学习者主体性视角给任务下定义为：任务是受学习者选择和理解影响的活动。这种活动要求学习者为达标而强调有意义地运用语言。

（十一）Skehan 的定义

任务最初的中心意思是活动。完成任务是评价结果的成绩，执行任务一般类似于使用真实生活语言。所以，任务型教学完全是一种强交际教学的观点。

综上所述，各家定义众说纷纭，诸如每天的生活、工作、玩耍中不断重复的各种事情、活动、结果、独立交际的行为，达到一个交际目的和结果的活动，促进语言学习过程的活动，听指令作反应等。还有人把任务型教学概括成两类：广义的任务教学和狭义的任务教学。前者指练习、操练活动，后者指为交际目的使用目的语达到一定结果的活动。我们认为任务是任务，练习是练习（操练是操练）。完全没有必要也不能把它们混为一谈，混淆视听，造成不必要的混淆现象。我们不必要在名称上做文章，照搬西方某种说法，把练习或操练都说成是任务，而在于把握事物的本质特征。由此，我们可以把任务教学定义为：任务是通过以任务为主线，具有特定的目标、恰当的内容、特定的情境和程序，用意义为中心的目的语完成特定任务项目的过程和结果来掌握运用第二语言的交际能力。理解和把握任务与练习、活动、交际、项目等概念、内涵、范畴的区别特征有助于教师认清、把握任务型教学的概念、内涵和范畴。

三、任务与练习

练习是外语教学中经常使用、非常传统的概念，诸如语音、词汇、语法知识的练习、听说读写的练习。它们还可细分成更多的练习，如单就语音就可分成单音练习、辅音和元音练习、一对音位差练习、字母名称音转换成音素音或相反、字母大小写、书写体和印刷体配对练习、拼音练习、音节练习、单词和句子重音练习、句子节奏练习、升降调语调练习等。至于任务与练习有何联系，有何区别，如下所示。

（一）任务与练习混为一谈

在任务教学初创时期，有人就将任务与练习混为一谈，把两者混淆为一，有时认为两者几乎是同义词。如任务教学的首创者 Prabhu（1978）在印度班加罗尔实验交际教学项目里，把初学者采用字母配对的练习作为任务。[①] 他认为英语基本知识是初学者水平的特定目的，主张学习字母表中的字母，并用字母表中的字母逐步达到识别英语词的目的。Richards 等也将听指令做反应练习作为任务教学。

---

① 王致华. 任务型教学的理论与实践探析［J］. 中国成人教育，2007（24）：166-167.

（二）任务与练习的概念和范畴不同

任务与练习不仅两者的概念不同，操作范围不同，而且它们的目标、侧重点、条件、评估和学习方式也有差别。

在传统的外语教学过程中，练习（exercise）几乎与操练（drill）、活动（activity）是同义词，常常互用。如字母配对练习可说成字母配对操练、字母配对活动。现在教材编制的专家、教师都把传统外语教学的练习册定名为活动手册。练习是指对所学同一内容的重复感知和尝试回忆或操练。练习的目的主要是正确掌握语言形式、言语技能和言语能力。传统的外语教学强调机械性练习或操练，机械性操练侧重点在把握语言形式（form-focused）上。练习时有意识地进行大量的形式操练，往往不求真实的社会生活情境，甚至不理解练习的内容，主要进行机械的、重复的、模仿的、套用性的操练，语言形式受到严格的控制，发现语言错误要求立即纠正，强调语言的正确性等。除机械性操练外，还有意义性操练和交际性操练。

任务的概念是以任务为主线设计的语言教学。任务的目的主要是用目标语完成任务，侧重点在语言的意义上，重视语义和信息的沟通。任务教学要求在真实的社会生活情境中完成真实任务，采用接近自然、真实的目标语自由地进行交际活动，语言形式完全不受控制。任务教学认为学生呈现语言错误是自然、必然和正常的现象；是一种自然的、必然的和正常的中介语现象，完全不必纠正，只要经常接触正确运用语言之后，学生就会自然地自我改正错误。

任务与练习的区别性是指任务与传统练习的区别。而在交际语言教学理论指导下的交际性练习、操练也常带有交际的愿望，强调交际特定的情境性、意义性和交际性，强调学生的积极参与、实践和不苛求纠正语言错误等。

（三）任务与练习的相互联系

任务与练习是两个不同的概念，具有自身不同的范畴。但两者既有区别性一面，也有相互联系性的另一面。首先，练习是学生执行和完成任务所必须具有的语言知识、技能的基础，只有通过语言练习，学生才能牢固地掌握语言基本知识、基本技能和交际运用语言的能力，从而为实施任务打好扎实的语言基本功。其次，练习也是实施任务的重要手段，实施任务的过程也是学生练习运用有意义的目标语言的过程。有意义地操练目标语是实施和完成任务的必要手段。任务与练习是相互紧密联系、整合、互动、互补和相互促进的。

四、交际、项目、任务

(一) 交际、项目、任务的联系性和区别性

交际语言教学（communicative language teaching）起源于 20 世纪 70 年代初期的西欧共同体国家，中心是英国。1971 年 5 月西欧共同体欧洲委员会文化合作委员会在瑞士拉奇利康（Ruschlikon）召开外语教学座谈会，由英国剑桥大学语言系主任特里姆（J. L. M. Trim）领导，有 15 个国家的 100 多位语言学家和教学法家参加讨论。会后发表一批极有影响力的功能法的文章。文章的中心是把语言的功能看作是人与人之间的交际工具的功能，外语教学要从交际功能的目的出发安排内容和选择方法。随后威尔金斯（D. A. Wilkins，1972，1978）出版了《语法大纲、情景大纲和意念大纲》和《意念大纲》。一百多位专家经过三年努力制订的新教学大纲《入门阶段》和英语作为外语教学《初段》以及威多森（H. G. Widdowson，1978）的《交际语言教学》等著作相继问世，交际语言教学应运而生。

项目、任务从属于交际语言教学，是交际语言教学的一个组成部分或一个分支。交际、项目、任务的理念和理论基础基本上是一致的。它们的理论都是基于交际语言教学的理论，目的都是指向培养学生用语言做事，要求在真实或创设的类似真实的情境中和轻松愉快的氛围中创造性地运用语言；强调学生积极参与、体验、实践、交流和用语言做事的学习方式；提倡以学生为主体或以学生为中心，建立民主、协调、合作和互动的师生关系；学生有语言错误是自然的、正常的和必然的中介语现象；评估的主要标准是交际运用英语的能力或交际能力。而三者也都要求学生无意识地把注意力集中在语言的意义上，而不是语言形式上。但这些大都是强交际语言教学的主张，而弱交际语言教学则主张有意识和无意识相结合，除强调培养学生为交际运用语言能力之外，也强调语言形式的操练。因此，交际运用英语能力的弱交际语言教学仍将是我国当前英语教学的一个主要教学方法体系。而研究性学习和任务教学只能作为一种培养交际运用语言能力的辅助或配备活动。

研究性学习是通过完成项目，而任务教学是通过完成任务发展交际能力的。两者都从交际语言教学中派生而出，都从属于交际语言教学。交际语言教学是研究性学习和任务教学的渊源。交际语言教学途径、技巧、操练是多元的、多维的，有口头听说和书面读写形式，有对话、叙述、讨论、辩论、唱诵儿歌和歌曲、歌谣、讲故事、猜谜、调查、访问、处理、处理和运用信息、问

题解决和完成项目和完成任务等。因此，有的语言学家和教学法家认为任务教学不是新的教学法，而是交际语言教学的一种技巧。

勃朗（H. D. Brown，1994）在阐述任务教学时，把任务看作是交际语言教学中的一个组成部分、一种技巧，并把它安排在结构、功能、意念和主题平行的地位上，归入材料部分中的任务材料。换句话说，Brown 把任务教学看作是技巧（或一系列技巧）的特殊形式。这种技巧或一系列技巧是与交际课程和交际目的紧密联系的。它们是交际语言教学框架中的一系列技巧。所以 Brown 主张，任务学习不是一种新的方法体系，而是把任务放在某一方法体系的中心而已。在某种情况下，任务和技巧可能是同义词。如问题解决任务/技巧和角色表演任务/技巧。但是，在另一种情况下，一些技巧可能组成一个任务。比如，问题解决任务包含让我们说、语法讲解、教师提问和特定轮换过程等技巧。任务经常大于技巧。还有人在英语语言学杂志上发表文章也持类似的观点，如格林胡德（Greenwood，J.，1985）等认为，任务语言教学中罗列的任务和活动及其操作程序与功能项目和技能操练相同。

2003 年 4 月国际英语外语教师协会（IATEFL）在英国布赖顿市召开的第 37 届年会上也组织了关于任务教学的研讨会，结论是：Tasks are nothing new. They are just exercises with a new name.

（二）任务是项目的组成部分

项目与任务从性质上来说，根本上是相同的。它们的概念和范畴基本上也是一致的。从研究性学习和任务教学的起源角度来看，项目的研究性学习要早于任务型教学的产生。如果说英语教学研究性学习和任务教学的理论基础之一是交际语言教学，那么可以说研究性学习是任务教学的理论基础之一。任务型教学则是交际性教学和项目研究性学习的派生和组成部分。把项目研究性学习说成是任务教学的一个组成部分值得商榷。

研究性学习的项目比任务涉及的范围广、内容多、实施难而且复杂。因此可以说，研究性学习大于任务，涵盖系列的任务是任务纳入项目，而不是项目纳入任务。

五、任务型教学的定义

综上所述，任务型教学既不是练习，也不是研究性学习，更不是交际语言教学。任务教学是从属于交际语言教学中的一种形式或一种技能或一系列技能，是交际教学的一个组成部分。任务型教学有其自身的概念和定义。任务型教学是具有明确的目标，并要求通过在真实的情境中使用目标语言产生、执行和完成贴近学生社会生活实际的任务过程和结果，获取经验，培养学生交际能力的一种教学形式。[①]

第二节　任务型教学产生的背景

一、任务型教学的起源

任务型教学的首创者 N. S. Prabhu 从 1979 年到 1983 年在印度南部班加罗尔（Bagalore）小学进行了五年英语作为第二语言教学的交际语言教学项目的实验，并于 1982 年出版了《交际教学项目》，总结了五年小学英语教学实验的成果。交际教学项目实验的目标是用英语作为第二语言来完成任务的，即学生通过任务的产生、执行和完成的交际过程习得英语，强调在真实的世界和真实的情境中使用英语完成任务。Prabhu 英语交际教学的设计内容是根据真实世界联系学生课堂内容组成一系列的任务，每一个任务作为一系列任务中的一个独立任务和独立单元，如制作图表、画图、制作地图、制作学校课程表、制作火车时刻表和过生日等任务。

Prabhu 的第二语言交际教学项目实验的目的和途径，是针对以分立、有序的语言功能项目为主要线索设计的功能—意念大纲或结构功能大纲的。在 Prabhu 看来，英语不是通过分立、有序的功能和结构安排学得的，而是通过任务活动习得的。语法形式是一个无意识习得的过程。只有学习者的注意力集中在语言的意义上时，语言形式才能习得最好。他完全排斥语言结构形式的教学和分立或有序的功能排列，主张任务要以意义为中心的活动来完成。他把课堂中的意义中心活动分成三种类型。

（一）信息沟活动

信息沟活动（information-gapactivity）包括从一个人到另一个人，或从一种形式到另一种形式，或从一个地方到另一个地方传递信息的转换和交往活动，即称作从语言到语言的信息编码和解码活动。例如，在双人活动中，每个成员都有一部分信息交流。又如，用提供的课文的有用信息完成一个表格式的

---

① 王致华. 任务型教学的理论与实践探析 [J]. 中国成人教育，2007（24）：166 - 167.

报告。

（二）推理沟活动

推理沟活动（reasoning-gapactivity）是指通过推理、演绎过程从所传达的信息中获取一些新的信息。它包括通过推理过程，演绎和实践推论或关系和类型的知觉，从所给的信息中获得一些新的信息。例如，根据所给课堂的课程表制作成一个教师的课程表。又如，决定哪一门活动课程是最好的。

（三）观点沟活动

观点沟活动（opinion-gapactivity）是指在语言情境中鉴别和表达个人的爱好、情感和态度等。它包含描述和清晰地表达对所给情境的个人爱好、感受或态度的反应，如完成故事、参加社会问题讨论等。这种活动可用事实的信息和确切的争论观点证明自己观点的合理性。

二、任务型教学的发展

20世纪末，任务型教学在欧美获得进一步发展。有些第二语言教学的教学法家纷纷著书立说，对任务型教学作了进一步的阐述。他们将任务型教学看作是外语和第二语言教学的任务途径。有的专家把任务型教学视作任务大纲或者将它看作是研究第二语言习得的单位。Nunan（2001）还编写了任务型教学的教材《领先英语》。于是，在欧美的第二语言教学中掀起了一股任务型教学的热潮。这一浪潮席卷世界。我国外语教育教学也深受这股浪潮的冲击，香港地区首先将任务型教学编进外语教学大纲，并将其作为外语教育教学的主要途径。我国2001年出版的《义务教育英语课程标准》《高中英语课程标准》不仅将任务型教学写入课程标准，而且将其立为唯一的外语教育教学途径要求在全国中小学外语教育教学中大力贯彻、执行。由此，我国中小学外语课堂教学几乎成了清一色的任务型教学。几乎所有的外语课堂教学的教学过程都是：任务前、任务中和任务后；几乎所有的外语课堂教学环节都是任务一、任务二、任务三……其他的外语教学方法体系及其过程和教学环节几乎难登外语课堂教学的大雅之堂，或几乎都消失得无影无踪。与此同时，唯一提倡任务型教学也受到广大外语专家和教师的反对。幸好，2011年颁布的《全日制义务教育英语课程标准》在接受广大英语教师的意见之后，将唯一提倡任务型教学的文字从英语课标中删去。

第三节　任务型教学的理论基础

一、语言学的理论基础

既然任务型教学是从交际语言教学中派生出来的，从属于交际语言教学，而社会语言学是交际语言教学的理论基础，那么社会语言学自然就成为任务型教学的重要理论基础。社会语言学把语言看作是社会交往的意义、社会的符号和社会行为，是人类社会最重要的交际工具，而外语则是国际交往的最重要工具。交际功能是语言的最本质功能。评价语言学习的水平，不仅要看能否造出合乎语法的句子，更要重视造出的句子能否符合具体的真实情境，能否符合特定的对象而恰当地使用语言。

二、心理学的理论基础

认知心理学和人本主义心理学是交际语言教学的心理学基础，亦是任务型教学的理论基础。皮亚杰的发生认识论认为，儿童认知有三个过程，即知识的同化、顺应和平衡，并提出儿童在原有知识基础上主动建构知识的原理。布鲁纳的认知发展理论认为，学生通过积极主动地独立思考，收集、组织、处理知识，从而发现、归纳、内化知识规律的原理。奥苏贝尔意义学习认为采用更多意义接受学习的原理以及人本主义心理学强调人的内在价值、潜能，满足人的各种需要和自我实现需要，学习是情感、认知参与自我指导的过程等原理都是任务型教学的重要理论基础。另外，社会建构主义理论也影响着任务型教学的发展。

苏联心理学家 Vygotsky 和以色列的 Feuerstein 是社会建构主义理论的代表人物。Vygotsky 认为，人的意识和心理发展是随历史的发展和在社会情境中人与社会情境的相互作用中发展的。这就是说，人的意识和心理发展不是从内部自发产生的，而是产生于人际交往和人际协同活动中，先形成于人的外部活动中，而后再内化成意识和心理过程的结构。儿童一出生就进入社会性的世界，就处于与其他人的交往过程中。正是这些人际的交往使儿童构建世界的意识，发展全部的心理结构。Vygotsky 把儿童心理发展分成现有发展水平和最近发展区两种水平，进而认为教学要着力于最近发展区，激励、发展和建构新的知识，走在儿童的前面，走在儿童原有知识、技能、能力略高的层次上，即儿童经过努力才能达到的水平上。因此，语言教学要使学习语言者通过与其他人的有意义交往，使用语言才能收到效果。社会建构主义认为，知识是由学习者独立建构的；知识是学习者与社会中其他人相互使用语言进行有意义的交往过程中建构的。

更有一些人认为，包括我国一些教育专家和外语教学法家认为，任务型教学理论基础建立在建构主义的理论基础之上。多数建构主义否定知识的客观性，否认知识是客观事物和事件的反应，认为知识不是客观存在在头脑中的反映，而是学生头脑思考主观建构的。这些建构主义认为，既然知识的内容、意义是学生大脑主观构建的，那么表征客观事物的教材就成无用之物，于是只需学生主观建构知识的意义，完全不需学习教材的内容，则否定教材的功能就在情理之中；否定文本的作用，去文本教学就成自然的结论。在 21 世纪以来近十年中，这些论点、观点在我国大量外语教学报纸、杂志和其他教育教学杂志中比比皆是。

第四节　任务型教学的基本目标与内容

一、任务型教学的基本目标

任务型教学的目标是什么，其内容的来源、教学原则以及有何特征是本节关注的关键内容。

任务型教学具有自身特定的目标。这些特定的目标是什么？只有明确地理解它的具体目标，才能更好地设计任务和任务型教学。

（一）使用目标语的交际能力

Willis 指出，任务是学习者为交际目的运用目标语，旨在获得结果。

Niman 也认为，最终的任务是交际任务，这是达到交际目的最高点，也是学生在课堂教学中实现和获得发展交际能力的水平。

为此，学习者的注意力集中在语言的意义上，而不是语言形式上。教学强调发展有意义的交际能力。

1. 语言知识

任务型教学强调培养有意义地交际使用语言，但不完全排斥语言形式的学习。Nunan，Willis，Littlewood 等很多任务型教学的提倡者、支持者、推广者都主张要掌握语言形式，必须学习语言。Skehan（1999）认为，学习语法不仅是学一项语法结构，而是要学一系列的语法结构，并要求从使用语法结构的角度去选择语法结构，而不是从必须学语法结构角度选择语法结构。

2. 发展思维、做事过程中获取结果和经验

任务型教学不仅运用语言做事，而且还要求学习者应通过思维过程发展思维以及通过运用语言做事，在完成任务过程中丰富生活经验和获取结果。

3. 拓展文化视野，运用有效策略，学会学习

任务型教学要求在教学过程中拓展文化视野，培养学生使用有效策略、方法和学会学习等。

（二）任务内容的来源

1. Brown 的任务内容的来源

Brown 在阐述任务型教学时，认为区别目标任务和教学任务是非常重要的。目标任务教学是指学生必须在课外完成的活动形式。教学任务是指以课堂活动为中心的活动形式。例如，传递个人信息是语言功能项目，而目标任务是求职面试传递个人信息。这里特别要注意目标任务强调的是求职面试的具体的特定的情境。而教学任务要求学生完成一系列技能和参与模拟目标任务型的形式，设计一对学生模拟角色表演。

教学任务和超越语言课堂教学的目标任务与规定的具体、特定的目标不同。教学任务包含形式和功能的技巧。教学任务设计要求学生求职面试传递信息包括以下几个方面：①用加助动词 do 的特殊疑问句进行理解性练习；②操练常用的副词；③听求职面试的摘要；④分析面试内容的语法和语篇；⑤教师和一位学生示范面试活动；⑥学生结对模拟角色表演。

2. Nunan 的任务的来源

Nunan 的选择任务首先来源于真实世界或目标语任务，然后依据真实世界任务创设适合于教学的任务。Nunan 认为，重要的是根据真实世界任务选择教学任务。教学任务与真实世界任务是有区别的。教学任务具有模拟性，是模拟真实世界任务的。由此看来，任务教学选用模拟的教学任务要实现在真实世界情境中有意义地使用目标语的目的是有困难的。

Nunan 不仅提倡从创造性的模拟真实情境任务中选用教学任务，而且为了实现教学任务，他还把教学任务分成两类任务。一类是排演式的任务，另一类是活动任务。实际上，排演式任务带有些机械性、模仿性、操练性和意义性，是一种有意义的操练性活动，还够不上真正的交际性活动。活动任务尽管

带有交际性活动的性质，但由于活动任务不是在真实世界任务中完成的，所以也只能培养为交际运用目标语的能力。因此，在我国小学、初中和高中要培养在真实情境中运用目标语完成真实任务的真正交际能力恐怕是有很大难度的，甚至是不现实的。

第五节　高职英语任务型教学模式的建构与应用

教育部《关于高职高专教育英语课程教学基本要求》对高职英语教学的目标、教学内容及教学要求等作出了明确规定，即高职英语教学应以"培养学生实际运用语言的能力为目标，突出教学内容的实用性和针对性。针对目前高职高专学生入学参差不齐的实际情况，提出了统一要求、分级指导的原则"，并强调在教学中要遵循"实用为主，够用为度"的方针。任务型语言教学的教学理念与高职英语教学的培养目标相匹配，即重视学生语言应用能力的培养。①

一、高职英语任务型教学应遵循的原则

（一）语言和情景的真实性原则

任务型语言教学的核心是运用语言模拟人们在社会生活中所从事的各类活动，把语言教学与学习者在日常生活中的语言运用相结合，把培养学生完成生活中的任务的能力作为教学目标。因此，任务型语言教学中设置的任务要以学生的生活经验和兴趣为出发点，教师充分利用各种条件、手段或媒体，创设真实的情境和语境，巧妙设计出贴近现实生活的活动，从而摆脱传统教学以教材知识为中心的教学模式，使课堂语言活动近似于语言的习得过程，激发学生积极参与的兴趣，使学生在一种自然、真实或近似真实的情境中掌握语言。

（二）阶梯型任务原则

高职院校学生的英语基础普遍较差，水平参差不齐。根据高职学生英语水平两极分化的实际情况，任务设计应有梯度，由简到繁，由易到难，前后相连，层层深入，形成由初级到高级任务，再由高级任务涵盖初级任务的循环，并由若干微型任务构成"任务链"。在语言技巧方面，应当先输入后输出，使教学呈阶梯式层层推进，每个层次都要考虑到学生的不同能力水平。

---

① 黄朝晖. 高职英语任务型教学模式的建构与应用［J］. 教育与职业，2010（18）：93-95.

(三) 可操作性原则

任务型教学模式是为教学服务的，教师所设计的任务必须具有可操作性。教师设计任务时应考虑多方面的因素，如学生的认知水平、对主题的熟悉程度、情景的真实性、语言的难易度等。设计的任务要适合学生的发展水平，强调导入或示范，保证学生明白该做什么、如何去做，激发学生参与的兴趣。

(四) 实用性与专业相结合的原则

高职英语教学强调"实用为主，够用为度"。在设计任务时要充分考虑实用性，尽可能地与学生所学专业相结合，从而调动他们学习英语的积极性，促进他们自主学习。例如，教师可利用社会热点话题来设计进行采访或组织讨论，并讨论解决办法；收集与专业相关的产品广告、宣传页、说明书等进行翻译练习，进而比较同类产品，提出改进意见；可以将简短的应用文，如简历、通知、信函等与学生的专业以及将来可能从事的工作切相关的内容引入任务设计；组织学生进行求职面试模拟训练时，可融入与学生专业相关的知识；组织各种英文比赛或活动时，可以让学生设计制作海报；可以让学生利用英语来发送通知、邀请信、感谢信和订购商品等。当学生能够用语言"做事"时，他们会在完成任务中获得满足，能充分体会到语言的交际性和实用性。

二、高职英语任务型语言教学模式的建构

英国语言学家 Jane Willis 将任务型教学分为三个阶段：前任务阶段 (pretask)、任务环阶段 (task cycle) 和语言焦点阶段 (language focus)。根据多年的高职英语教学实践经验，以 Willis 的任务型教学三阶段为依据，结合高职学生的实际情况，著者总结出高职英语任务型语言教学模式，主要分为六个阶段。

(一) 任务导入阶段

这是高职任务型教学模式的起始阶段。教师通过音频视频等资料，采用提问、采访等形式引出与任务相关的信息，激发学生的好奇心和学习动机，使学生产生学习兴趣。

(二) 任务前阶段

任务前阶段也称信息的输入阶段。在本阶段，教师向学生介绍任务的要求，向学生呈现完成任务所需的语言知识（新词、短语及句型等），为学生提供丰富的感性材料，激活学生已有的认知结构中与任务相关的背景知识，扫清

学生完成任务的障碍。

（三）任务执行阶段

任务执行阶段是高职英语任务型语言教学模式中最重要的一个环节，同时也是一个全开放型的教学环节，其目的在于让学生在自主探索的过程中完成对新知识的理解和巩固。教师可以设计出若干个微型任务，构成任务链，让学生以小组的形式完成各项任务。在对学生进行分组时，应根据任务的难易度确定小组的人数，同时应注意性别、英语基础和发言积极程度的差异进行搭配，并让学生轮流做小组长。鼓励学生在完成任务的过程中，充分进行协商讨论等合作学习活动，积极地运用所学过的语言创造性地完成任务。同时，教师要充当好组织者、协调者和指导者的角色，随时回答学生提出的疑问，帮助学生解决语言学习上的问题。

（四）任务汇报阶段

任务汇报阶段是任务成果的展示阶段。学生以小组的形式合作完成任务之后，派出代表向全班汇报展示任务成果。成果的展示形式可以是交际式的角色扮演、图片讲解、观点阐述或总结陈述等，教师要鼓励学生在展示形式上不断创新。

（五）任务评析阶段

任务评析阶段是任务型教学的评价与分析阶段。教师在评析时，不能笼统地说"Good!""Very good!""Not bad!"等没有实质意义的评价，否则评析就失去了意义。任务评析应多元化：首先是评价主体应多元化，包括学生自评、学生互评、小组互评和教师评价；其次是评价形式多样化，可以是讨论型、辩论型、投票型等。任务评析的目的是帮助学生探索语言，让学生掌握有关句法、词组搭配、词汇、语法等方面的正确用法，强调语言使用的准确性。教师可以安排学生收听有关相同任务的录音，观看相关的录像，并与自己的任务做比较，进一步强化学习与任务相关的知识点。在评析时要鼓励学生积极参与，引导学生畅所欲言，并及时予以肯定或表扬，使学生在交流和讨论中学会比较、学会思考、学会表达自我。

（六）任务巩固和拓展阶段

教师根据课堂任务，以课后作业的形式向学生布置相关任务，让学生以个人或小组的形式去完成，使学生进一步巩固所学知识，同时培养学生自主学习的能力。此阶段教师应注意两点：一是课后任务的形式应多样化，如访谈、调查、网上搜集资料、做 PPT、表演剧、做海报、发邮件等，通过采用多样化的新颖的形式，来激发学生完成任务的积极性。二是加强对任务完成情况的检查。部分高职学生学习的主动性不强，如果教师不检查学生完成任务的情况，学生可能不会自觉完成任务，从而影响学习效果。

三、高职英语任务型语言教学模式的应用实例

《新编实用英语》是以教育部 2000 年颁布的《高职高专教育英语课程教学基本要求》为依据编写的高职高专英语教材，遵循高职高专旨在培养应用型人才的目标和"以应用为目的，实用为主，够用为度"的教学方向。现以《新编实用英语 2》的"Unit 9 Applying For a Job"的对话教学为例，体验任务型语言教学模式在高职英语教学中的具体应用。

（一）教学内容

第九单元的对话教学的主要内容是：对话——Have a Job Interview。

（二）任务目标

其一，初级目标：通过学习求职面试时常用的词汇和句型，掌握与本专业相关工种的英文表达法及简单的口语表达。

其二，中级目标：学生能利用相关的词汇、句型和与本专业相关工种的英文表达法编写对话，模拟求职面试。

其三，高级目标：教师为学生提供求职信和简历的格式、写作技巧等，学生能协作模拟公司招聘员工项目，包括制作和发布招聘广告、制作和发送求职信和简历、求职面试、确定人选等全过程。

（三）活动形式

主要采用 individual work，pair work，group work 等活动形式。

（四）具体步骤

第一，任务导入阶段。教师设计两个与学生密切相关且学生关心的问题，采取提问的形式引出任务：①What kind of job do you want to apply for after you graduate? 学生一般会回答想找与其所学专业相关的工作，教师可以借此时机补充与学生专业相关工种的词汇和表达法。②What do you think is the most important step for job application? 对此问题，少数同学的回答是"resume and application letter"，大多数同学的回答是"interview"。教师说"I think it's interview."然后，教师导入任务的主题："Today we'll talk about job interview."

　　教师通过设置问题情境激发学生的兴趣，巧妙地引出任务，自然地进入任务型英语教学的下一阶段。

　　第二，任务前阶段。教师介绍要讨论的话题："Do you know what questions an interviewer often asks during an interview? How to answer the questions?"随后，教师组织学生以小组的形式展开讨论，交换信息，集思广益。

　　第三，任务执行阶段。教师将大任务分解成若干小任务，从易到难，循序渐进，形成任务链。首先，让学生听录音回答问题：What questions did the interviewer ask the applicant? And how did the applicant answer the questions? 听完录音后，学生往往只能回答出问题的一部分。然后，让学生大声朗读，并找出问题的答案。在模拟对话中，面试官询问的问题很少，而在现实中却不是如此，因此教师可以让学生补充一些面试时常被问到的问题，然后进行回答技巧的讨论。最后，让学生结合自己的实际情况和所学的专业，六人一组（三人扮演面试官、三人扮演求职者）进行模拟面试的训练。模拟训练分三步进行：①扮演求职者的三位学生分别作自我介绍；②由面试官向求职者进行面试；③扮演面试官的三位学生首先分别表达自己的意见，然后讨论拟录用人选。在本阶段，教师应给学生充分的表达机会，注重语言的流畅性。同时，教师在教室里循环走动，了解学生使用目的语进行交际的情况，及时解答学生提出的问题。

　　第四，任务汇报阶段。学生以组为单位以角色扮演的形式进行汇报和展示。通过实践发现，学生在展示时非常认真，十分注意语言的准确性，面试官的问题尖锐刁钻，求职者的回答巧妙机智，课堂气氛活跃，任务目标顺利实现。

　　第五，任务评析阶段。教师组织学生对各组的展示情况进行评析，让学生分析各组的优缺点，找出其中的语言错误，教师则要利用适当的时机引导学生巩固知识。同时，教师要板书在对话中出现的和实际面试中常用的重点词汇、表达法和句型，并让学生反复练习。

　　第六，任务巩固和拓展阶段。在这一阶段，教师可以将任务进行拓展和延伸，为学生提供求职信和简历的规范格式和写作技巧，要求学生课后搜集有关求职信和简历制作的知识，结合以前所学的海报、广告的制作方法等，八人一组协作完成模拟公司招聘员工项目，包括制作和发布招聘广告、制作和发送求职信和简历、求职面试、确定人选等全过程。为了督促学生完成课后任务，要求学生在班里张贴招聘广告，上交求职信和简历等。这不仅可以提高学生用英语解决现实问题和综合运用语言的能力，而且使学生的思维、想象力、协作能力和创新能力等综合素质得到发展。

五、结束语

　　任务型教学模式在语言习得理论和建构主义理论基础上，通过参与活动来促进学习者外语能力的发展，是一种注重个人体验、自主思考和团队互动，充分体现了"以学生为中心"的教育模式。其教学思想符合高职英语课程改革的总趋势和要求，有助于改变高职学生消极被动的学习方式，从整体上优化高职生的学习方式。任务型语言教学模式强调"以言行事"，注重培养学生的语言应用能力，更强调学生在学习过程中的表现。因此，在任务型教学中，要侧重于形成性评价，在强调实践性教学的高职教育中，实施重形成性评价的任务型教学有着深远的意义。

第七章

专门用途英语教学模式

第一节　ESP 的概念和分类

一、ESP 的概念

（一）ESP 产生的原因

所有的事物都一定会有其原因，才会产生或者是进行发展。ESP 的产生也不例外，随着历史进程的不断发展，你会发现 ESP 的产生、使用有一定的必然性的。在 1945 年以后，随着第二次世界大战的落幕，纵观全球，无论是国内，还是国际的科技交流与经济交流，都呈现出一种快速的上升格局。因此，国际的交流，迫切需要一种通用语言来担当重任。于是，英语顺应国际交流的需求，成为国际执教的通用语种，英语能够成为国际间的通用语，原因主要有两个方面：一方面是在第二次世界大战之后，美国成为全世界中的超级经济强国，在国际上拥有着绝对的话语权；另一方面则是因为是历史上形成的英国殖民地，遍布全球的各个角落，所以使得英语成为不少国家的官方通用语。所以，英语理所应当的成为国际间进行交流的通用语言，也因此给英语的教学带来了前所未有的变革。

在第二次世界大战以前，人们学习外语只是因为这是正规教育的一门必修课，懂外语是具有良好修养的标志，能获得地位上的尊重、心理上的满足，但似乎没有实际的物质经济上的作用。但第二次世界大战后刮起的这股英语学习风潮，却是因为英语已成为国际科技、经济交流的语言"硬通货"，要想在国际交流中游刃有余，就必须具备这样的"硬通货"，因此人们学英语已带有很强的目的性。工程师学英语是为了学习国外科技，商人学英语是为了做生意，记者学英语是为了及时知晓国际新闻，从事国际报道。英语不再是提升身份、形象的软件，而是能直接带来经济效益的硬件。

这一趋势在 20 世纪 70 年代早期被强化。当时的石油危机导致大量资金和西方专家涌入石油国家，英语迅速成为影响商业、经济合作的瓶颈。而当时的英语语言教学迫于这样的压力，也源于这样的需求，不得不放下身段，放弃开发文学、语法领域内阳春白雪式的语言欣赏教学，转而开发目的性极强，适用性极强的专业英语教学，以适应时代的需要。ESP 的发展也从萌芽期开始转的生长期。

（二）ESP 的定义

针对专门用途英语，不同的学者和专家，都给出了不同的定义。

1. 韩礼德和斯特雷文斯的定义

著名的语言学家韩礼德等在 20 世纪 60 年代时，合作出版了名为《语言科学与语言教学》。其中对专门用途英语这一当时的新兴学科，有着如下的定义："English for civil servants；for policemen；for officials of the law：for dispensers and nurses；for specialists in agriculture；for engineers and fitters."。

从上文中关于专门用途英语这一语言学科的定义，我们可以了解到，韩礼德等几位当时著名的语言学家，对于专门用途英语，在多数的行业之间均有应用。但是只是在很多领域都有关于专门用途英语的表述和说明，但是并不能足够来解释清楚，究竟什么是专门用途英语。

1977 年，针对于什么是专门用途英语，著名语言学家斯特雷文斯曾经有过如下明确定义："Broadly defined，ESP courses are those in which the aims and the content are determined，principally or wholly not by criteria of general education（as when English is a school subject in school）but for functional and practical English requirements of the learner."。

当时对于语言学家斯特雷文斯关于专门用途英语的定义，曾被多获得多数人们的普遍认可。因为斯特雷文斯认为专门用途英语是完全不同于一般用途英语的，甚至是完全对立的两个概念，并且他认为进行专门用途英语的目标清楚明确，甚至进行专业用途英语的教学内容很大程度上都是确定的，这就是完全不同于一般用途英语。专门用途英语不是作为一门普通的语言课程所存在，而且最主要的是专门用途英语在交际占据主导地位是必须的。与专门用途英语而言相对的一般用途专业英语，只是简单程度地将英语作为一门普通的语言学课程进行教授，而且教学有关内容也只是有关于英语者易语言学相关的语种知识，如英语词汇语法以及一些英语句型的语言结构组成等。但是一般用途英语是不会做出有关不同领域或者是不同专业相关知识的特殊要求。

2. Robinson 的界定

Robinson 认为，首先 ESP 是目标导向的，学生学习专门用途英语，不是因为兴趣，而是因为专门用途英语能够在日后的学习或者是工作中有一定的作用，或者是日后生活中对于专门用途英语有一定的需要。但是，对于每一个学生而言，我们都不能确定学生本身对自己未来的工作或者是进行学习的方向有一定的规划，而且，对于未来还没有发生的事情，没有人可以做出肯定性的准确预测。所以对于部分学生而言，他们只希望在综合性的话题和活动中实践，在还没有决定从事什么专业，进行什么方向的学习和研究时，做好语言准备是比较稳妥的。其次，ESP 课程是依据需求分析，尽可能贴近学生用英语完成任务的事件。过去的需求分析只聚焦于最终目标或课程的结果，但是现在已经完全不同，因为人们已经原来越注重学生的需求，包括学生在学习方面的需求。

相对于专门用途英语而言，还存在着其他的一些特点，但是这些特点不能被称为专门用途英语的必要元素，因为这些特点在专门用途英语之中也不是会一定出现的。比如以下的三点：

（1）有明确的时间段规定。这意味着组织者、教师、学生、赞助商必须通力合作，在规定的时间内完成 ESP 学习。

（2）学习者很可能是成人。ESP 的授课方式与教授初学者和孩子 GE 课程的方式有所不同，因为成年人已经具备了一定的专业和英语基础。

（3）ESP 课程进行设计时，通常将授课对象设想为相似度很高的一个团体，学生要么来自同一专业，要么来自同一学科，要么来自同一家公司，但工作职责可能不同。需要注意的是，他们绝不是完全同质的。

3. Dudley-Evans 的界定

Dudley-Evans 和 Robinson 一样都抛弃了 ESP 内容共核的观点，认为 ESP 的概念和活动才是重要的。很多 ESP 著作论述了各种学科的语言和技巧"共核"，但 ESP 教学在实践中并非时刻与语言、技巧的内容相关，它经常涉及的是在广泛的学科中适用的概念和活动。

Dudley 认为，ESP 的定义应反映出一个事实：ESP 教学，特别是与特定学科相关的 ESP 教学，其教学法与 EGP 是不同的。因为在狭义上说，教师在 ESP 课堂中有时只是一个语言咨询者，和有专业知识的学生地位相等。所以

Dudley 的定义强调 ESP 教学法的两个方面：所有 ESP 教学应反映相关专业和职业所采用的教学法；在专业 ESP 教学中，师生交互的本质有别于 EGP。

Dudley 也认为 ESP 课堂教授的语言具有 ESP 特点，虽然需求分析的结果表明具有专业特点的 ESP 活动才是最终的学习目标，但实现这些目标必须掌握相关语域、体裁所使用的语言。所以他用三个不变特点、四个可变特点来界定 ESP，不变特点分别是：①ESP 课程的目的是满足学习者的特定需求；②ESP 利用了相关学科所使用的教学法和活动；③与这些活动相关的语言（语法、词汇、语域）、技能、语篇、体裁成为 ESP 的中心教学内容。

可变特点分别是：①ESP 可能专门为某一特定学科设计；②在特定的教学情境中，ESP 可能用不同于 EGP 的教学法；③ESP 很可能是为大学层次或职业领域的成年学生设计的，也有可能为中学生设计；④ESP 通常是为中、高级英语水平者设计的，但偶尔也可能为初学者设计。

（三）ESP 在教学中的必要性

自从 2001 年我国加入世界贸易组织（WTO）之后，对外交流已经开始涉及各个方面，而且对外交流也已经遍及全球。随着国外的信息进入国内，以及一些外国友人对中国进行各种不同方式的投资和旅游，直接或者间接进入中国，相对的，随着我国的企业文化和科学技术开始对外流通，促进着整个社会上不同国家之间进行交流学习，文化相互影响渗透，所有不同行业对于复合人才的需求，也变得越来与迫切。全球对于外语的能力要求也开始逐渐向着多元化和专业化的趋势发展，所以作为全国通用语言的英语来说，其重要性不言而喻的同时，对于专业用途英语的需求和紧急程度也开始不断加大和增多。各行各业对于英语的专业化水平要求也越来越高。一般的英语能力已经不足以应对如今国际上对于外语能力的需求，而且随着人才不断涌现的缘故，多元化和专业化的英语技能，越来越值得各行各业去争取。[①] 市场对于复合型人才的大量需求，也决定着一般的英语能力无法满足不同行业对于英语的更高要求。所以专业用途英语的工具性和应用性特征也随着时间变得越来越明显。

整体而言，我国大陆内高职英语是以普通英语为主，香港地区的英语教学则是主要以专门用途英语为主。随着英语教学的不断完善，对英语的学习和教学质量的不断提升，国人的英语水平也获得一定程度的提高，但是能够熟练掌握英语，并且掌握着一定工程技术的人才却不多。尤其是在机械、化学、生

---

① 赵贤. 高职高专 ESP 教学情况研究 [D]. 北京：中央民族大学，2012.

物、金融、电子、通信、IT 等行业的专业外语人才非常紧缺。企业感叹，找到符合企业要求的人很难。目前绝大多数 IT 行业实行软件外包，外语成为项目开发过程中的关键性因素之一。从事这些项目的技术人员仅靠三五百个计算机应用词汇是不足以读懂计算机科技类文章的，因此，外语水平的高低成为从业人员发展的决定因素。换句话说，我国高职英语教学必须改变目前的培养模式，从普通英语教学，从一般英语技能的培养转变到专门用途英语教学上来，帮助学生用英语作为工具，在专业学习和工作上做好语言准备。

（四）ESP 特点总结

针对上述专家和学者对专门英语用途所下的定义有了一定的了解后，我们就容易发现，即使在针对不同定义，这些定义的细微方面有着一定差别，但是对于专门用途英语而言，其本质方面的一些属性，学者和专家们还是达成的一致。具体有以下几点。

1. 专门用途英语是英语语言教学的一个分支学科

专门用途英语具备有非常强的实用性，因为专门用途英语经常会于某一特定学科有着紧密联系，或者是专门用途英语会于某一从事特定职业密切相关，所以学习者会根据所学专业或是所从事职业的要求，进行英语课程的学习和专门用途英语技能的提高。所以专门用途英语也是有着一定的针对性。

2. 专门用途英语是一种教学途径

专门用途英语也是属于语言学领域的范畴之一，在语言学领域中，专门用途英语也是同样拥有着教学途径、教学方法和教学技术三个不同的概念。针对于专门用途英语而言，教学途径同样不同于后两者，因为教学途径是指语言本质以及如何进行语言学习的研究。专门用途英语会依照特定学生的学习需求为基础，来确定教学任务、教学内容、教学方法和教学技术。[1]

3. 专门用途英语是一种多元化的教学理念

专门用途英语在现实中，无论是教学内容，还是教学方式，都具备一定的多样性。专门用途英语现实中的多样性，主要由于两方面因素造就而成：一方面是由于专门用途英语教学是与学习者的所学专业，或是职业者所从事的相关职业有密切关联的英语语言教学。[2] 这就决定了专门用途英语，不仅仅是作为一门语言学，包括英语的语言学知识就已经够了，而是要求专门用途英语还会涉及大量的相关专业或是相关职业的专业性知识。所以，对于不同学习者可能

① 李晶. 高职英语教学改革中引入 ESP 的研究 [D]. 延边：延边大学，2011.
② 赵贤. 高职高专 ESP 教学情况研究 [D]. 北京：中央民族大学，2012.

具有的不同学习需求，专门用途英语的教学内容以及教学形式会逐渐趋于多元化。[①] 另一方面，针对于不同地域而言，不同国家或者地区的专门用途英语，在教育政策、教学重点上上也是存在着很大的差异性，这方面便会使得专门用途英语的教学，在实施方案和具体的实施措施上也趋于多元化。

4. 专门用途英语是一个特定的语言范围

专门用途英语无论是在是在词汇还是语法方面，都是拥有一定的怨言范围的。有专家进行研究表明，专门用途英语与普通英语，在词汇上有一半以上是重叠的。其中还包括许多的科技词汇，这些科技词汇均是通过一些常规词汇，以派生法派生出来的。专门用途英语与常规英语在语法上也是保持一致的。这边决定着，专门用途英语是无法离开普通英语存在的。所以，专门用途英语依然只能算是现在英语，在不同领域的衍生体，而不能被当作一门专业语言，独立于英语之外。

二、ESP 的分类

（一）ESP 发展史上的三种分类

在 ESP 的发展史上，出现过各种各样的 ESP 分类。其中具有较大影响力的分类方式有三种，分别是树型分类、学习情境分类、连续体分类。

1. 树型分类

ELT 的树冠代表着各种类型的、独立的 ESP 课程。其下一层的树枝分为两大类 ESP。一类是学术英语 EAP，另一类是职业英语 EOP/EVP/VESL（English for Occupational Purposes/English for Vocational Purposes/Vocational English as a Second Language），但 Hutchinson 认为，它们之间的界限并不是完全清晰的，因为学习是为了工作，而学习和工作也可能同时进行。再往下一个层次是 ESP 按专业学科进行的分类：科技英语 EST、商业英语 EBE 和社会科学英语 ESS。社科英语在日常教学中并不多见，因为人们普遍认为 GE 的大部分教学内容实际上就是社科英语，所以没有必要再单独设立一门社会科学英语。如果再往下看，就会发现 ESP 不过是 EFL/ESL 的一个分支，而他们都从属于 ELT。滋养 ELT 这棵大树的根则是"学习"和"交际"。人们正是因为交际的需要才来学习语言的，也正是因为人们需要学习语言，才出现

[①]　罗基萍. 高职高专公共英语教学中融入 ESP 模式的必要性研究：以 L 师专为例［J］. 知识经济，2016（5）：112－114，117.

了 ELT。

ELT 树型分类形象地解释了 ESP 与 GE，ELT 的关系，使人们对 ESP 的来龙去脉一目了然。但对于 ESP 的分类，主要依据与 ESP 相关的学科来进行划分，未免过于简单、笼统。这种分类忽视了 ESP 教学中，许多与专业学科不太相关的因素，如学生的英语水平、专业知识水平差异等。同时，如此简单地将 ESP 分割为医学英语、技术英语、秘书英语、心理英语等，是否有语言学上的理据，也值得商榷。

2. 学习情境分类

ESP 分类的第一层是将 ESP 按使用目的分为职业英语 EOP（English for Occupational Purpose）和学术英语 EAP（English for Academic Purpose）。EOP 主要涉及与工作相关的需求训练，而 EAP 则为学生在教育机构中学习的与相关专业有关的英语。第二层次在 EOP 中按受训者的专业知识分为职前、职中、职后训练。因为他们已经具备的专业知识不同，ESP 的教授侧重点也就不同。

EAP 按学习要求将学习分为两种：一是为了服务于特定的专业而学习，二是作为一门课程而学习。

如果是为了服务于特定的专业进行的 ESP 学习，则根据学生的专业知识水平，又可以分为专业知识学习前、专业知识学习中、专业知识学习后三种情况。如果作为一门课程来学习，没有特定的专业目的，则又可分为独立课程，或整合课程（融入其他课程中）两种类型。

这种分类方式的着眼点不是语言内容，而是教学目的和学生的语言、专业知识状况。这样的分类避免了各种 ESP 间语言内容关联度无序、混杂而难以清晰界定的问题，仅从外部特征来加以分类。但 ESP 的核心还是语言。因此仅仅回避问题不是一个良策。无论从语言上界定 ESP 与 EGP 的差异或内部差异有多困难，还是应该向这个方向努力，寻找内部特征差异。Dudley 的连续体分类在一定程度上考虑了内部差异。

3. 连续体分类

Dudley 将整个 ELT 看成一个连续体。该连续体的一端是纯粹的、绝对意义上的 GE，另一端则是十分具体的、绝对意义上的 ESP。

Dudley 用连续体的方式来说明从 GE 到 ESP 的渐变，从根本上解决了 GE 与 ESP 的关系表述难题，非常科学地从本质上解释了 GE 和 ESP 同根同源、相互关联，又有所区别的性质。在对各个区分位的阐述中，Dudley 不但清晰地描述了影响教学的外部特征，同时也描述了部分语言内部特征，将 ESP 语言教学的本体特征和客体特征有机地结合在一起。该连续体分类美中不足的一点是，区分位的划分标准缺乏系统性和一致性。

（二）ESP 在学术界的分类

学术界对于专门用途英语所进行的分类也是互相之间不一而同的，因针对于专门用途英语的划分标准不一，其分类自然而然也是不同的。在学术界依据不同的划分标准，最为著名的就是"两分法"和"三分法"两种。

1. Dudley-Evans & St. John 两分法

针对于专门用途英语进行分类，如果以职业领域作为标准划分，达德利·埃文斯和圣约翰两人，将专门用途英语划分成学术用途英语、职业用途英语两种类型，如图 7-1 所示。

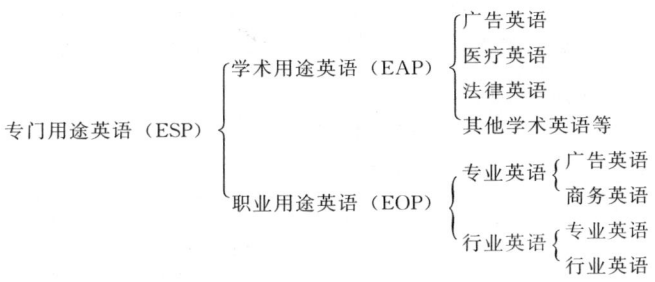

图 7-1　以职业领域为出发点的分类示意图

同样，达德利·埃文斯和圣约翰将专门用途英语分成学术用途英语和职业用途英语两种，也是基于不同的目的。其中学术用途英语的主要目的是以学术研究为主，而职业用途英语的目的主要是用来满足职业需求。因为学术用途英语只会有学科或者是领域之分，但是对于职业用途英语而言是有从业前后之分的，而且对于职业用途英语而言，从业前后的侧重点对于职业英语用途的要求，还是有很明显的差异存在。

除此之外，按照达德利·埃文斯和圣约翰两个人对于专门用途英语的分类仔细观察能够发现，专门用途英语虽然依据一定的划分标准和目的，被分成学术用途英语和职业用途英语两种，但是在学术用途英语和职业用途英语之间还是存在有一定程度上的相互联系。我们以广告英语为例可以发现，广告英语不仅仅可以用于广告学专业学生的学术研究，同时，广告英语也是可以作为广告设计人员的职业。

2. Roblnson 两分法

罗宾逊采用与上述不同的划分标准，却也是将专门用途英语分为了学术用途英语和职业用途英语两种不同类型。但是在对于学术用途英语和职业用途英语的进一步细致划分是与达德利·埃文斯和圣约翰有诸多不同的地方。

罗宾逊基于专门用途英语教学的不同阶段进行划分。这种分类对于专门用途英语教学的课程设置极具指导意义。它可以使专门用途英语教学明确每个阶段的教学任务，避免专门用途英语教学混乱和教学盲目。比如，处于专门用途英语初级阶段的学习者只需打好基础，提高专门用途英语语言学习的技巧，而没有必要直接涉及专业知识。而处于专门用途英语高级阶段的学习者可以将在初级阶段时习得的语言技巧与专业知识结合起来提升专业英语水平。

3. Jordan 两分法

以英语语言教学为出发点，1997 年，乔丹（Jordan）提出一种新的两分法，将英语分为一般用途英语和专门用途英语。如图 7-2 所示。

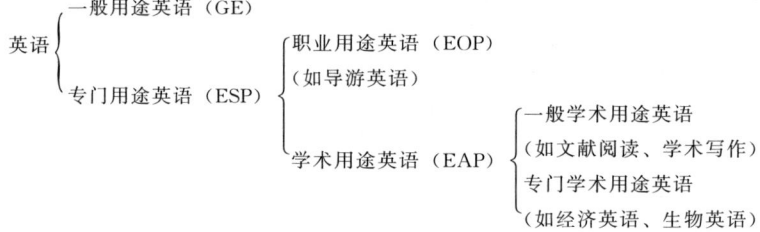

图 7-2　以英语语言教学为出发点的 Jordan 两分法

乔丹在专门用途英语的划分上与前面两者划分方法相统一。不同之处在于乔丹将更多的重点放在了专门用途英语教学在各个领域和各个阶段上。这种划分方式为以后专门用途英语教学的教学重点和课程设计都有重要影响。本书将依托乔丹的分类理论展开对专门用途英语教学理论和实践的研究。

4. Hutchlnson&Waters 三分法

以学科类别为出发点，哈钦生和沃特斯将专门用途英语划分成三类：科学技术英语、商务贸易英语和社会科学英语。如图 7-3 所示。

5. David Carter 三分法

除上述观点以外，大卫·卡特（David Carter）也把专门用途英语划分成三类，即受限英语、学术和职业英语，以及特定主题英语三类。如图 7-4 所示。

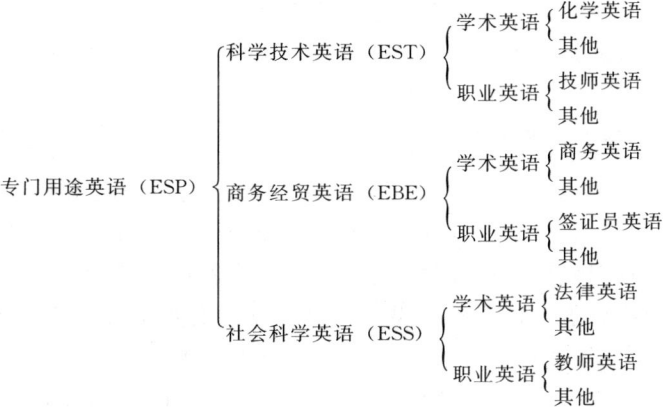

图 7 - 3　以学科类别为出发点的 Hutchlnson & Waters 三分法

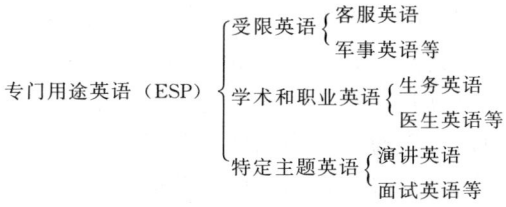

图 7 - 4　David Oarter 的三分法示意图

　　关于受限英语，麦凯和芒福德（Mackay & Mountford）认为，一些特定行业的服务人员通常掌握较少的词汇，语法也十分有限，但是却能够在这一领域中准确传达意思，这就是一种受限制的语言。例如，客服人员往往有一套固定的、礼貌的接待话语，对于客户的问题也总是有相应的、比较固定的回答。这样的语言被认为是受限制的语言。这种受限制的语言常常只适用于某一个特定行业或职业，离开了这个环境，受限制的语言将无法进行正常有效的交流。

　　学术和职业英语在前面的分类中基本上是以两种用途的形式出现在各位专家的专门用途英语分类上。但是卡特认为，学术用途英语和职业用途英语之间没有绝对的界限。在一定时候两者之间是可以相互转化的。例如，一位英语专业的学生在上学期间研究英美文学是出于学术目的，但是当她成为教师教授英美文学的时候，这种研究就转化成了职业目的。正因为可转化性，卡特将学术用途英语和职业用途英语归为一类，认为一切都是为了就业这个目的。

　　特定主题英语是和未来的某项需求相关的。例如，面试者为了进入外企而进行面试英语方面的练习，或者专家学者为了参加一个国际性的学术交流会而进行相关的英语准备，等等。这种英语通常都会有一个主题，一切交流都围绕这个主题开展。

（三）ESP 分类的共性和意义

在学术用途英语中，科技、法律、医学领域的英语受到极大的关注。同时，其他领域，尤其是商业领域中的很多专业学科的学术英语也越来越被人们重视。这一点我们从近几年 MBA 的火爆程度中就可以感受到。[①]

在职业用途英语中，英语在职业中的实用性也被放到了第一位。正是由于职业用途英语实用性的特点，专家学者们普遍认同将商务英语划入职业英语的范畴。达德利·埃文斯和圣约翰（1998）认为："EBP is sometimes seen as separate from EOP as it involves a lot of General English as well as Specific Purpose English，and also because it is such a large and important category. A business purpose is，however，an occupational purpose，so it is logical to see it as part of EOP."（由于商务英语涉及很多专门用途英语，同时也包含大量的一般用途英语，而且商务英语自身也是一个很大很重要的范畴，因而有时会把它和职业用途英语分开来看。但是，商业目的就是一种职业目的，因此把商务英语当作职业用途英语的一部分也是符合逻辑的。）

通过上述有关 ESP 分类的讨论，我们发现 ESP 与 EGP，ESP 内部各分支，都有一定程度的叠加、融合，要清晰地把这些部分区别开来不是一件容易的事，那我们为什么还要分类呢？主要基于两个原因：一是为了更清楚地认识 ESP。通过分类，我们发现 ESP 与 EGP 的划分标准，可以从学习目的、学员情况去考虑，使我们认清了 ESP 的研究方向。二是如果能有一个清晰的分类，将为 ESP 各分支的研究发展奠定基础，使教师和研究人员明白该朝哪些方向研究 ESP，研究范畴是什么。

综上所述，虽然关于专门用途英语的分类观点很多，但我们不能说哪一种分类好，哪一种分类不好。首先，这些分类是立足于不同的出发点开展的，每一种新视角都无疑对专门用途英语教学有一定的指导意义；其次这些分类对学术用途英语和职业用途英语基本都予以了肯定，认为这两者是专门用途英语教学不可缺少的部分。这个共识的达成也使专门用途英语教学研究向前迈了一大步。

---

① 罗基萍. 高职高专公共英语教学中融入 ESP 模式的必要性研究：以 L 师专为例 [J]. 知识经济，2016（5）：112－114，117.

第二节 国内 ESP 的发展

一、ESP 的兴起

专门用途英语作为一个新兴的英语语言教学领域，其产生和发展时间并不长。据国内外专家表述，普遍认为专门用途英语产生的时间是 20 世纪 60 年代，而且，专门用途英语的出现也绝对不是偶然，是历史进程中，社会、科技、经济、文化共同进步的必然产物。下面我们就专门用途英语的起源展开研究，从中找出有关专门用途英语在当代社会中，进行教学的有关启示。

(一) 社会发展的需要

英语语言的使用进行推广，最初是起源于英国对于海外殖民地的扩张所致。英国在对于亚洲和非洲以及美洲的众多国家，实行殖民统治期间，大多数的殖民地，便是以英语作为该地区的官方语言。即使后来不少的殖民地从英国的殖民统治中摆脱出来，完成了国家自主和独立，而且很多国家已经重新使用了本国语言，但是由于殖民期间，英语对其进行统治的影响却没能完全消除掉，尤其是英语对其本土地区的影响。所以很多原来的殖民地使用英语作为第二语言成为顺理成章的一种现象。例如马来西亚、印度等一些国家。更有一些国家是直接采用英语作为本国语言使用的，例如美国、澳大利亚、加拿大等北美国家。因为美国、加拿大这些国家经济和科技都非常发达，与全国的交流也是非常密切的。所以想要与这些国家在各个领域进行学习交流，英语的提升显得迫不及待；而且普通英语已经无法满足各个不同领域的发展和学习，所以专门用途英语的提高势在必行。

在第二次世界大战结束之后，美国和一些西方国家无论是经济科技领域还是文化等方面，都获得了飞跃的发展。在世界经济空前繁荣的状态下，国际间的相互交流也是日益增加。这一时期，英美国家作为全球经济的带头者，对于全球经济一体化的发展进程起着非常重要的引领作用。这也使得英语的使用程度更加广泛。这一点激发了各国人们对英语学习的强烈愿望。随着各国间经济、科技交往的日益深入，专门用途英语应运而生。因为专门用途英语的作用，便是满足学习者对于不同专业领域进行学习的语言需求。专业用途英语不仅可以有效解决全球不同国家之间进行语言交流的问题，还可以解决各个不同领域或不同专业之间进行学术理论研究上对于英语的特殊需求。

20世纪70年代，世界石油危机的产生，对英语在全国范围的进一步广泛使用具有很大的推动作用。因为世界范围的石油危机，必定会使得石油丰富国家与发达国家的交流更加频繁，而石油短缺国家和石油丰富国家更加会加强合作交往，促进国际间的交流更加频繁，作为使用最为广泛的英语而言，无疑是一种更加直接的助力作用，奠定英语在国际上的地位。对石油的需求，使得石油输出国和英语发达国家之间的交流更加密切，英语也使用更加广泛。这些盛产石油的国家为了赚取更多利润而需要迅速提高英语水平。这使得专门用途英语在这些国家迅速开展起来。

进入21世纪，全国经济社会一体化的推动作用，使得各国对于外语人才的需求，也逐渐趋向于专业化和多元化。很多企业对于只有英语一项技能的人员需求开始逐步减少，而对"专业＋英语"这类复合型人才的需求量也呈现出爆炸式的增加。例如我国当前情况，相当多的本科毕业生，在对英语学习多年之后，英语水平还是处于一个较低的水平。许多人都是只能够完成一些简单英文的阅读和理解，但是却远远不能够解决具体的专业问题。所以，在面临社会的巨大需求之下，专门用途英语的重要性不断增加，专门用途英语的教学也越来越获得人们的重视。

（二）语言角色的转变

随着全球经济一体化的发展趋势，英语的教学方式也经历了一次变革。传统的普通英语，会教授一些词汇和语法，再加上句型的理解。因为以往的学习者对于英语的需求不是必须的，学习英语只是当作一种身份的象征，也有的只是为了能够欣赏和阅读一些外国的作品。在如今的社会环境之下，学习者对英语的学习有着直接的、必须的需求，而日益紧密的经济文化交也能够使英语学习者慢慢对英语有了更深层次的了解，让学习者不断进行学习的时候认识到英语在不同的专业领域之间也会存在着一定的差异性，有的甚至差别非常大。过去的学习者学习英语，主要目的并不是为了解决实际问题，如今不同的是多数的英语学习者都是希望和外国进行来往交流互相学习，并且能够掌握一定的专业领域知识。这为英语教学提出了新的课题。人们逐渐认识到，英语不仅仅是认识词汇，了解语法结构，正确理解认识句型就可以。英语的教学和学习都应该以实用为目的，这种进一步的认知使得英语的学习和教学方式产生根本上的变化，同时也促进了专门用途英语的产生。

（三）教育心理学的促进

教育心理学的发展为专门用途英语的兴起和发展起到了极大的推动作用。

这一时期人们认识到学习者学习兴趣和学习需求的重要性。学习者对于英语的需求同样千差万别，而传统的一般用途英语教学显然不能满足学习者特殊的需求。例如，在语言教学过程中，如果对所有学习者统一教授基础英语，学习者很容易产生厌倦情绪。但如果在分析了学习者的需求和兴趣之后，针对不同学生开设与其兴趣、需求相关联的课程，选择合适的教材和教学内容则会事半功倍。学习者的这种学习动机决定了其学习态度，更决定了学习效果的好坏。因此在 20 世纪 60 年代，西方的一些发达国家掀起了一场专门用途英语的教学和研究活动。

二、ESP 的发展阶段

1987 年哈钦生和沃特斯将专门用途英语的发展分成 5 个阶段——语域分析、修辞或语篇分析、目标情景分析、技巧与策略分析和以学习为中心。自 20 世纪 60 年代以来，专门用途英语已经经历了四个发展阶段，目前正处于第五阶段。

（一）语域分析阶段

语域分析阶段形成于 20 世纪 60 年代末 70 年代初。这一时期的代表人物有韩礼德、巴伯、斯特雷文斯、斯韦尔斯、尤尔、赫伯特等。最早提出这一概念的是韩礼德。他认为语言使用场合的变化导致了语域的变化，语域的变化导致了语言材料的变化，而语言材料的变化体现在词汇使用和语法上面。他还认为，专门用途语言有其专门的词汇和语法。因此，这一阶段的语言学家们着重研究某一特殊领域在词汇和语法方面与其他领域的不同之处。

这一时期使用的研究方法是斯韦尔斯的“词汇统计学”。研究结果表明，科技文章中的英语语法与普通英语并没有什么区别。所有科技文章中的语法都可以在普通英语中找到。科技英语和常规英语不同的地方在于，前者包含大量的科技词汇，并且某些语法或者句式使用频繁。例如，由于科技领域的特殊性，被动句、一般现在时、陈述句、形式主语和复合名司等一些能够表示所述内容客观性的语法和词汇被频繁使用，而一般疑问习和感叹句一类主观色彩比较强的句式则很少使用。除此以外，科技文章常常包含很多“半科技词汇”“次科技词汇”，如 compose，generate，enable 等。这表明，专门用途英语只是偏爱某些语法和句法，其本质并没有超越普通英语的框架。

科技英语的特点为编写专门用途英语教学大纲和制定教材内容提供了依据：第一本有关专门用途英语的教科书是赫伯特于 1965 年出版的《技术英语

结构》。这本书面向的人群是那些已经具备一定英语基础，但还需要掌握科技英语的相关句法和语言习惯的学习者。这本书最大的特点在于针对科技领域的常用词汇、结构和语法设计了大量的练习，但由于缺乏对语篇的重视和联系而受到不少批评。斯韦尔斯认为这本教材的不足之处在于书中文章缺乏科学性；练习过于机械，不够灵活；过度强调科技英语词汇和语法，缺少对阅读能力的重视；不能实现语言的交际功能。

这一时期最具代表性的专门用途英语教材是尤尔和拉托雷编写的《基础科技英语教程》。这本建立在语域分析基础上的教材的目的在于满足学习者需求，使教学内容更加适合学习者，从而达到良好的教学效果。尤尔和休斯·戴维斯通过研究确定了科技英语的词汇和语法特征，明确了一些出现频率较高的句法。这些词汇、语法、句法具有以下特征：①使用"ing"形式取代关系词；②使用形式相似、意义不同，具有相同功能的单词；③使用形式相似、功能不同的单词；④使用词汇多含前后缀；⑤使用结构和限定词组；⑥使用复合名词、不规则限定词、过去分词、前置动词；⑦使用不定式、被动句、条件句、因果句。

由此，我们看出，在语域分析影响下产生的大部分教材和研究重点都集中在特殊领域的词汇、语法及其相关的机械练习上，缺乏语言的实用性。因此，这一阶段的专门用途英语研究并不能体现专门用途英语的真实面目，也不能够满足学习者的需求。

（二）修辞或语篇分析阶段

语域分析阶段，学者们对语言的研究停留在句子内部，包括词汇、句子结构等，但这些研究并没有解释为什么某些语法模式会频繁使用于科技英语中，也没有解释句子和句子之间是怎样联系起来的。于是，英美国家的一些应用语言学家们将研究中心放在了语篇和修辞的研究上。这一时期的代表人物有：英国的亨利·威多森和华盛顿学派的路易斯·特林布尔、约翰。拉克斯多姆、劳瑞·塞灵克。这一时期的研究内容在于：研究如何写各种功能的句子，如论证、说明、叙述、描写、下定义；如何将一个主题句扩充成段落；再如何将段落组合成一篇文章，如何使这篇文章达到一种更好的效果等。

在语域分析阶段，研究者关注的是 ESP 在句子层面的特点，这种分析的局限很快被人们意识到，于是人们超越句子层面，提升到修辞、语篇层面来分析 ESP。这一阶段的先驱者有英国的 Henry Widdonson 和美国华盛顿学派代表人物 Larry Selinker，Louis Trimble，John Lackstrom，Mary Todd-Trimble，Hutchinson& Waters。

修辞和语篇分析阶段的基本理念：学生在 ESP 学习过程中碰到的主要问题不是缺乏系统的英语语言知识，而是不知道怎样在实际工作、生活中"使用"英语，因此基于语域分析的课程是不能满足需求的。教学的重点应该是超越句子层面，告诉学生在交际活动中，句子是通过怎样的建构来达到交际目的，完成交际任务的。因此，这一阶段的研究重点放在鉴别语篇的组织结构，分析这些结构的意义建构上。而这些意义的建构模式就构成了 ESP 课程的教学大纲。

修辞和语篇分析法的理论基石是假设各种专业的语篇修辞模式都是不尽相同的，即科技语篇的修辞模式和医学语篇的修辞模式是不一样的。但这一理念同第一阶段的语域分析一样，遭到许多人的质疑。Widdonson 认为，对于专业学术语篇在修辞模式方面的研究成果也同样适用于 EGP 的语篇。

（三）目标情景分析阶段

前面两个阶段探讨的都是语言形式和意义构建问题。目标情景分析则是根据学习者的学习目的，对在使用外语的目标情景下进行交际的内容、方式、途径、媒介、手段等语言特点做透彻的分析，并根据这些分析设置专门用途英语课程和制定教学大纲，从而完成学习者在目标情景中能自如地用英语进行交际的目标。这就是著名的"需求分析"。

这一时期的代表人物是约翰·芒比，他在《交际大纲设计》中对学习者的交际目的、交际环境、交际手段、语言技巧、语言作用、语言结构等一系列问题进行了深刻的阐述，并把学生的需求列成一张详细的表，以此作为编写大纲、教材，选择教学方法的依据。他还提出了一套详细发现目标需求的步骤，即"交际需求处理器"。它是由科目、参与者、媒介等一系列较集中的可变因素组成的。这些可变因素被用来确定学习者的目的语言需求。约翰·芒比在书中对目标需求进行了分析并得出了一个结论：以语言为中心的需求分析所能得到的有用信息十分少，以至于看不到这种分析方法对专门用途英语教学的积极意义。

尽管在此之前也有一部分语言学家提出过确定学习者需求的理论和方法，但由于不够全面、不够科学，因此没有得到广泛的认同。而约翰·芒比的"需求分析"理论模式的特征虽然很难把握，但这一理论对专门用途英语的发展起到了很大的促进作用，因而被视作是专门用途英语发展过程中的一个分水岭。

这种根据学习者的特殊需求进行特殊分析并且制定相应的教学大纲的教学新思维使得目标情景分析在专门用途英语探索过程中有了质的飞跃。学习者的需求在这一阶段的专门用途英语研究中显示出相当的重要性，专门用途英语教学开始较之以往更加实用，更能够满足市场需求，同时它与一般用途英语的不同之处也逐渐显现出来。

（四）技巧与策略分析阶段

专门用途英语发展的前两个阶段均将注意力放在了语言本身上面，第三个阶段则是在一定情境下的语言表层。技巧与策略分析阶段不再是语言本身，而是语言表面以下的逻辑思考，其研究重点主要围绕意义产生的途径和寻找意义的方法。这一阶段语言学家们普遍认为任何语言使用都可以解释和推理，通过一定的技巧，我们能够通过任何语言的表面形式掌握其内在含义。例如：通过构词法和上下文推测词义，从行文结构推测文章的类别等。这一时期的研究著作很多，但大多只是对阅读技巧有重要贡献，而没有公认的关于技巧与策略的代表人物和代表作。《巴西全国专门用途英语工程》《马来西亚大学专门用途英语工程》是与之相关的具有重要意义的一些计划。

技巧与策略分析阶段的专门用途英语研究多出现在一些非英语国家中，并且其重心往往在阅读技巧的提高上。在世界各国与英语国家加强往来的过程中，英文文献是获得相关行业最新信息的一大重要来源，这对英文阅读能力的要求是显而易见的。于是，阅读技巧的研究和教学在这些非英语国家成为焦点。例如，马来西亚专门用途英语项目开设了一门阅读技巧课程，重点在于教授与阅读相关的技巧。辨别图书的框架结构、非线性结构、如何掌握生词、细节检索、语境检索等都是这项课程的重点传授内容。随着时代的发展，听、说、写技巧在这些非英语国家中也得到日益广泛的重视。而这类技巧传授过程中最重要的指导思想就是：仅仅传授学习者解决问题的能力是远远不够的，还必须讲授语言使用过程中的思维发展。

尽管这一阶段对语言的把握已经深入到使用思维的探索阶段，但它并没有解决学习者如何使用专门用途英语的问题。与此同时，由于涉及的专业面广泛，普通教材往往难以满足需求，这就需要专门用途英语教师根据学习者的特殊需求自己设计教材、安排教学内容。但是专门用途英语教师在专业知识方面的欠缺为这些工作的开展造成了极大的不便。此时，专门用途英语教师是否需要掌握专业知识成为一个不容忽视的问题。

（五）以学习为中心的阶段

ESP 的发展来自于三种力量的推动：学习需求、语言学的发展和学习理论的发展。在前几个发展阶段中，人们似乎忽视了学习理论的力量，人们关注的重点一直是怎样使所学的语言满足现实的需求，无论是对语言的表面结构进行分析，还是对其下的语言思维过程进行探究，都围绕着语言的本体和语言的使用。语言的使用固然重要，因为那是 ESP 学习的终极目标，但目标并不等于过程。如果人们已经明确了目标，但不知道怎样"学习语言"才能达到那个目标，还是无法获得成功。而仅仅阐述目标是不可能"学会"使用语言的。如果可以的话，人们只需阅读语法书和字典便可以掌握一门语言了。因此，ESP 研究的重点又回归到学习过程上。人们对 ESP 的思考，已经完全跳出了语言本体研究的局限，而是从语言学习的全过程，包括语言需求、语言技能、语言内容等各个方面加以考察。这样的研究思路似乎已不再刻意关注 ESP 和 EGP 的差别，而是将重心放在"学会""学好"ESP 上。但无法回避的问题是，什么才是 ESP 的核心内容，什么才是 ESP 课堂上应当学会、学好的"东西"，仍然值得人们认真探讨。

可以说，在上述几个阶段当中，专门用途英语并不是孤立进行的。作为英语语言教学的一个分支，它与英语语言的其他领域，如应用语言学、通用英语教学等都有着密切的关系。应用语言学和通用英语教学领域里的一些教学方式和教学原则是专门用途英语得以展开的理论基础，如从语言教学中"借用"的交际法教学。一方面，专门用途英语本身就象征着交际法教学；另一方面，它也是交际法教学的一个最佳的证据。因此，专门用途英语的教学方式和内容并没有局限于某一种特定的方法，而是根据实际情况结合了很多不同的方法。这些研究和实践也将继续推动专门用途英语教学和研究进程。

在专门用途英语发展的三十几年间，专门用途英语教学研究收获了丰硕的成果：从对词汇、句法结构的重点研究到对篇章整体修辞的分析，乃至研究语言的内部规律；从单一的科技英语到涉及社会方方面面的专门用途英语的研究，从简单的教材编写到综合性教材评估、测试等。

专门用途英语在国内外受到越来越多的重视。不少高等院校都开设了专门用途英语课程，如快速阅读、读书报告、实验报告、文献查询、学术用语等。很多英国的高等院校还建立了专门用途英语研究中心，这为不少专家学者开展专门用途英语研究提供了极其有利的条件。英国的专门用途英语研究对全世界的专门用途英语研究起到了极大的影响。

三、国内 ESP 的发展阶段

国内 ESP 研究与我国的对外开放程度、国际交流领域有着密切的关系。从论文数量来看，2004 年是一个分水岭，在此之前，每年各专业期刊发表的有关 ESP 的论文数量较少（数据来源于中国知网，搜索关键词为：ESP，专门用途英语）。而 2004 年后，有关 ESP 的论文出现了爆发式的增长。

从 ESP 研究内容分析，国内的 ESP 研究可以较明显地分为三个阶段：20 世纪 90 年代初之前，以介绍国外 ESP 研究成果为主的研究借鉴阶段；90 年代中后期国内学者独立研究实践的起步阶段；21 世纪初期，国内 ESP 研究和实践向各学科、各层次纵深发展阶段。

（一）国外研究成果借鉴阶段

20 世纪 80 年代至 90 年代初，是 ESP 研究在中国的萌芽时期，当时的研究主要是对国外 ESP 发展的介绍，实践集中在出国短训班的 ESP 课程中，也有部分高职院校进行了科技英语和外贸英语的 ESP 实践。

1. 国外 ESP 研究成果介绍

这部分介绍内容主要有四类：

（1）国外期刊上一些有关 ESP 论文的翻译。

（2）去国外大学实地听课、学习访问的体会和经验总结。

（3）对知名学者的专访。

（4）对可获取的有限的外文文献资料的综述。

对具体研究成果的介绍集中在以下几个方面：

（1）ESP 研究中的基本问题。其内容包括 ESP 的定义、性质、历史等；以及 ESP 教学法、测试、教材、师资等各种问题的综述。

（2）教材介绍。系统地介绍国外几本有影响力的教材。详细论述了教材的编写理念，教材所蕴涵的普通教学原理和语言教学原则，以及各种练习安排、课文选材和处理的方法等。

（3）教学法介绍。主要介绍了信息阅读教学和交际教学法：信息阅读法是指以获取信息为主要目的的阅读法，它有别于以学习语言为主要目的的语言点阅读法；这种方法更适合具有一定英语基础和专业知识基础的学生，因为这学生学习英语的目的是希望能读懂英文原版专业资料。交际法是以所有相关参与者之间的对谈为根据的，是一种"以学习为中心"的教学法。

（4）师生关系分析。ESP 的学生通常具备一定的英语和专业知识基础，他们学习 ESP 课程是期望从文化教育、个人发展、学术职业方面有所提高。而教授 ESP 课程的教师绝大多数是英语教师，在专业知识方面弱于学生，导致不少教师产生畏惧心，因此理 ESP 课堂中师生的角色如何定位，如何发挥各自的作用，是一个值得探讨的问题。

2. 国内出国短训班 ESP 实践的经验总结

出国培训班上开设的课程，通常包括一般英语课（涉及听力、口语、语法结构和写作训练）和科普课，帮助学员学习掌握一些必要的专业语言知识以及如何正确、快速地在书中寻找自己所需要的资料；背景知识课，为学员介绍英语国家的情况，以讲座形式进行。

当时在教材的使用上，为了强化语言接触面，很多培训班都会交替使用不同类型的教材。例如 1985 年在上海外国语学院的 ESP 强化教学班上，在短短五个月的学习时间里，学员接触的书面和听力材料不下四五十种。

（二）国内独立研究起步阶段

1. 对 ESP 的理论探讨

ESP 是否有别于 EGP，是否可以独立存在，是当时最有争议的问题。认为 ESP 存在理据不足的学者以为"不能将语言简单地划为'科技英语'乃至'物理英语''生物英语'"。而且各种专业英语词汇也并不存在，按学科分类方法分割出的各种"专业英语"，除有一定程度的心理意义以外、无理论依据。而支持 ESP 存在的学者则认为，至少有三个理由能说明 ESP 的存在：①社会上有对 ESP 的需求；②ESP 有其不同于 EGP 的教学内容，因为普通词汇量很大的学生，也不一定知晓专业领域的词汇，也可能无法完成专业性的交际任务，所以 ESP 在词汇、句法、修辞和交际技能方面有自己的核心内容；③ESP 的教学实践有别于 EGP，它吸纳了专业课程的教学理念，形成了自己的教学特色。但 ESP 教学和传统的 EGP 教学从根本上讲并不是相互排斥的，相反，它们有很强的互补性，完全可以并存，互为补充。

虽然关于 ESP 的争论不断，但 ESP 在高职阶段的英语教学中已越来越受到人们的重视，不仅在公共英语教学中，ESP 的身影开始出现，而且在英语专业的教学中，为回应社会对专业英语的需求，ESP 也开始一展身手。当时有不少研究开始关注 ESP 在高职英语和英语专业中的定位问题。

对于 ESP 在英语专业培养中的定位，众多学者认为文科英语专业学生，由于随着非英语专业学生英语水平不断提高的挑战，应积极地走复合型人才培养的道路，向 ESP 靠拢。在实践中，1993 年上海外国语学院就对专业结构进行了重大的改革，将专业结构分为三大类：①复合型，由外语＋专业构成；②方向型，由外语＋专业方向型课程（如英语旅游管理、英语涉外秘书、英语涉外公关）；③双语型，由少数语种加上英语构成（如法语＋英语、西班牙语＋英语，阿拉伯语＋英语等）。

对于理科的科技英语学生的培养，有学者认为应从所在院校的各专业读完二年级的学生中去选拔。这些学生在不放弃本专业课程学习的同时，还学习英语专业的课程，对他们的学习要求实际上相当于双学位学生。经过几年系统、精心的培养后，这些学生就会成长为熟练掌握英语这一工具的优秀科技人才，而且还可以从他们中选拔合格的 ESP 教师。"英语专业这样办起来是会很有科技特色的，它将完全区别于文科院校办的英语专业"。这也为 ESP 师资培养提供了一个可行的方案，但问题是这样的学生，有多少能安心待在学校里教书呢？因为精通英语和专业的人才毕竟凤毛麟角，他们的就业选择很多，学校如果没有足够的政策，可能难以留住这些人才。

2. ESP 的教学实践

这一阶段的 ESP 教学实践主要涉及科技英语和商务英语。其探索的主要问题包括教学法、教学内容中的一些细节。

（1）教学法。这一阶段有关 ESP 教学法的讨论集中在交际法和内容教学法两方面。刘德谦探讨了交际性原则在实际教学中的运用。例如：教学大纲应该采用功能意念大纲，同时将意义单位附上一定的语言代码并加上语言技能，构成一份学生的交际技能指标；教材应体现语言的交际性和真实性；课堂活动中应重视的不仅是结果，更重要的是学生理解的过程。

内容教学法在这一阶段并不为一线教师所熟悉，所以反映这一教学法的教学实践论文没有出现，但有介绍性的文章。瞿云华介绍了当时流行的三种内容教学法：Theme-based Approach——专业知识和语言知识并重的方法；Adjunct Model——为专业课的学生，增设一门教授 ESL 技能课程的方法；Sheltered Approach——在用英语教授专业课的课堂上，适当教授学术英语的方法。①

（2）教学内容。这一阶段关于 ESP 教学的语言主体内容，如词汇、句法、语篇结构、体裁等的探讨很少，这是由于当时 ESP 教学的实践并没有真正有效推开，所以教师的研究还不可能深入语言本体的层面。当时的大部分研究集中在 ESP 的定位上。所以关于 ESP 语言本体特点的研究，仅杨广俊等讨论了科技英语的词汇和句式特点，金成星讨论了 ESP 教学中的长句翻译、专业术语翻译、多义词的含义确定问题。此外，姜群莲注意到 ESP 教学必须与文化教学结合进行，否则 ESP 学习者不能适应各领域跨文化交往的需要。她讨论了中西主要文化差异与商务交际策略的联系。

（三）国内独立研究实践多元化层次化发展阶段

进入 21 世纪后，随着我国英语教学水平的整体提高，ESP 教学已经不仅

---

① 李晶. 高职英语教学改革中引入 ESP 的研究［D］. 延边：延边大学，2011.

仅局限于科技、经贸领域，其触角已延伸至旅游、航空、物流、土木工程、汽车、保险，甚至中医专业。从宏观层面上看，ESP 在大学英语、英语专业、高职高专英语中的应用研究仍然是重点。从微观层面上看，研究的范围更广，内容更深入。对于 ESP 的教学设计、需求分析、教学内容、教学法、测试、教材、师资解决方案、各专业英语词汇特色等各方面均有所涉及。下面就本阶段五个研究热点加以总结。

1．ESP 在高职高专、成人教育英语教学中的定位

多年来，高职高专和成人教育中的英语教学模式几乎完全照搬大学本科英语的教学模式。[①] 而职业教育实际上更接近于技能培训，所以随着大学英语向 ESP 的转向，高职高专的英语也开始向 EOP 靠近，有不少的学校和教师已经开始了这方面的探索。但目前尚处于起步阶段，未见有实证性的研究成果出现。

2．ESP 教学内容

这一阶段对 ESP 教学内容的研究有了长足的进步。不仅有针对研究方法的讨论，如怎样建立 ESP 语料库来分析文章体裁、话语特点、类型分布、词汇等，而且涌现了大量针对不同专业的文章进行体裁分析、词汇特点分析、翻译及文化背景分析的研究。体裁分析是这类研究的重点，涉及新闻报道、学术论文、电子邮件、电视访谈等各种文体的语篇结构分析、标题分析、文体特征分析及其中的隐喻机制分析，其中以对新闻报道的研究居多。这些研究成果的大量涌现，表明我国的 ESP 语言研究开始走上独立发展的道路。随着对外开放的深入，ESP 课程的增加，这方面的研究还会呈现稳步上升态势。但目前研究的局限在于，大部分研究沿袭了国外 ESP 语言研究的方法和内容，比如研究方法上偏重体裁分析，研究内容上偏重论文、新闻、科技语篇等。这些研究未结合国情，对不同专业的各种语篇，尤其是应用型语篇的研究力度欠缺，也未对传统的研究方法进行创新和提出挑战。

3．ESP 教学法

21 世纪初，ESP 教学法的实践和研究可谓百花齐放，既有传统的体裁分析法、图式阅读法、以内容为依托的教学法、交际法，也有新兴的对比教学法、多媒体网络教学法、自主学习能力培养教学法、人文教学法。可喜的是出现了许多对传统教学法进行效果评估的实证研究。段平通过专业交际英语教学实践，并对教学效果进行问卷调查和测试发现，专业交际英语教学使学生在专

---

① 张桂华. 高职院校 ESP 教学实证研究 [D]. 济南：山东师范大学，2015.

业阅读和写作方面的能力得以明显提高，但对口语交际能力作用不明显。袁平华用实验对比教学发现，内容依托式外语教学对学生学习英语的动机和学习策略产生了影响，使学生更为主动地应用英语，从而使阅读能力得到显著提高。但对于英语水平较差的学生，依托式外语教学对其语言水平提高的作用不明显。

针对中国 ESP 教学的具体环境，刘法公设计了"对比教学法"，在教学中引导学生对专门用途英语中的词汇、术语、句子、文体与普通英语进行比较。比如词义比较，将许多容易望文生义的词挑出来，引导学生说出此词的反义词，比较每对词的构成。再比如构词法比较，对专门用途英语的一些构词法，加以练习、对比，迅速扩学生的专业词汇量。以对比教学法为主导的专门用途英语课堂始终是教师启发、学生参与，教师举一、学生反三，取得了良好的教学效果。

4. ESP 测试

ESP 测试区别于 EGP 测试的两个重要特征是"专业针对性强"和"真实性要求高"。ESP 测试虽然在理论上存在诸多争议，但社会需求、ESP 教学需求的存在，却迫使 ESP 测试不得不在探索中前行。唐雄英认为 ESP 测试的能力维度的界定应建立在行业需求分析的基础上；ESP 测试的考试规范应有一套循环互动的效度检验体系。真实性是 ESP 测试效度的必要保证，它不仅体现在测试的内容、方法上，还体现在评判标准的选用和执行上。

5. ESP 师资解决方案

师资问题一直以来都是 ESP 教学中的一个瓶颈，这一问题的解决方式通常有两种。第一种是合作教学模式，即专业教师与英语教师的合作。但在合作教学中，专业教师与 ESP 教师在认识论和本体论上存在的不同认识阻碍了双方的沟通，导致双语教学的失败。龚兵提出用问题式学习的方法来解决这一问题，但在实践中，这种合作模式几乎不可行。在当今师资匮乏的大背景下，一门课需要两位教师来教，是不可想象的，而且双方合作的效果究竟如何，目前缺乏实证研究。所以更多学者提出培养具有专业知识的 ESP 教师的方案。ESP 教师的培养模式有以下几种：①参加相应级别的职业资格认证考试、获得专业认可；②加入行业协会或俱乐部；③进入行业企业中挂职锻炼；④对现有师资进行培训；⑤从高校外语专业学生中培养 ESP 教师；⑥从高校非外语专业学生中培养 ESP 教师；⑦派教师去国外进行 ESP 教师资格培训；⑧对已经获得非英语专业博士学位的英语教师，鼓励其开设 ESP 程。

目前，中国的 ESP 教学和研究正在广度和深度上不断地拓展前进，遇到的主要困难是师资短缺和学生的英语基础较差。将来随着国民经济的进一步发展，教育投入的增加，师资结构和水平有望得到实质性的改善，学生的英语基础也会有极大的提高，目前城市学生的英语水平已经远高于 20 世纪 90 年代初。有理由相信，未来的高职英语教学中，会有相当一部分课程与 ESP 相关。

第三节　ESP 课程设置研究

一、ESP 课程设置的概念

我们可以将 ESP 课程设置想象成设计一条道路的过程，路的起点是教学现状（学生现有的水平和需求、师资条件、教学设施等），路的终点是想要达到的 ESP 理想水平（完全满足教师、学生及有关人士和部门的需求）。课程设置的作用就是在这两点之间架构一座"桥梁"，使两者紧密联系起来。只是这座"桥梁"在架构的过程中也会遇到来自不同方面的阻碍，而怎样做才能完美解决就需要具体问题具体分析。

ESP 的课程设置应属于外语教学课程设置的范畴。外语教学课程设置最核心的基石是教育学和语言学的相关理论。Dubin 和 Olshtain 就指出语言教学课程的设计必须体现国家总体的语言教育政策，反映该国对语言使用情况及社会不同层面对语言的需求，反映一个国家或一个社区的教学设计安排，否则这个课程设置将会失去意义。所以理想的外语课程设置应该是综合考虑各层次、各方面的影响因素，形成一个能有效运作、具有反馈互动功能的系统性方案，但实际情况并非如此。大部分外语课程设置没有对自己要求太高，普遍定位层面都不高。原因可能是多数外语教师和研究者认为课程太宏观，层次太高，而语言教学只是一门学科课程，更容易受具体学科理论影响和支配。对大多数一线教师来说，这也许是事实。但教师如果在课程设置时，能与管理部门配合，纵观全局，那么整个课程设置方案将更加科学、更加完善，教学资源也能得到更有效的整合，从而教学效果也会大幅提升。

ESP 的课程设置过程与多数外语课程设置相似，只是在各个环节上都标记了 ESP 的符号。Hutchinson 认为 ESP 课程设置是一个过程。这个过程的第一步是进行学习需求调查，然后对调查的结果进行解读。根据解读结果，加工生成系列化的教学安排。它的最终目的是教会学生某些特定的知识。其通常的设置程序包括需求分析、大纲设置、教材设置、教学方法设置和教学评估五个环节。在整个过程中，还需要对以下六个基本问题进行思考，如图 7-5 所示。

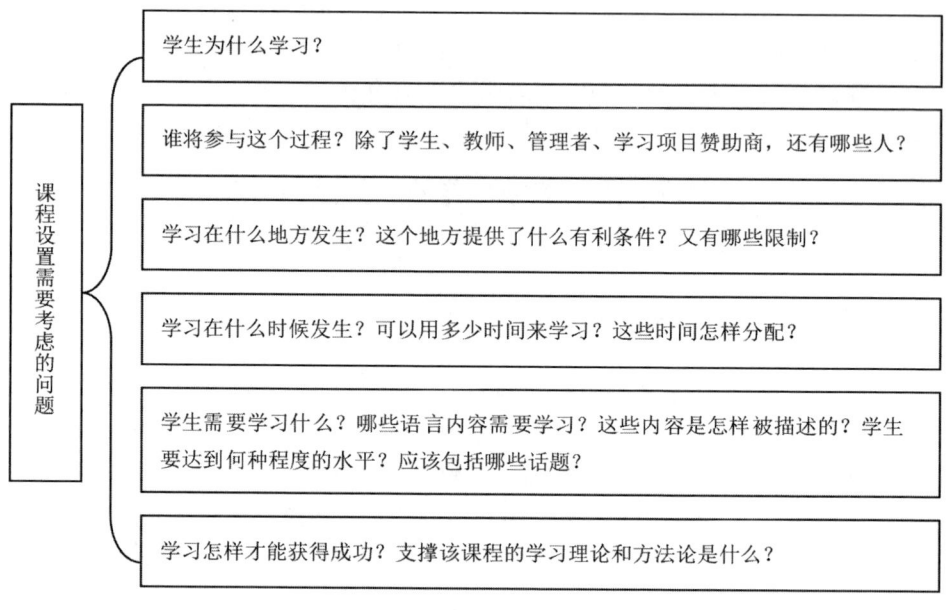

图 7-5　课程设置需要考虑的问题

二、ESP 课程设置的理论基础

（一）相关语言学理论与 ESP 的关系

ESP 课程的顺利进行离不开语言理论的支持，ESP 教师在开展 ESP 课程前都要对 ESP 与相关语言理论之间的关系有一个清晰的认识。其中，很多针对 ESP 研究取得一定成果的研究人员都认为 ESP 的成功是与相关语言理论的运用分不开的。例如，Swales（1998）曾阐述过，ESP 语言分析方法是随着语言学的发展而不断进步；Pauline（1991）也指出，纵观目前的 ESP 发展趋势可以看出，有关语言教学的方法，不管是新的还是旧的，基本上是在并存使用。但是，Dubley Evans 和 St. John（1998）又认为"ESP 在需求分析和教材编写的经验"方面又对语言学研究有一定的影响。

1. 传统语言学理论与 ESP

语言学理论的使用可以追溯到古希腊与古罗马时期，当时在宗教的影响下，主要采取文法的形式对每个单词进行解释。只是由于受到多方面因素的限制，此种理论在 ESP 还没有形成之前就被逐渐放弃了，可以说对 ESP 几乎没有产生影响，只是对进行 ESP 教学的教师具有理论上的指导意义。

2. 结构语言学与 ESP

第二次世界大战后，结构语言学得到迅速发展，主要表现在改变单词的结构可以使句子具有不同的含义和在成分分析的基础上使句子表达更准确两方面。这一理论的产生在一定程度上对传统的语法教学产生了极大影响。主要通过结构类型的句型操练明显增加和结构型教学大纲在 ESP 教材中广为使用两个方面展示出来。

3. 转换生成语法语言学与 ESP

Chomsky（1957）认为语言必须有深层（与思想的组织有关）和表层（通过语言句法表达这些想法）之分。因此，语言的文法就表现为语言使用者能用其深层含义对其表层进行阐述。对教师进行 ESP 教学来讲，了解语言行为和语言能力的区别具有重要意义。[①] 语言能力指的是说话和理解的能力，而语言行为则是指在实际应用中对语言行为的运用能力。

（二）语言学习理论与 ESP 的关系

Munby（1978）认为学习因素要建立在语言基础被分析和系统化后的基础上，而课程设置需要相关学习理论的支持。20 世纪早期，相关的语言学习理论也随着心理学的发展应运而生。

（三）行为主义与 ESP 的关系

Pavlov 和 Skinner 在研究的基础上提出了行为主义源的概念，包括"刺激—反应—加强"的习惯过程。在外语学习过程中，"刺激"指外语的教授或陈述，"反应"是学习者对刺激的回应，"加强"指来自外部教师或学生的赞许及来自内部的自我满足。行为主义虽然以自身优势成为 ESP 教学中经常使用的方法，但是仅仅是学习过程的一部分，还需要其他方面的共同努力。

（四）认知理论与 ESP 的关系

在认知理论时期，是学习者主动加工信息的过程，即用他们的思维能力推断出所学知识的规则并分析其应用情境。学习过程就是学习者把已认知的概念或主题与新的事件联系在一起的有意义的过程。在 ESP 教学中，会使用到基于认知理论的练习方法，而这些练习正好和学习者的职业领域具有一定关系。所以我们认为，认知理论可以提高 ESP 课程中的阅读技能教学是具有实际依据的。

---

① 张桂华. 高职院校 ESP 教学实证研究［D］. 济南：山东师范大学，2015.

（五）情感因素与 ESP 的关系

Ernest Hilgard（1963）提到，"除非有情感因素起作用（想要学习），否则纯粹的认知学习理论是不会被接受的"。对此可以推断，情感在学习过程中的作用不容忽视。学习者的学习动机是 ESP 顺利开展的一个重要因素。Robert Gardener 和 Wallace Lambert（1972）提出了工具型动机和综合性动机两种有影响力的动机。前者反映的是外部需求，也就是说学习者进行学习是因为外部需要而不是他们自身想要；后者则反映的是内部需求，即学习者自己渴望进行学习，后者更容易使语言学习获得成功。Hutchinson 和 Waters 点明，ESP 的学习需要愉悦感、想象力及成就感等情感因素的支持。

（六）语言习得与 ESP 的关系

Stephen Kra Shen（1982）提出成人在培养第二语言能力时有语言习得和语言学习两个不同且相互独立的方面。语言习得的过程也可以说是和培养儿童第一语言的潜意识过程相同的。学习者对标的语中的规则虽不是特别明确，但是却能潜意识的"感到"或者"听出"其正误。虽然大部分学习 ESP 的都是成人，但是学习过程和习得过程同样重要。ESP 课程的设置者正是基于以上因素的考虑，为学习者提供和组织了丰富、逼真的课堂活动。教师在实施 ESP 课堂教学中，应尽可能为学习者创造一个自然的语言学习环境。

（七）需求分析与 ESP

需求分析作为 ESP 教学研究的基础，是教学大纲制订及教材设置前需要重点考虑的问题。需求分析最早是出现在 ESP 教学发展的目标情境分析阶段的，此时 ESP 课程的设计以学习者目标环境的分析为重点，将语言分析与学习者的学习目的有机的结合在一起，以使不同的学习者的需求都可以得到满足。等到以学习为中心的阶段时，需求分析在 ESP 教学中的作用已经无可替代，需求分析成为 ESP 的核心力量，使教学内容衔接得更加紧密、重点突出。

英国语言学家 P. Strevens（1988）早在 20 世纪就开始研究 ESP 方面的教学，并极具代表性，而且还提出了 ESP 教学的四个根本性特征和两个可变性特征。他描述的四个根本性特征均揭示了未来英语教学的实用性、专业性特点。而国内的章振邦、秦秀白、蔡基刚等专家学者在此基础上认为，高职英语课程设置及教学的重心应逐渐向 ESP 教学方向转移，ESP 教学已经成为目前高职英语教学改革的重中之重，研究 ESP 的发展问题，就必须对其基础性的原理问题进行深入挖掘。从事 ESP 教学的研究人员必须重视需求分析对 ESP 教学发展的重要影响。

国外专家认为全面的需求分析应该包括"目前情境分析"和"目标情境分析"两个方面。目前情境是指学习者开始 ESP 课程学习前，原有的语言程度和所要达到的要求和期待，它包括学习者目前的外语水平、专业知识、学习动机、以前的学习方式等。目标情境是指学习者未来工作的环境对学习者的要求以及学习者对待这种需求所持的态度。Bloor（1984）把目前情境称为以学习者为中心的需求分析，而把后者称为以目标情境为核心的需求分析。他认为，最为理想的需求分析应该是将这两者进行有机结合，而这两者之间存在的差距，就是我们的 ESP 教学所面临的和要解决的问题。这一观点也正好与 Krashen（1982）所提出的即"$i+1$"假设理论不谋而合。

在这一理论中，"i"代表学习者已有的外语水平，即目前情境，而"$+1$"则是指高于学习者目前水平的语言能力，也就是目标情境。就"目标情况分析"来说，它是针对目标情境提出的"必要需求""缺少需求"和"想要需求"。"必要"指帮助学习者在工作环境中有效发挥作用所需的英语技能；"缺少"指必要技能与目前已经掌握的技能之间的差距；"想要"指学习者自身结合目标环境对自己提出的学习要求，其立足点还是学习者个体。因此，ESP教学必须在对学生的需求进行分析的基础上才能顺利开展。

三、影响 ESP 课程设置的主要因素

Hutchinson 认为影响 ESP 课程设置的因素，及它们的相互关系如图 7 - 6 所示。

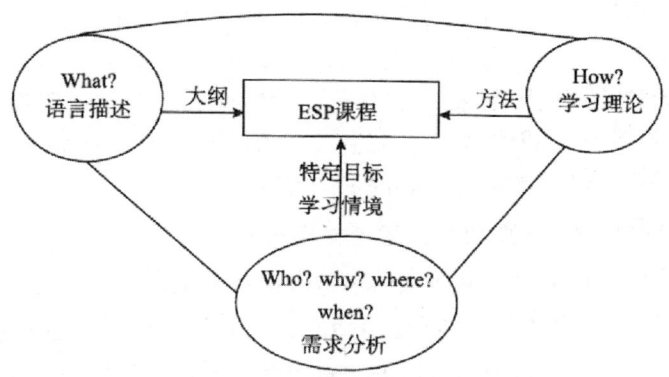

图 7 - 6　影响 ESP 课程设置的因素及其相互关系

从图 7 - 6 我们可以看到，影响 ESP 课程设置的因素有"语言描述"，"学

习理论"和"需求分析"三个方面。对语言本身的描述解决了教学中最重要的内容问题,运用学习理论能找到有效的方法,需求分析所能解答的问题最基础也最多,它着重要了解学生所要学习的目标情境和特定的学习情境的本质。回答谁在学?为什么学?在哪儿学?何时学?等一系列问题。但这个结构图的不足之处是没有将需求分析、语言描述、学习理论进行区别对待,而是放在了同样的地位进行考虑。在实际课程的设置过程中,需求分析决定了教学大纲和学习方法的定位,所以从这个角度来说需求分析的地位要比其他两个因素高一些,而不是处于同一水平线上。

我们从教育学对课程设置影响因素的研究发现,影响 ESP 课程设置的因素分主要由内在因素和外在因素两部分构成。内在因素由学生需求、社会需求和语言学知识组成,这三个因素成为制约 ESP 课程设置的关键性条件。外在因素则包括涉及 ESP 教学的几乎所有因素。由于影响 ESP 课程设置的外在因素范围太广、数量之大,人们不能完全列出,所以在实践中,我们可以将出版商、教育管理部门、测试机构等影响力比较大的外在因素进行重点考虑,而忽略那些影响力甚微的因素。总的来说,内在因素可以说是必修课,是不能忽视的,而外在因素可以看成是选修课,是可以进行选择和取舍的。

四、ESP 课程设置模式的具体内容

ESP 研究者的课程设置理念从本质上来说与教育学研究者的课程设置理念是存在一定差别的,将重点放在了教学过程设计和教学内容挑选这两个方面。在教学过程设计上,两者似乎差异不大,但对教学内容的选择却分歧比较大。也正是由于对教学内容选择的争议,人们才开始进行反思,从而促使 ESP 的教学设置逐步完善起来。总的来说,大部分的 ESP 课程设置可以分为以下三种设置模式:以语言为中心的 ESP 课程设置模式、以技能为中心的 ESP 课程设置模式和以学习为中心的 ESP 课程设置模式。

(一) 以语言为中心的 ESP 课程设置模式

目前,大部分英语教师所熟悉的还是以语言为中心的 ESP 课程设置模式,如图 7-7 所示。它把情境分析的内容和 ESP 课程教学的内容进行了有机联合。其原理主要是从冗杂的语言内容中,挑选出可以直接用于相关情境的语言提供给学生进行学习。

这种模式针对性比较强,其对学生进行少而精的强化学习有很大的帮助,特别是进行有课程规定的 ESP 培训时效果最为明显。

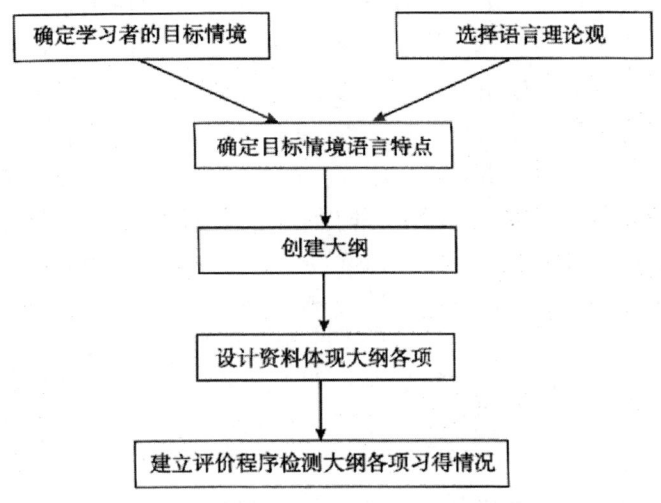

图 7 - 7　以语言为中心的 ESP 课程设置模式

（二）以技能为中心或以过程为中心的 ESP 课程设置模式

以技能为中心的模式基本内涵是，任何语言行为的形成都是建立在某些技能和策略基础上的，学生通过这些技能和策略达到理解话语的目的。这种模式主要是期望通过语言表现（cerformance）的外在形式发掘其深层次的能力（competence），因此这两方面也构成了以技能为中心的 ESP 课程设置模式的核心部分。[①]

Holmes（1982）认为，ESP 在实际教学中除了要考虑学生的学习经历和知识水平外，还要考虑的问题是受到 ESP 课程课时因素的制约。针对以上情况，如果一开始就为所有学生制定统一的理想化学习目标，并且此后的教学计划都是在这一目标基础上建立起来的，那么就注定效果不会太理想。因为对于专业知识薄弱，英语水平有限的学生来说，在有限的课时内将 ESP 水平提升到符合目标情境应用的水平，是不可能的。所以，从一开始就放弃这种太过理想化的以目标为导向的课程设置（goal-oriented courses），而应该从实际出发，结合每个学生自身的优势，进行因材施教，将重点放到以过程为导向的课程设置（process-oriented courses）上，这才是 ESP 教学真正需要的。

我们可以依据 ESP 的能力值将其绘制成一条从零分到一百分的轴线。我

---

① 张桂华. 高职院校 ESP 教学实证研究 [D]. 济南：山东师范大学，2015.

们在进行课程设置的过程中，从教学环境、学生水平等不同角度进行考虑，如此一来，就会得到不同的能力值。这样，ESP 课程设置不再是基于目标定制式了，而是从过程的角度出发以过程为中心。虽然在实际教学过程中，很多学生只能尽可能向"完美"的那一端靠近，但不可能完全达到。只不过学生在目前可以利用的条件下，在设置合理的课程的帮助下再加上自身的努力，尽可能地远离"零分"那一端还是可以实现的，从这个层面来说，这显然是个现实可行的方案。学生能清楚地认识到他们的阶段性目标，并且感到这个目标在他们经过努力后是可以实现的，即使课程结束，他们依然可以进行下一步的学习。但是需要我们注意的是，这一设计理念的提出并不是对目标的重要性的全部否定，只是将完美的终极目标进行分割，使其成为更加确切的、可以实现的子目标，通过学生实现一个又一个的子目标，不断增强学习的信心，从而逐步向完美的终极目标无限接近。

以技能为中心的模式其实质是将 ESP 课程当作帮助学生发展技能和策略的课程，主要是在进行理想的 ESP 设计时，由于受到课时和资源的制约而做出的极大让步。只不过这些技能和策略转换为学生自身的能力，在课程结束后还可以他们依然可以使用。它的目标不是向学生提供具体的语言知识，而是使学生具有处理信息的能力。综上所述，我们可以总结出以技能为中心的 ESP 课程设置模式，如图 7-8 所示。

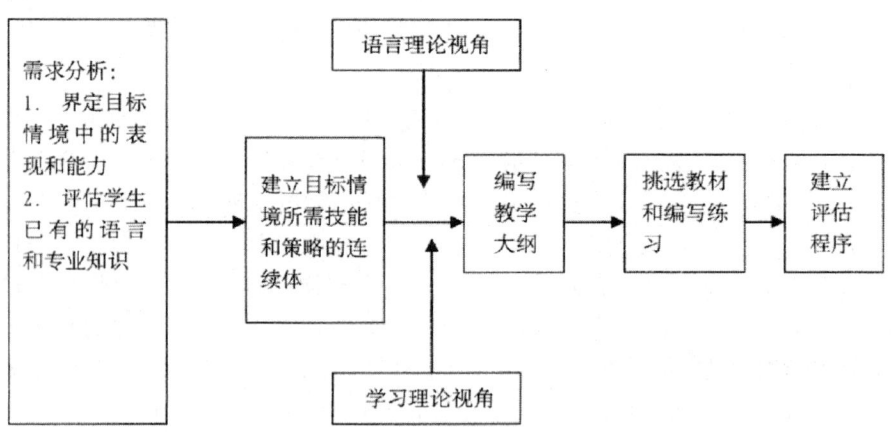

图 7-8　以技能为中心的 ESP 课程设置模式

以技能为中心的方式与以语言为中心的方式进行比较后发现，前者考虑的主要因素是学生的需求，我们可以从以下几个方面进行分析。

（1）它主要是从学生的意识是怎样处理语言的角度进行观察，而不是单纯把语言看成简单的实体，因而它更注重对学生语言处理信息系统的构建和培养。

（2）它的教学设计是以学生已有的知识体系为基础进行建立的，而不仅仅是学生"缺乏"什么就建立什么，这种理念类和建构主义的教学观有异曲同工之处。建构主义理论普遍认为学生学习新知识的过程，就是利用是头脑中已经建构好的知识体系将新知识进行同化的过程，而不是新知识毫无条理和顺序进行填充的过程。所以灌输式教学之所以无法使学生真正学会新知识，主要原因是该方式无法让学生将新知识转化为自己的知识进行消化。

（3）它对学习目标没有格式化的统一界定方式，这样可以使每个学生在经过一定努力后都可以达到某些目标，从而获得满足感和成就感，提高学生的学习兴趣。但还有一点需要引起我们的注意，那就是针对那些学习兴趣不高、缺乏自制力的学生，他们开始会给自己设定一个相对比较容易实现的目标，因此在这个过程中教师的引导和督促作用仍然需要得到重视。

我们之所以认为以技能为中心的课程设置模式是具有进步性的，主要是因为它从客观的视角对教学内容、教学目标和教学方法这三个关键性因素进行了解读，更具说服性，使其与真实的教学情境更贴合，实际操作起来更简便。只是这一模式也有自身的局限性：学生的定位依然是语言的使用者，而不是学习者；语言的学习环境和学习策略尚处于分析阶段，而不是研究阶段。

（三）以学习为中心的 ESP 课程设置模式

前文提到了两种 ESP 课程设置模式：第一种认为目标情境中的"语言表现"对 ESP 课程起决定性作用，第二种除了"语言表现"外，认为使产生表现的"过程"和"能力"决定了 ESP 课程。而我们接下来要讲的以学习为中心的模式在认知上相对于前两种则有进一步的提升，该模式注重的是什么样的"学习"才能获得这些"能力"，才能实践这些"过程"，从而确立"学习的核心地位。以学习为中心的课程设置模式如图 7-9 所示。

Hutchinson 用一个假设的案例分析了以学习为中心的课程设置模式的具体运作方式。他假设需求分析揭示出 ESP 的学生需要用英语来阅读专业书籍，他们对写、说、听方面的英语能力没有过多要求。如果按照以语言为中心或以技能为中心的方法来进行课程设置，我们就可以得出这样的结论：ESP 课程只需要阅读活动的参与即可，听力、写作的练习可以忽略，所有的讨论都是以母语为基础进行的。这与前两种课程设置的思路是不谋而合的，但如果用以学习为中心的方法来设置课程，我们则会在决定授课内容和教学法之前，探讨一些更深入的问题和重点需要考虑的因素，主要包括以下几个方面，如图 7 - 10 所示。

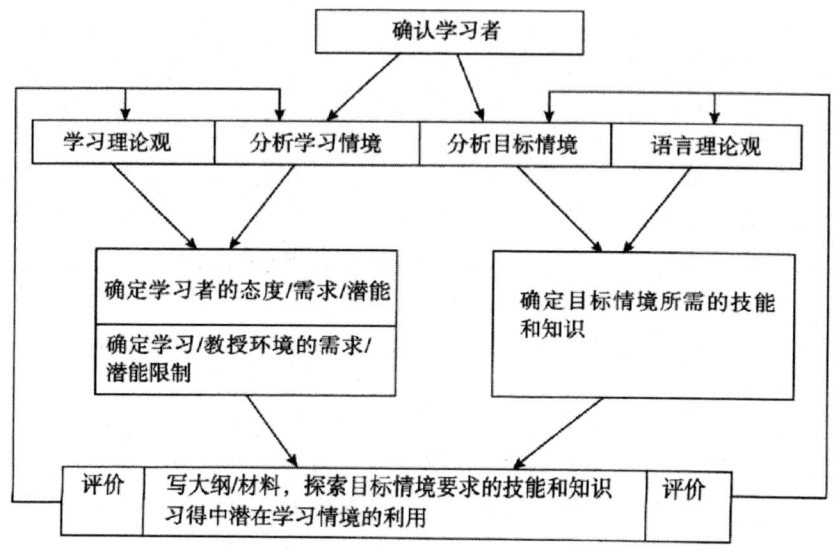

图 7 - 9　以学习为中心的课程设置模式

这些问题看似无关紧要，却是非常重要的。其中值得注意的是，我们确实需要一些重复练习来巩固学习的知识，但反复的学习确实会让学生感到枯燥乏味，从而无法集中精神使学习效率下降。所以通过不同的途径来处理同样的信息，使学生看到事物的各个层面，举一反三。但要在规定的目标情境中，训练某一专门的技能，还要保持多样性不是一件容易的事。

而针对上述问题的答案也可能会因为学生的水平、教师的理解和学习环境的不同而略有差别，甚至同一个学生在不同学习阶段也会得到不同的答案。但这个案例旨在告诉我们，课程的设置与学习相关的各个因素是存在一定联系的，有些因素有可能和目标情境的显性需求相矛盾。所以，综合上面的因素进行考虑，在课程设置中，我们要始终关注与学习有关的各项因素，将它们有效地整合进课程设置中，这才是以学习为中心的课程设置的核心理念。

五、ESP 课程设置现状

1988 年，北京外国语学院英语系曾对全国高等院校的英语教学情况进行了一次调查，结果显示，国内将争论的焦点集中在英语专业的课程设置方面，仅仅通过阅读训练就能提高阅读效率吗?其他的技能是否也能帮助学习者成为更好的阅读者呢?学习者是否可以通过写作更轻松地掌握文章的结构呢?语音、韵律的知识是否能帮助提高阅读速度呢?

聚焦于单一技能的教学法有什么作用呢?它会导致课堂缺乏多样性、练习缺乏多样性,从而导致学生的厌倦吗?其他技能被采用可以改善多样性吗?

学生对包含其他技能的任务会有怎样的反应呢?他们会欢迎活动的多样性和趣味性吗?或者他们会抱怨"我要学的是阅读,你要求我听、说干什么,简直是在浪费时间?"

教室环境可以进行其他技能训练吗?教师有能力把这些技能整合在一起练习吗?

学生对用母语讨论问题的感觉如何?这会让他们更放松吗?会让他们更自由、更清楚地表达自己的观点吗?还是会认为这对学习英语没有帮助呢?

学生的态度在课程进行的过程中会变化吗?一开始他们可能只喜欢阅读,因为这是新鲜的,能给他们成就感,然而这种动力在整个课程的进行中可以持续吗?学习者会厌倦同样的活动、渴望更多样化的教学法吗?

学生对阅读活动的感觉如何?这是他们喜欢做的,还是他们用母语也不喜欢做的活动呢?只进行阅读活动会让他们不再讨厌阅读,还是会让他们更加讨厌阅读呢?

图 7 - 10　以学生为中心的 ESP 课程设置模式探讨的问题和考虑因素

只要是针对是否需要开设适合商务、法律、医学、科技等各行各业的 ESP 课程。究其原因,我们发现主要是社会需求和学生自主需求增加了,而目前的课程设置已无法满足学生的需求,所以国内众多高职院校的 ESP 课程便应运而生。但由于国内对这一领域的研究和实践还处于探索阶段,目前还存在很多问题。

(一) 课程设置具有一定的盲目性

在国内有关 ESP 的理论相对匮乏,而对国外的相关理论成果又不了解的情况下,初始阶段的在课程设置方面表现出来的就是不够系统和科学,盲目性比较突出。基于这方面的原因,很多学校便接受的是片面的信息,想当然的认为学生可以并且应该以最快的速度掌握专业或职业领域中的英语。然而,这种做法与《高等学校英语专业教学大纲》规定："英语专业应开设三类课程，即英语专业技能课程、英语专业知识课程和相关专业知识课程"是相背离的。如果学生连基本的英语知识都没有掌握，那么更别说是学习 ESP 课程了。

在 2005 年召开的一次浙江省外文学会上，专家们就针对 ESP 今后的发展趋势和发展情况各抒己见。多数专家认为，我国的 ESP 开展前期太过猛烈但不够成熟，忽视了学生基础知识的积累，从而导致很多学生的英语水平和专业知识与 ESP 课程不匹配的情况产生。如著名的英语文学专家殷企平教授指出，"扎实的英语语言知识是 ESP 学习的基础"；中国认知语言学研究会副会长、宁波大学硕士生导师王文斌教授认为，"ESP 的学习者需要具备比较深厚的语言功底和专业功底，在经过相当一段时间的积累之后才有足够的能力应付 ESP"。只不过在实际运用语言进行交流的时候，无论是口头还是书面，都会遇到意外情况，是课堂没有学过的，所以我们要通过让学生在一般课程的基础上做到举一反三，从而实现进一步的目标。

（二）课程设置与学生需求不匹配

我国的 ESP 课程设置还不够完善，具有自身的局限性，发展情况主要表现在以下几个方面。

1. 课程设置不够连贯

在高职英语学习中，我们发现本来需要进行系统学习的课程却用了一两个学期就匆匆结束，学生只掌握了皮毛，无法进行深入研究。另外，研究生阶段的相关学习是以本科阶段的学习为基础的，而且两者关系密切，如果本科阶段学习的足够扎实，那么研究生阶段就会相对轻松一些。只是，目前国内的本科阶段 ESP 课程开设往往与教学目标无法实现完全契合，所以就导致了这两个阶段的学习衔接不连贯，给研究生阶段的相关学习带来很大压力。

2. 课程设置目的性不强

课程设置的目的性不强主要体现在对 ESP 的认识还不充分。很多教师和高职院校还对实施 ESP 教学的目的比较模糊，没有和双语教学进行本质的区分，而且也没有对学生的实际需求进行了解，甚至还有人将 ESP 教学和高职英语教学混为一谈。所以表现在课程设置上就是要么学生感觉难度太大，接受不了，要么就是太过形式化，重点不突出，于是导致学习兴趣不高，教学效果很不理想。

综上所述，我们可以看出，虽然国内的 ESP 教学现状还不是很令人满意，但不可否认的是，目前国内的 ESP 的受重视程度得到不断加深，相关研究也在有条不紊地进行，并取得了可喜的成果。

第四节　ESP 课程设计

专门用途英语教学在实践中是否能够顺利展开很大程度上取决于其课程设计是否合理，能否满足学习者的需求。下面我们就专门用途英语的课程设计展开系统研究。

一、课程设计简介

在对课程设计的系统研究和分析之前，我们需要明确什么是课程设计，课程设计的涵盖范围是什么，以免造成将课程设计与其他教学要素、课堂教学等概念混为一谈的错误认识。

（一）课程设计的定义

关于课程设计的定义，卡佩尔（Kapel）在《美国教育家全书》（*American Educator's Encyclopedia*）中曾指出："课程设计是一个复杂的概念，目前尚未有统一的界定。"尽管如此，众多专家学者仍然给出了各自研究出来的定义。

《简明国际教育百科全书·课程》（江山野，1991）中指出："课程设计是指拟订一门课程的组织形式和组织结构。它决定于两种不同层次的课程编制的决策。广义的层次包括基本的价值选择，具体层次包括技术上的安排和课程要素的实施。"

斯滕豪斯（Stenhouse）在其著作《课程研究与发展介绍》（*An Introduction to Curriculum Research and Development*，1975）中指出，课程设计（process curriculum）是 "An attempt to communicate the essential principles and features of an educational proposal in such a form that it is open to critical scrutiny and capable of effective translation into practice."。

夏纪梅（2004）认为："课程设计是根据不同的教学对象，对教与学这个程序的不同层次、不同范围、不同环节、不同形式的设计，是运用不同的学科理论或原则系统解决外语教和学等问题的过程。"

教育科研机构的专家学者对课程进行了研究，并认为拟订课程学习方案、为决策部门服务、拟订教育教学的目的任务、确定选材范围和教学科目、编写教材等都是课程设计活动。

　　课程设计是指在课堂上，由教师使用合适的教材、采取一定的行动来塑造学生的学习经历。

　　为实现教育目标，学生与教学内容、教育资源和教育过程之间有计划的相互作用。

　　课程是一系列有计划的时间，这些时间是为学生取得教育结果而设计的（Eisner，1994）。

　　综上所述，我们发现，课程设计是一种用以完成教学任务的计划，是一系列的学习过程的综合。因此，我们在研究课程设计的时候，除了运用教育学观点以外，还应该在实践当中运用语言学和应用语言学观点对其进行分析和解释。

（二）课程设计与课堂教学

　　在实践过程中，课程设计的概念往往容易和课堂教学的概念相混同。为了更好地展开课堂设计的研究，我们首先需要明了课堂教学的概念。

　　课堂教学，又称"班级上课制"，是最常用到的一种教学手段，是通过教师教授知识的一种手段。通常，课堂教学不仅包括课堂上的教师讲解和教师学生问答，还包括教学过程中用到的所有教学工具。课堂教学根据学习者的年龄以及知识水平，将学生划分成各个班级；按照教学大纲的要求，根据固定的时间表，向全班学生开展教学活动。

　　由此可见，课堂教学是在固定的时间、固定的地点，由教师对全体学生授课的一种教学行为。这种教学行为往往包含施教者、受教者以及教授程序三个必不可少的因素。其中施教者为老师，受教者为学生，教授程序则是传授知识的一系列步骤程序，即课程。由此我们不难看出，课程是课堂教学的一部分，是为完成其教学任务而开展的有组织、有计划的教学步骤，包括分析教学对象、设定教学目标、组织教学内容、确定教学方法、设置教学计划等。

（三）课程设计与大纲设计

　　针对课程设计和大纲设计的关系，我国国内学者之间、国内学者与国际学者之间的讨论重点各不相同。

　　1. 国内学者间的争议

　　在国内外的研究中，我们发现，课程设计和大纲设计之间的关系一直是一个颇具争议的问题。关于课程设计与大纲设计之间的关系，存在多种不同的看法。一种观点认为，两者是具有两种术语描述方法的同一概念，即教学目的、教学过程及教学方法的规定或描述，因此，两者是可以互换的名词。另一观点认为，课程设计与大纲设计是两个截然不同的概念，应该将两者区分开来。例如，束定芳（2004）认为："课程设计主要指对总的教学目标、课程设置和安排、评估方式等进行描述，而大纲则是对具体教学目标和教学内容以及教学方法进行描述和规定的文件。"

除了上述概念性争议以外，课程设计和大纲设计的争议还体现在其对应的英文术语中。如 syllabus design，materials design，course design，curriculum design。这些英文单词的区别非常小，我们通常很难区分哪一个确指课程设计，哪一个确指大纲设计。对此，我国外语教育界将 syllabus design，materials design，course design 划分为课程设计，而将 curriculum design 划分为大纲设计。但也有不同观点，例如，束定芳认为 syllabus design 是大纲制定，curriculum design 和 course design 才是指课程设计。

2. 国内学者与国际学者间的争议

杜宾和奥史坦（Dubin & Olshtain，2002）认为："课程设计通过对适用于所有学习者的有关语言和语言学习的整体教育文化宗旨的说明来对总的目标进行描述，课程要求一般反映了一个国家的全国性的政治潮流；大纲是对教学内容的详细和具体操作性的陈述，它将课程的宗旨转化为一系列的计划和步骤，使其成为各个层次上更为明确的目标。"

大卫·努南（David Nunan，2004）在其 1988 年出版的《课程设计》（*Syllabus Design*）中指出，课程设计必须包含三个阶段，即课程计划、课程执行以及课程评估。他认为，应该有机地、系统地把教学方法、教学大纲和教学评估结合起来研究，而不应该把它们割裂开来研究。

著名教授杰克·理查兹（Jack Richards）指出："语言课程设计既是目标又是手段。语言课程设计的内容和过程可以归纳为四个方面、六项工作，即围绕教学原则、教学实施、教学管理和教学评价四个方面进行需求分析、目标设定、纲要制定、教法设计、试题设计和教学效果评价。"

与之相对应的是，我国的学者陈勇、肖云南（2005）认为："大纲又称课程标准，它以纲要的形式，从整体上规定某一学科的性质、目的、任务、内容、结构、授课时数、教学进度和教学法建议等，是有关学科教学的指导性文件，是编写教材和评估教学质量的基本依据。而课程设置是指按照教学大纲开设的教学科目、科目之间的结构关系和各科目的学分与学时比重的分配。"根据这一观点，他们还指出国内商务英语课程应该以《高等学校英语专业英语教学大纲》为指导进行设计，以期培养出复合型的英语人才。

综合上述观点，我们发现国内外学者在教学问题上的立足点并不相同。外国的课程设计是以教学目的为导向而制定出来的，侧重对学生的实际情况开展有针对性的教学活动，因此，其教学活动往往灵活多变，以便使学生更好地掌握教学内容，达到传授知识的目的。我国国内的课程设计则是以国家教育部颁布的教学大纲为导向，将教学活动下放到一些具体的科目、学分、课时比重上。由于这种统一的指导模式缺乏变通性和灵活性，在面对具体情况时显得单薄脆弱，无法顺利地实现教学目标。例如，各地的经济发展水平不同决定了其各自的师资力量、学生情况、设施建设等方面都存在很大差异，这些客观因素大大影响了大纲预期目标的实现。

二、ESP 课程设计的理论依据

一系列好的专门用途英语课程是建立在完善而成熟的理论基础上的。因此，本节我们将从课程设计的依据、原则、方法、参数四个方面详细介绍相关理论，从而指导建设合理的专门用途英语课程。

（一）课程设计的依据

1. 以学习者为中心的理论

一直以来，以学习者为中心的理论都对专门用途英语课程的设置及大纲的制订起指导作用。专门用途英语既然是有着特殊目的、特殊用途的英语，其课程设计就应该考虑学习者的特殊要求，以学习者为中心制订教学大纲、设计教学方案。[1] 近期比较具有影响的代表是著名理论家布伦戴奇和麦克阿瑟（Brundage & Mackeracher）。他们在其著作《成人学习原则及其方案规划运用》（*Adult Learning Principles and Their Application to Programme Planning*，1980）中指出，以学习者为中心的重要原则是："Adults learn best when the content is personally relevant to past experience or present concerns and the learning process is relevant to life experiences."（当学习内容和学习者个人过去的经历和关心的事情相联系时，学习效果最好）。

努南（1988）对此表示："Adult learners are profoundly influenced by past learning experiences, present concerns and future prospects. They are less interested in learning for learner's sake than in learning to achieve some immediate or not too far distant life goal. A learner-centered rather than subject-centered approach is more likely to be consonant with the principles of

---

① 朱兰. 基于需求分析的高职 ESP 课程设计研究 [D]. 南京：南京师范大学，2015.

adult learning."（成年人学习者受过去的学习经验、现在的关注点以及未来的期望影响深刻。他们不是为学习而学习，而是为获得某种直接的或不太遥远的生活目标而学习。以学习者为中心而不是以科目为中心的教学方法更适合成人学习的原则。）

由此可见，学习效率的高低受到学习者兴趣爱好和个人经验的制约。不同的经历、爱好和语言水平都是影响课程设计的重要因素。正如 Willing 认为的那样，学习是一个获取丰富的经历并将其带入学习的过程，而非被动接受信息的过程。因此，语言学习的过程以及课程开设的标准都应该以学习者为中心而非以教师为中心或者以学习内容为中心。

2. 建构主义理论

建构主义学习理论是从认知主义理论基础上形成和发展起来的一种理论。建构主义学习理论包含以下几个主要观点：个体学习具有主动性、情景性和社会性，学习者不是被动接受知识，而是在主动构建知识意义；学习过程是新旧经验之间的双向相互作用过程；参与式学习是其重要学习形式，师生及学习者之间的互动在知识建构中起着重要作用。

建构主义理论注重学习环境的设计，并指出学习必须处于丰富的情景中才能够较好地完成。这是由于学习是在特定情境下，通过人与人之间的相互作用而实现的意义构建的过程，因此学习环境包括会话、情景、协作、意义建构四大要素。

在计算机技术和互联网普及的今天，课程设计应充分利用网络的便利使课程内容更加生动、形象，便于学生理解和掌握。基于网络的专门用途英语课程设计要以建构主义理论为基础。网络教学的优点在于信息量大、交互性强、信息传递快捷。它不仅有助于提高学生学习的积极性，增强学生学习信心，还能深入挖掘学生潜力，培养学生实际操作的能力和创新能力。另外，网络的运用还有助于学生按照自己的实际情况安排学习内容和进度。在这一学习过程中，教师和学生的地位是平等的。教师不再是以往教学活动的主导者，而是教学活动的管理者、指导者，学生才是整个教学活动的中心。通过对网上信息的探究和学生之间共同学习，学生在教学活动中的主导作用得到充分发挥。

3. 教育传播学理论

教育传播学理论认为，教育传播是教师按一定的目的和要求将一定的内容通过有效的渠道把学习需要的思想、观念、知识、技能等传递给学生的过程。简单来说，就是教育者和受教育者之间的信息交流过程。作为英语教学的一部分，专门用途英语的课程设计应该体现教育传播学的基本思想。合理的专门用途英语课程设计应该把教学环境、教学内容、教学手段、教学对象和教学目标、教学效果有机结合起来，这样才能收到良好的教学效果。

4. 语言学习理论

（1）行为主义（behaviourism）理论认为，语言学习是由习惯构成的过程，即"刺激—反应"的机械反复。该理论对专门用途英语课程设计的影响体现在 20 世纪 60 年代的听说法和一些基本技巧的练习上，如句型练习。

（2）心灵主义（mentalism）理论的代表人物乔姆斯基（Chomsky）认为，除了习惯以外，学习还由规则构成。思维在对刺激做出反应的同时还能够发挥主观能动性，发现隐含的规则，并在未来情境中利用这一规则进行预测。

（3）认知—符号（cognitive-code）理论认为，学习是一个环境与生物双向影响的过程。学习者并非被动地接受知识，而是主动地学习知识，体现在课程设计上就是与专业紧密联系的解决问题的练习 Problem，Solving Task）和阅读策略的提升。

（4）情感因素（affective factor）理论认为，学习者的学习行为首先建立在自愿的基础上，学习者对学习的态度很大程度上决定了学习效果的好坏。这种认知与情感之间的关系作用于专业英语的课程设计，并产生了在需求分析下进行课程设计的观点。

（5）学习与习得（learning and acquisition）理论认为，语言习得是无意识的、自然的，而语言学习则是有意识的、刻意的。在目标语言的学习过程中，除了部分基本技能以外，其他内容的掌握通过语言习得的方式发生才会产生更好的效果。因此，专门用途英语的课程设计应该综合考虑这两个方面，通过丰富多样的教学材料努力营造一个类似母语的课堂学习环境。

（6）功能主义（functionalism）理论认为，"功能决定形式"。功能主义通过对话语和体裁的分析在语言功能和形式之间建立临时关联，并利用这些内在关联指导专门用途英语的课程设计，如功能主义学家 Firth 创建的第一批专门用途英语课程即是通过对语言事件的分析和分解，使学生尽快掌握所需的外语知识和技能。

（二）课程设计方法

开始课程设计之前，首先要确定选题。选题关系到教学内容、课堂活动和教学计划等。只有确定了选题，才能确定课程设计的方法和步骤。

第一步，使用多媒体教学。教师可以通过多媒体设备和网络资源制作课件，突出每节课的关键词、新名词和主要内容等，再配以代表性的图片、清楚的图表、案例分析等，不仅使教学内容简洁明了，也增加了课堂学习的趣味性。以广告英语为例，教师可以通过文字、图片或视频的方式向学生展示一些经典的广告实例，并让学生对这些广告的语言、语气等加以分析，全面掌握各类广告的特点及广告品质的判定标准。

第二步，选择合适的教学方式。简明生动的课件要配合正确的教学方式才能发挥最大效果。这里如何安排课程内容、组织课堂活动都是影响教学质量的重要因素。当教师讲解 SWOT 分析法时，教师可以从学生感兴趣的突破口切入、展开，如让学生通过讨论分析惠普公司每次战略调整中的各项力量对比，研究 SWOT 分析法是如何影响企业决策的。教师还可让学生将这一分析法运用到个人职业发展方面，通过对学生自己的 SWOT 分析，找到职业方向和未来规划。如此便可加深学生对相关知识点的理解程度，并培养学生主动思考的良好习惯。

第三步，差异化的作业布置和检查。根据学生不同的兴趣、语言水平，教师可以安排学生呈交不同的作业。例如，教师可以列出多个作业题目，学生可以自行挑选并完成作业。这种方式不仅使学生完成了学习目的，兴趣爱好也得到发展，还能激发学生学习的动力和潜力，提高学习效率。

（三）课程设置参数

课程设置是所有课程的总称，专门用途英语的特殊性也表现在其课程上的特色和不同的侧重。达德利·埃文斯和圣约翰认为在建设专门用途英语课程时需要考虑九项参数：授课方式（teaching method）、测验（test）、需求时效（needs praescriptio）、教师角色（teacher's role）、授课焦点（teaching focus）、学习者的经历（students' experience）、教材（teaching materials）、学员组成与动机（students groups and their motivations）、课程设计类型（the type of course design）。其中，部分参数由课程设计者决定，另一部分则由开课之前的客观环境，如学生需求、经历等决定。

1. 授课方式

授课方式可以分为精讲（intensive teaching）和泛讲（extensive teaching）两种。需要注意的是，精讲课程和泛讲课程的时间分配和教学特点是不同的：泛讲课只占总体课程的一部分时间，且灵活性高，有利于提高学习积极性。不足之处是上课时间不连贯，上课内容只满足当节课的需要。精讲课所有的时间都用于专门用途英语教学，如此一来就能够有效地利用时间，集中精力开展专门用途英语教学。不足之处在于所学知识缺少巩固，课程内容需要不断具体，且课程时间太长，不利于激发学生学习动机。我们前面讲的学术用途英语和职业用途英语均属于精讲课。

2. 测验

测验可以分为评估的（sssessed）和不评估的（non-assessed）。课程学习效果的好坏是否要通过考试来评定是教师们普遍关心的问题。在专门用途英语中，这两种测验情况分别出现在学术英语考试课（EAP test）和职业英语考试课（EOP test）中。必修学术英语的考试使得学生更加重视此课，教师更加需要在测验时保证其公平合理。例如不同班级的同一门课由不同教师教授，在考试时教师需要合作制定评分标准、出题、改卷等，以避免学生在这个老师的考核标准下成绩较高而在另一个老师的考核标准下成绩较低。短期职业英语精讲课程一般不考核学生英语的熟练程度，因为在商务和专业方面有很多较为专业的等级考试，这类考试有利于学生的职业发展。

3. 需求时效

需求时效可以分为即刻需求（immediate needs）和延迟需求（delayed needs）。即刻需求是在学生学习之前或者学习期间产生的，而延后需求则是在学习了一段时间之后产生的。① 如此来说，任何一个经历前的课程设置都基于学习者的长期需求。

4. 教师角色

教师角色有两种：信息提供或输入者（information provider/input）和顾问或助手（teacher as a facilitator/consultant）。作为信息提供或输入者的教师往往拥有教学的决定权：监控全班并向学生提供语言和技能信息，同时使课堂活动在全班范围内有效开展。作为顾问或者助手的教师往往不以决定者的姿态出现，他们的任务是去管理班级而非监控班级，教师也不会根据自己的意志决定课程设置方案，而是通过和学生探讨的方式决定什么时候教授什么和怎么教授的问题。在实践过程中，教师从信息提供或输入者转变为顾问或助手需要灵活处理，不能一蹴而就。

5. 授课焦点

授课焦点按照范围可以分为广泛（broad focus）和狭窄（narrow focus）两种，或称大焦点和小焦点。大焦点指授课重点在某一系列目标，如职业技能或学术研究；小焦点指某一特定而具体的目标，这种目标往往可以使用多种教材专门针对一种或两种技能开展训练，如阅读能力。

大焦点虽然涵盖范围比较广，但并不意味着其内容宽泛。相反，大焦点的

---

① 汪瑰娟. 长治职业技术学院非英语专业 ESP 课程设计的个案研究 [D]. 上海：华东师范大学，2008.

授课在学习目标技能之余，还经常可以涉及与此相关的其他知识和技能，并且非常有利于提高学习者的学习兴趣。例如，教师在讲授英美文学时可以介绍一下历史背景和在文学问题上的哲学观点、心理学观点。然而大焦点授课也存在一定的缺点，如可能分散学生注意力。

6．学习者的经历

学习者的学习经历可以分为经历前（pre-experience）和经历中（in parallel with experience）。经历前指学生在开始专门用途英语学习之前没有接触过类似职业活动；经历中指学生学习专门用途英语的同时学习其他专业课程或职业活动。

通常学校和公司都是在学员不具备类似经历的时候培训他们。不过，按照达德利·埃文斯和圣约翰的观点，培训经历中的学生更占优势。此时学生与教师的互动增加，有利于学生产生浓厚的学习兴趣。

7．教材

教材可以分为共核教材（common-core）和专门教材（specific material）两种。共核教材指一般通用的学术或专业教材，专门教材指特定职业或学术领域的教材。如何使用专门教材由学习动机、教学时间等因素决定，如果学生并不具备目标专业或职业经历，那么其教材内容也很难专门化。

8．学员组成与动机

学员组成和动机可以分为同质（homogeneous groups and motivation）和异质（heterogeneous groups and motivation）两种。同质组成与动机指学员具有相似的职业、专业、经历或目标需求；异质组成与动机指学员不具备上述相似背景。

达德利·埃文斯和圣约翰认为具有相似动机和背景的群体更适合专业英语学习。它不仅有利于学生之间互相讨论、相互鼓励，还使教学活动具有明确的目标和针对性，因此更容易达到教学目标。这种群体划分的标准是需求分析。

9．课程设计类型

课程设计类型也可以分为两种：固定的课程设计（fixed course design）和灵活的课程设计（flexible course design）。固定的课程设计在教学活动开始之前就已确定，基本不可能更改；可变可协商的课程设计则可根据教学过程中出现的问题和学习者的反馈做出改动。显然，这种变化发展的课程设计更能够适应专门用途英语学习者不断变化的需求。

综上所述，我们发现，达德利·埃文斯和圣约翰的九组参数全都可以分为对立的两种情况。在某一特定的专门用途英语课程设计中，我们需要把握好每组参数内部和参数与参数之间的平衡，将定位灵活放在对立两者之间的某一点上。

第八章

体验式高职英语教学模式

第一节　体验式高职英语教学基础理论综述

一、概述

"体验"（experiencing）的含义在不同的语境下是不一样的，一般来说所谓的"体验"是指一个生物对外界进行感知的生物学基础。因为某种程度上来说，针对于外界社会环境或者是大自然，任何生物体，都存在着"体验"的感知。所以，感知并不是人类所独有的。但是，对于所有自然人，"体验"的这种感知都是相当重要的。因为这种"体验"的感知，说有人从客观角度上认识外界的必要条件，也是人类能够认识自然环境的重要前提。综上所述，我们可以得出这样的结论：研究"体验"的感知就是在研究自然人的认知。换而言之就是说，人类如果要对语言获得过程进行探索，那么，对于"体验"的研究是不可或缺的一部分。认知心理学、理论语言学、社会文化理论等都是对"体验"的研究，说明我们可以从多个角度展开，对这个问题进行分析研究。

语言教育对"体验"也是十分重要的，由于语言教育所关心的问题与其他学科不同，因此，教育语言学所关注的焦点更侧重于关心能引起学习者语言量变和质变的"体验"过程。我们也可以说，以"体验"为基础的语言学习的研究的重点是从人类最基本的感知语言的方式，换句话说，也就是要在人和人之间的语言活动中寻找体验的基本要素，探究这些要素是如何实现的，实现过程又有哪些特点，这些特点是如何影响语言能力发展的。

二、体验和语言能力之间的关系

有关体验和能力之间的关系，英国著名的哲学家大卫·休谟认为：针对体验而言，经验主义便是其哲学基础。因为大卫·休谟的观点是，人类只有能够获得"感知经验"，才能够拥有产生"印象"的基础。而且如果要构成一定的思想基础，必须要有一定的"印象"不断积累而成。所以，作为根基的"感知经验"便是非常重要的。人类只有将"感知经验"作为基础，才会有相应的思想方式的产生。大卫·休谟的这一哲学观，将只有"逻辑推理"才是获取知识的唯一手段这一科学理性主义进行否决。我们也因此可知，不仅只有"逻辑推理"的科学理性主义能够获得和发展人类高级知识和思想，除此之外还有人类的基本生活经验和人性体验。

从休谟的观点，我们不难感知到，体验和语言之间有着密切的联系。这种联系可以反映的不同的方面，所以说语言在本质上是一种需要人类经验才能获得的知识和技能。[①]

尽管"体验"和"语言"的关系密切，但是，语言学界在对待"体验"与语言的关系时，仍会有不少争论，它们各自有不同的观点，研究的侧重点也不一样。因此，我们有必要在理论上首先明确体验和语言能力之间的关系是什么？语言体验在本质上意味着什么？

以乔姆斯基（Chomsky）为代表的"生成语言学"理论认为，语言能力（competence）是和"语言使用"（performance）对立的一个概念，这种能力主要是指人类大脑特殊的生物机制。乔姆斯基的生成语言学理论在当时遭到了许多语言学家的批评。

20 世纪 70 年代美国语言学家戴尔·海姆斯（Dell Hymes）主要批评乔姆斯基（Chomsky）为代表的"生成语言学"理论。

加拿大学者卡纳尔（Canale）和斯温（Swain）在 20 世纪 70 年代受政府委托对语言的"交际能力"开展了系统的研究，他们通过大量调查，不仅发现海姆斯（Hymes）的"交际能力"也同时能够引起语言教学界的极大兴趣，而且还明确提出"交际能力"是一种涵盖了下列四个方面知识的综合能力：语法知识、话语结构知识、社会文化知识、交际策略知识。

卡纳尔和斯温对"交际能力"的解释，强调了语言使用不仅要符合语法，

---

① 王雨梅. 论体验式英语教学的语言学理论基础 [J]. 当代外语研究，2012（5）：27-31，77.

还需要在语篇、社会文化和表达方式上"得体"。

众多语言学专家的分析，可以初步得出人类的语言能力不仅是一种知识，还是一种"使用技巧"（skills），这是 20 世纪 70 年代，语言学家在研究语言能力时发现的。

斯特恩（Stern）指出，"语言技能"的观点扩大了对语言能力的认识，其理论框架如图 8-1 所示。

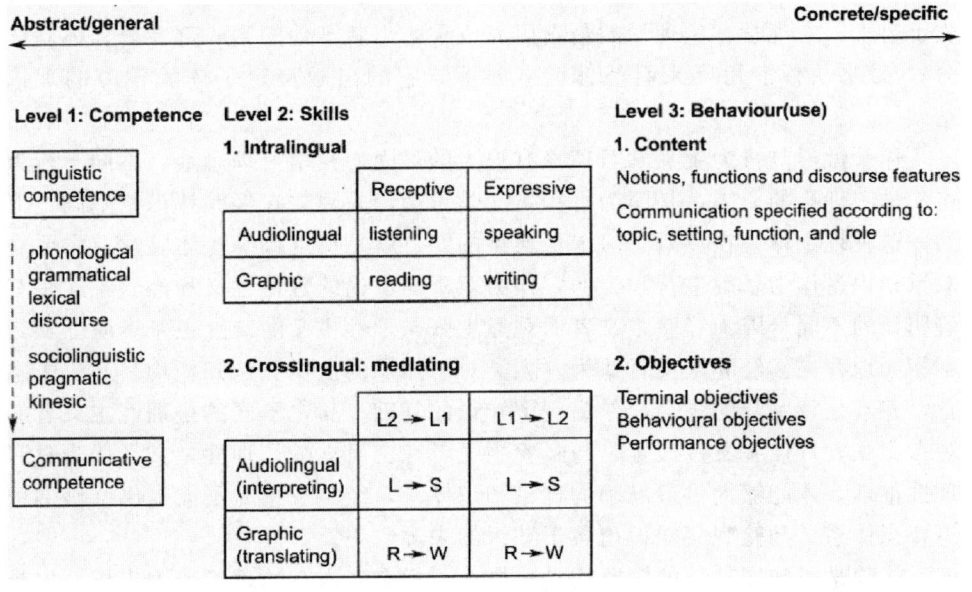

图 8-1 语言技能的理论框架

根据上述理论框架，我们可以得到有关"语言体验"的基本条件：

第一，由于"语言/交际知识（Level 1：competence）"和"语言使用（Level 3：use）"这两个方面在整个过程中是不直接发生关系的，因此语言能力必须经过"听说读写译（Level 2：skills）"的语言活动得以体现，这是"语言体验"必备条件。

第二，语言的使用（Level 3：use）在实际的过程中必须是"交际性质"的，而且在使用过程中这一交际任务必须是带有明确的交际目的。

三、"体验式"教学的理论探索

(一) 从哲学角度看"体验式"教学

1984 年美国的心理学家、教育家大卫·库伯（David Kolb）教授开创了体验学习，这种学习也称为体验式学习，作为一种学习方式，这种理论在梳理了杜威（Dewey）、勒温（Lewin）、皮亚杰（Piaget）等的教育思想后，又吸收了哲学、心理学、生理学的最新研究成果，出版了他的第一部专著《体验学习》，该书从哲学角度来看待体验式学习，它的出版奠定了体验学习的理论基础。

体验学习与行为主义学习理论有很大的不同，在学习理念上，不同于行为主义学习理论的原因，是因为行为主义学习理论是建立在经验认识论基础之上的，这种理论体现在英语学习上最典型的特点就是反复操练。体验学习主要是双重知识论作为基础进行学习的，作为双重知识论的理性主义和经验主义是有着明显的不同。因为经验主义者的观点主张与理性主义的观点主张本质上就是不相同地存在。经验主义者认为，人类对于知识的认识和认知，均是起源于感觉，并且是将感觉的领会，作为理解知识的基础。与之不同的是理性主义者的观点主张，理性主义者甚至是与经验主义者完全对立的。理性主义者认为只有理性推理，才能够提供最准确的理论知识体系，经验观察并不能提供准确的理论知识体系，经验观察知识也属于知识的来源之一。

体验学习如同其他的实践活动一样，一样有着内在的理论作为支撑。但是不同的是体验学习的活动，主要是以体验者的身心与外界产生交往，并且在产生交往的过程中，认识并生成反思的一种实践活动；而且体验学习也是有反思行为存在的，体验反思是对认识的理论进行反思，对于自身的存在进行反思。这样的反思与洛克式的"内省"是不同的，也不是黑格尔式理念的自我关照。而是一种从自身进行一种走出来的方式，以一个不同的视角，对于自身的存在和过程，进行一种类似透视行为，并对自身进行评价。可以看出，相比于一般的观察，体验学习的优势在于体现。这是一种具有对人自身的存在及整个生活世界的巨大穿透力。

(二) 从语言学角度看"体验式"教学

体验式学习的理论综合了社会心理学和认知心理学理论观点，当然，与此同时，英语学习和其他学习一样，都是学习者神经认知的过程，而且尤其是和认知心理学的建构主义理论有许多相同之处，并存在明显的互补关系。

　　详细来说，认知功能的学习研究就是神经认知系统的发展过程研究。体验式学习理论将学习定义为"经验转换以及经验获得和转换结合中产生知识的过程。在实践当中，英语学习和其他技能学习一样，都是学习者通过体验获得相关经验知识的神经认知过程。对于这种过程，体验式学习理论认为，学习者通过体验外部世界和自身经验互动，从而获得知识，并通过对知识的验证获得新经验。所以学习的中心必须放在学习者上，放在学习者的内化过程上。与此不相一致，当今认知心理学的研究同样也标志着学习和知识的研究从以外部世界为中心的哲学理念，转移到以人为本的哲学倾向。

　　其共同特征有几下几点。

　　其一是实用性，也就是说体验式学习理论研究者将其学习理念成功地和专业培训以及职业培训结合起来，和成人终生教育结合起来，并取得了成功。

　　其二是团队协作。这主要是指专业、职业培训中的团队办作是对具体工作情景团队协作的模拟，尤其是在这方面，体验式学习做得尤为突出。在这一环境中，所有学习者充分利用各自的经验、技术等优势，并合成为集体智慧，它们面临共同的任务、困难和挑战。在整个团队协作中，他们相互交流，取长补短，丰富了个人经验和知识。

　　其三是要以学习者为中心。学习就是一种体验过程，就是通过在实际体验中不断验证来积累经验知识的过程，可以说，在这样的学习过程中，无论是职业培训还是人生体验，它们的主角一直都是团队协作中体验过程中的体验者。换句话说，学习过程中，知识的获得和经验的积累都是学习者所为，这种体验理论和建构理论的相同点就在于都强调学习是学习者的学习。

　　其四是社会语境。所谓社会语境，这里所指的社会语境是指交际和体验具体进行时所处的社会语境。建构主义认为仅是学习者个体构建语义的过程，就可以看作是学习过程，人们在这一过程中通过学习能够认识外部世界，构建起有关外部世界的经验知识，并在具体社会文化背景中通过语言实施着人际交流。人类经验、思维包括文化的体验式理论，在实际上是涵盖了社会语境这一范畴的。比如所谓的体验，实际上就是学习者社会文化背景下，借助人际交流，在一定的在相关专业的具体语境中实施的、同时能够利用的必要的学习资料。

　　其五是内化过程，这种内化过程主要指神经认知过程。体验式学习研究者关注体验和经验的关系，比起学习的结果，它们更重视学习的步骤。这种学习的步骤，具体到循环的三阶段包括：①观察周边环境，即通过和外部世界互动来体验（经历）该世界；②获得知识并形成经验；③在观察和经验的基础上做出判断。

（三）从教育学角度看"体验式"教学

以"体验"为基础的语言学习的研究重点，可以从多个角度进行考量，从教育学视角来看，是从人类最基本的感知语言的方式，它主要利用了体验和语言之间有着密切的联系，所以教育语言学关心能引起学习者语言量变和质变的"体验"过程。

第二节　体验式高职英语教学模式的实施

一、数字化资源平台上的体验式写作教学

从实践角度来看，单纯地只是想要改革这仅仅只是一方面，具体到实践当中，我们也还应该注意到，高职的英语写作教学，在目前的英语的教学中存在的问题比较多，而这些问题也正是需要改革的地方。

针对现存的这些问题以及教学现状，我们可以从理论和实践两个方面来进行解决：首先，"以读促写，以写促读"的方法，从理念层面来讲，来自于广义的"体验式"学习实践。其次，如果能够在实践中运用这种"体验式"的学习方法，具有"通识性"的学习特点（decontextualized learning models），那么它不但能够体现出"跨学科"技能学习的优势，而且还能够表现出超越"历史性"的理论活力。从古到今，不论中外，就语言能力的发展和语言技能培养而言，良好的"读写"能力的形成总是表现为一个相辅相成、动态互动、交替上升的认知过程。

在具体的教学活动中，我们通过对于"体验式"教学理念的了解，并且在实践当中结合"以读促写，以写促读"新方法的实践，总结出了一些教学原则与施教方法：

第一是要为语言学习者提供了根据需求自主选择的范文习作，具体措施可以是通过海量优质教学资源的建设，构建起海量范文习作语料库。

第二是要通过作文自动评分系统的开发，为"以读促写，以写促读"教学活动的开展提供了一种数字化评估手段。

第三是要通过"原汁原味"的习作、各类体裁的范文、精心点评的修改之文的资源荟萃，这样做既有助于学习者个体的"自我评估"，也有利于写作团

队的"小组评议"。

第四是要通过"写作评语生成软件"的研制，引入数字化学习的理念，要在教学过程当中，在提高教学质量的前提之下，实现"自主学习""创新教学""技术精巧"的紧密结合，努力实现在教学中有效地降低"教"与"学"的成本，为"以读促写，以写促读"活动的开展提供有力的技术支持。

这是一种新的教学理念与方法，在这种方法中通过"理念创新、方法创新、观念创新、技术创新"的技术路线，从"读写"两种技能的综合培养入手，在实践中努力探索提高教学质量，为高职英语教学改革开创一条道路。

在实践中，通过"数字写作"的"真实体验"，教会学生"数字化生存"的基本本领，而这一举措也成为体验式教学方法所倡导的一个亮点。

通过实践可以证明，在教学过程中，这种基于"体验式"理念的"读写"结合新方法，能够在真正的课堂教学过程中丰富写作课堂教学内容、实现师生动态交互、降低写作焦虑感（anxiety），从而有效地增加信息输入量（efficient input），并同时激励课外自主学习、提高学生的自主写作能力。

在"体验式"理论的指导之下，我们相信在教学中运用"以读促写，以写促读"的新方法，能够有效地提高学生读写技能培养，还能够显著提高教学效果。因此，从这个角度上来说，这种体验式的教学方法对于现阶段的高职英语教学改革来说，是有实践性的指导意义的。

二、网络环境下的体验式高职英语教学模式

任务教学法都是外语教学目标与功能的转变反映，体现了外语教学从关注教法转为关注学法，从原来教学过程中以教师为中心转为以学生为中心，从注重语言本身（结构、功能系统）转到注重语言习得与运用（认知、习得过程）的发展趋势。这种改变尤为明显，在此基础上发展起来的体验式教学法，就更是在已有的实践基础之上进一步地提出方法教育和情感体验的重要性。网络环境下的体验式高职英语教学模式，是指在通过应用计算机网络的现代信息技术，在教学实践当中创设高职英语听说的体验式学习环境，通过一些技术手段和工具尽量满足学生的个性化发展的需求，从而在教学实践中能够培养学生自主探究式的学习能力，不仅如此，还要从教室和学生两方面入手，营造以学习者为中心的自主学习氛围；教学相长，所以，这样的活动还能同时促进教师在教学理念、教学模式以及教学方式等方面的认识和转变，通过这一系列体验式学习的举措，从而推进高职英语教学改革，提高教学质量。

（一）高职英语体验式教学的信息化

现代教育技术辅助下的高职英语课程改革起步较早，因此，对现代教育技术应用于高职英语教学，我们作为改革者就更应该再进行多方面的探索与尝试。

比如应该结合现代教育技术的应用，强调外语学习环境对学习者的知识和情感两方面自我建构的影响，重视语言应用能力和经验的增长。再有可以在教学过程中逐步培养学生自主听力训练和自主学习，可以每周让学生有一小时课内时间和一小时课外时间在体验英语自主学习中心进行自主学习。[①] 还可以建立课堂口语活动，这些活动可以渐渐地安排，比如可以每周安排一课时，学生在教师指导下在英语体验活动室进行基于听力内容的口语活动。

（二）基于 CALL 环境的任务型语言教学

这种方式主张为学习者提供一系列交际性任务，使学习者能够在教学完成任务地过程中获得真实的体验。在任务目标的指引下，学习者借助交流、互动、意义协商的机会发展交际能力。

在计算机网络技术的支持下，CALL（Computer-assisted Language Learning）为任务型语言教学的推广和建设创设了更为有利的条件。任务型教学无论从语言的信息量、传播形式，还是任务类型的多样化，其任务的有效性都有很大拓展。在这种模式中，计算机网络与外语课程全面整合后的课程能够在教学实践的过程中，充分的利用计算机技术创设理想的外语教学环境，从而在根本上改变现有的教学结构。

针对这一模式所做的研究能够将计算机网络技术与任务型教学相结合，充分发挥两者的潜在优势。

三、校园网下的体验式外语教学效果分析

（一）实验设计

1. 实验目标

（1）提高英语综合应用能力。

（2）培养学生自主学习的能力。

（3）转变以教师为中心的教学模式。

---

① 冯于，朱兵艳，刘士祥，等. 体验式英语教学研究综述 ［J］. 宜春学院学报，2012，34（6）：148－151.

2.　实验课程支撑体系

试验课程支撑网络课程是教育部组织的国内四家出版社开发的新教材以及基于校园网的教学系统之一。该系统包括课程教学库、学习资源库、技能训练库、语法库等，并结合互联网中有关英语学习的网站，加之教师的面授辅导，形成了高职英语教学过程的网络化。

（二）实验教学策略

基于校园网的高职英语教学模式有别于以教师为中心的讲授型教学模式。在教学过程中，教师根据学生的特点和学习内容制定出每单元的教学目标以及需要完成的学习任务。学生则带着学习目标及学习任务进入多媒体网络课件中进行学习。此此外，在这种新的教学模式中，教学评估采用的是过程性评估与终结性评估相结合的方式。过程性评估注重的是学生在网络自主学习过程中的整体情况，通过学生的反馈，教师及时了解学生的学习情况，帮助学生制定和修正每一阶段的学习计划，促进学生有效地学习。终结性评估主要用于学期末的课程考试，试题设计在笔试中加大了主观题分量的同时，还加大了口语考试的比重，突出了对学生语言运用能力的考查。

（三）结果与分析

对于自主学习的结果测定，其内容包括三方面：

（1）学生对在网络环境中学习英语的看法。

（2）在网络学习环境中学生自主学习的情况。

（3）学生在网络学习环境中自主学习的效果。

问卷的选项分别为 A 坚决不同意，B 不同意，C 不知可否，D 同意，E 坚决同意。

在实践中，通过做这样的问卷调查，不难看出，大部分学生对基于校园网的教学模式持肯定的态度。这说明高职生对参与自主学习是有强烈愿望的。首先，这种模式不仅调动了学生的积极性，创造了一种开放式的、具有个性化的语言环境和氛围。而且在这种语言学习环境中，学生可以自主选择学习内容、学习顺序、自行控制学习速度。同时，网络课件集文字、图像、动画于一体，图文并茂的情景提供了课文相关的信息，如文化背景、风土人情等，激发了学生的想象力，从而使学生更有效地理解课文。

其次，对网络学习环境中学生自主学习情况的统计来看，经过两年的高职英语基础阶段的学习，大部分学生较好地掌握和利用了网络课件进行学习。而这些是原来在传统的课堂教学中难以实现的。这说明了在教师的帮助指导下，学生在自主学习过程中能充分发挥自己的主观能动性，有意识地调整学习策略。

再次，从数据统计来看，基于校园网的教学模式的实验教学取得了良好的效果。在网络学习环境中学习比在传统的课堂教学中能获取更多的信息。分析这种新教学模式之所以能够取得良好结果，其原因不外乎有三点：

（1）在采用新的教学模式过程中，教师的教学观和学生的学习观都产生了变化。教师从传统的主导地位向指导地位转变，由"导学式"向"学导式"过渡，从知识的传授者和课堂的主导者转变为"导演"和"顾问"，师生关系由"演员"与"观众"变为"教练"与"运动员"。而学生也逐步从中学的应试教育中养成的依赖性和功利性向新教学模式中的独立性和自主性转变，逐渐地意识到自己对自己的学习负责的重要性。

（2）学生的不同认知风格和认知策略，要求教师给予他们更多的自主，使他们更清楚地了解自己的认知特点。基于校园网的高职英语教学模式满足了学生的认知风格和认知策略的差异性。

（3）基于校园网教学高职英语教学模式为学生提供了运用不同学习策略的空间。温登（Wenden，1985；转引自 Brown，1987）认为，学习策略是促进自主学习的关键。

综上所述，基于校园网的高职英语教学模式使学生的角色由过去的被动接受知识者转变为了学习过程中的积极参与者，发挥了学生的主观能动性，提高了学习效率。

（四）讨论与结语

基于校园网的高职英语教学模式实现了个性化学习，满足了不同水平、不同风格学生的需求，增加了学生参与课堂教学的机会，锻炼了学生的分析、推理、归纳等的综合能力，其优势已初见端倪。然而作为一种新型的教学模式，还存在一些值得探讨的问题和改进的地方。

（1）高职网络教学平台能够在教学过程中记录、监控、评估和反馈学生自主学习的情况，它对提高教学质量，促进学生的学习起着重要的作用。包括建立学生的学习档案，询问学生的学习需求及学习策略。但如何建立和运用好这一平台，使其更好地发挥作用，还需不断地改进。

（2）基于校园网的高职英语教学模式为学生提供了自主的、开放的、多维的和非线性的学习环境，但是，面对网上各种各样的信息，不是每一个学生都能严格要求自己，把注意力集中在学习上。有少数学生在学习过程中存在着边学习边网上聊天或收发电子邮件的现象。如何加强自主学习课堂管理，进一步发挥教师的鼓励监督作用是网络教学需要研究解决的问题。

（3）基于校园网的高职英语教学模式与传统的以教师为中心的讲授型的教学模式截然不同。在不同的教学模式中学习，学生的学习心理也会随之发生变化，如学生在网络环境中的自尊心（self-esteem）是否有所提高，学生的焦虑（anxiety）是否较在传统课堂中有所减低，学生自主学习中是否存在抑制（repression）心理等都是高职英语教师应该致力研究的方向。

总之，体验式教学在现今的教育中是一种理念，更是一种依靠实践才能不断完善的教学方法。但是，时间和经验早已证明，任何一种新方法在成为大众共识之前需要走过很长的一段路程，有时还会有反复，这就更需要我们付出艰苦努力，在总结过去的基础上，设计出更加合理可行的实施细则，使体验的概念真正深入到学生和教师的心田，这样才能绽放出理想的花朵。

四、体验式外语教学理论的自主学习平台

（一）概述

语言学习在传统教学方式下的困难是十分大的。因此，在教学过程中如何营造合适的语境，让学习者放松地投入，适当地给予激励（pronlpting），适时地给予反馈（feedback），在"愉悦"的"参与"中不断提高和进步，从而构建语言学习的良好的生态环境，成为一个重要的课题。

针对这一理念，从实证研究的角度，探索"体验式外语教学理论"在外语口语和听力学习中的应用实践，并介绍"体验英语自主学习系统"（以下简称"自主学习系统"）如何在"体验式外语教学理论"的指引下，创建身临其境的教学"语境"，构建语言学习的生态环境。

（二）开发理念

认知心理学认为，知觉是对感觉信息（刺激信息）进行加工，在过去知识经验的参与下，通过信息加工过程而实现对刺激信息意义的理解（Donald Eric Broadbent，1958），其中，"参与"在"知觉"形成中起着重要作用。

元认知（metacognition）理论是认知心理学发展的最新成果，美国认知心理学家弗拉维尔（Flavell）把它表述为："个人关于自己的认知过程及结果或其他相关事情的知识"，以及"为完成某一具体目标或任务，依据认知对象对认知过程进行主动的监测以及连续的调节和协调"（Flavell，2002）。当然，还有很多心理学专家，对元认知都各有定义，布朗（Brown）与贝克（Baker）也认为，元认知是"个人对认知领域的知识和控制"。

　　具体来说，一方面，元认知不仅是一个知识实体，它包含关于静态的认知能力、动态的认知活动等知识；另一方面，元认知也是一种过程，即对当前认知活动的意识过程、调节过程。而体验理论中的"参与"概念，正好体现了元认知理论的概念，这种"参与"有别于传统认知心理学的"参与"，它不仅指"过去知识经验"的"参与"，更指现在的亲历亲为，主动参与，使得对认知过程可以进行主动监测和控制。

　　在体验英语教学理论中，有一种是关于"愉悦"的概念，这种概念主要是指认知过程中主体对客体产生了积极的情感和态度，并且产生了正面的价值观，此时主体对客体开始产生精神互动，这种精神互动在体验式外语教学理论中表述为"共鸣"。认知心理学认为，从自我认知的角度看，对学习动机影响最大的因素有以下几个方面：

　　其一是对自己是否有能力胜任学习任务的认知（自我效能感）；

　　其二是对自己在学习中的地位和作用的认知（主体意识）；

　　其三是对自己成功与失败的原因的认知（归因方式）。

　　其四是积极的情感和态度能够有效提升认知者的自我效能，增强其主体意识，从而激发其学习潜能，产生良性互动，达成认知目的。

　　此外，还有很多的认知心理学家如布罗菲（Brophy）、埃克莱斯（Eccles）和维格菲尔德（wig6eld）等都提出了期望价值理论。这种观念认为，完成各种任务的动机来自两个关键因素：个人对特定任务成功的期望，人赋予任务成功的价值。

　　详细来说就是：学习动机的强度，是由价值和期望乘积所得出的；因为如果没有期望值，学习动机也就无从谈起。所以，学生对于自我的效能感，也就是学生对自己学习任务的认知能力是否有信心，是会直接产生学习动机强度的影响。简而言之，学生对自己学习能力的自信程度，对学生的学习斜率有非常重要的影响作用。

　　不论是哪一种心理学观点，对于主体意识都是很强调的，因为主体意识是主动积极和开创性的根本原因。主体意识会在学生的学习过程中，对学习进程起到相当的激发和维持。所以，学习过程中，学习者本身对于主体意识的认知和培养，都是对学生学习过程中非常重要的环节：

　　其一，要使学生意识到自己在学习中是演员；

　　其二，通过身临其境的虚拟环境，布置其任务，明确其目标；

　　其三，在学习过程中不断给予回馈、激励。

　　相较于传统的学习环境，这种新型的自主性学习过程，不管是教室里师生授课型，还是机房里使用学习型软件，往往都是将主体凌驾于客体之上，使学生处于一种主动的地位，这对于学习动机的激发是极其有益的。这种根据体验式教学理论设计的"自主学习系统"，能够在学习过程中通过界面设计、内容和题型设计（包括很大分量的虚拟环境中角色扮演等题型）以及学习过程中的激励方式和人性化的过程记录，使学生能够时时观察自己的成长进步曲线，在体验中获得愉悦。

（三）模块设计及实践

我们知道，在学习过程中，如何营造合适的语境，让学习者放松地投入，适当地给予激励（prompting），适时的给予反馈（feedback），在"愉悦"的"参与"中不断提高和进步，是非常重要的内容，这样的方法能够构建语言学习的良好的生态环境，成为我们"自主学习系统"的设计主导思想。

从实践来看，这种"自主学习系统"现如今已经受到全国高校普遍欢迎，究其原因主要是顺应潮流，解决了当时高校英语口语教学普遍遇到的难题，满足了需求。但静心来看，可以明确现在我们的"学习系统"在设计和实践中主要解决的一些问题。

1. 自主性

"学习系统"的学习内容 0 级到 8 级共分为 10 个级别（其中 2 级另有一个衍生级别 2A 级，每个级别设有 20 个学习单元）。当学习者第一次使用时，会通过系统的入门测试，被分配到与其现有水平相当的学习级别。然后从这里开始，其学习过程是完全自主控制。所谓自主性，即是指每次学习，自己自主掌握进度，其学习过程不受别人干扰，系统对其学习过程的相关数据统计在后台进行，并及时提供学习导航信息，以便根据进度自动调整安排学习内容。

2. 交互性与智能性

除自主性外，"学习系统"的显著特点之一是有很强的互动性。在"学习系统"中，电脑就是一个高水平的外籍口语老师，学生在电脑设计的虚拟环境中，可以根据屏幕提示的情节和上下文，无拘无束地开口大声表达，"学习系统"的智能语音识别系统对学习者的语音语调进行自动评估，并给出笑脸或哭脸等提示信息。[①] 因为是面对着电脑，学习者不会有丝毫的羞涩或难为情。此外，"学习系统"还设计了两个主要的口语练习模块："跟读"（repeating）和"角色扮演"（role play）。"跟读"模块的设计主要是为解决学生"开口难"的

---

① 冯于，朱兵艳，刘士祥，等. 体验式英语教学研究综述 [J]. 宜春学院学报，2012，34（6）：148－151.

问题，"角色扮演"则为培养学生在特定语言环境中的口语交流能力。

3. 愉悦性

"自主学习系统"的开篇是一个气势磅礴的视频动画，画面依次显现清新的雨滴，崇山峻岭中的高山流水，辽阔草原蓝天白云下的悠闲自在，工厂车间的芯片制造，火车站、商业街的忙碌人流，旭日初升时红红的太阳，画面显现时还有依稀的户外攀岩的运动员们艰苦攀登的影子，同时画外音响起："从今天起，英语学习不再是痛苦的经历，英语学习将成为一种愉悦的体验，高职体验英语将引领你步入英语文化的乐园，体验精彩的英语世界。"这样的开始很快就能抓住学生的眼球，由此可见，"愉悦"是"体验式外语教学理论"的主题要素之一。

学生登录后，告诉学生，从自然到生活，从体育到高科技，时时处处都有英语学习的需要，过程中既有艰苦攀登，也有悠闲自在，在一种愉悦的氛围中，体验学习的快乐。不仅如此，系统还有一个记录学生学习过程和成绩的界面，这是一条美丽的河流，两岸点缀着历史文化建筑，从金字塔、玛雅石柱到泰姬陵，从兵马俑、乐山大佛到雅典神庙，犹如一幅长长的历史画卷，学习级别从低到高显示在这些著名建筑上。这条美丽的河流最开始是不能见到全貌的，只可隐隐看到前端还有更诱人的景色，神秘而刺激，吸引着学生去探个究竟，只有学完了全部级别，才能完整地看到这幅精心设计的历史画卷。这给学生营造了一种神秘而愉悦的美的感受。

"自主学习系统"用户界面背景主色调是经过精心调配的草绿色，我们称之为"体验绿"。绿色是环保的颜色，代表生命和成长。我们把学习者引入这样的自然和谐环境，以便在轻松、愉悦的氛围中进行自主学习。

4. 自我激励与挑战性

"自主学习系统"的学习过程虽然是完全自主的模式，但这并不意味着这个系统是"放羊"式的。为此，我们还应该为这个系统设计完善的管理机制和自我激励机制，这样才能使其学习过程充满挑战性。学习者一旦确定学习起点，往后的学习都是过关式自动化质量把关的。每个级别、每个单元，甚至每个模块，都有一定的任务等着学习者去完成。这样可以极大地提高学习者的学习积极性。而且，后台程序也做相应的配合，依据学习进度随时排出当前学习进度排名和成绩排名，后台系统不仅可以按学习单元排名，也可以按学习级别排名，每种排名都可以按个人、班级、年级或校级进行。这种排名的功能体现了客观的横向对比性、激励性和挑战性。

5．成就性

当学习者看到"跟读"和"角色扮演"越来越多的笑脸、钱币状的分数柱不断长高时，当自己越来越轻松地通过一个个语言关卡时，当看到记录自己学习过程的分数数据和数据图表时，成就感会油然而生。这无疑会增加学习者的自信心，增强学习的积极性。当然，对于学习者来说，更有满足感的应该是当学习者充满自信地站在老师面前，站在外教面前，站在外国友人面前，面对纯外语交流的场合，能够流利自如口语表达的时候。

第三节　体验式多元化教学评价体系的构建及作用

一、学习过程评价的构建

（一）对学生参与程度的评价

学生参与程度，其评价的着重点是对学生参与的全面性、深入性、主动性进行研究。根据体验式教学理念，关注学习者的内心体验是体验式英语教学最鲜明的特点。衡量内心体验的四个基本指标可以概括为：参与程度、愉悦程度、共鸣程度和环境指标。评价个体学习者的参与程度是体验式评价体系的重要环节。

（二）对学生合作互动的评价

在体验式英语教学中，有两个最主要的教学和学习方法，分别是任务型教学和合作式教学。而在其中最能体观学生的参与性和愉悦性的教学模式就是合作式教学。在这种教学模式下，学生通过小组合作的方式实现师生交流和学生交流。因此，评价学生在小组合作过程的互动状态也是衡量学生在学习过程中内心体验和感受的重要标准。因此，针对学生的不同情况，评价一个学生的合作互动状态，要考虑以下几方面的因素。

①是否能不断改善沟通技巧，使沟通更加积极有效。

②是否能共享小组成员的群体智慧，产生思想共鸣。

③是否能相互解释所学知识、相互帮助理解和完成教师布置的任务。

④是否有多边、丰富、多样的信息联系，包括组内互动、组间互动和师生互动。

⑤是否有良好的交流互动意识，能否主动与小组同学进行积极交流。

(三) 对学生情绪状态的评价

在高职英语课堂上，学生的情感感受大致可分为乐趣感、成功感、焦虑感、厌倦感、紧张感等。虽然同一学生对英语学习的体验不是一成不变的，但从长远来看，在一定时期内，学生对英语学习的情感体现具有相对稳定性；对英语学习而言，学生的情感体验也不只具有一种。基本上，但在一定时期内，是趋于稳定的，是总有一种主要的情感体验。因此，在本研究中，对学生课堂情绪状态的评价主要从以下几个方面进行。

①体验式教学情境下，是否能形成良性循环的课堂环境，使学生们在共同解决问题的过程中，磨炼学习品德和意志。

②在课堂教学活动中，学生是否有适度的愉悦感、成就感和乐趣感，是否有适度的焦虑感。

③在合作学习的过程中，小组成员和师生之间能否互相信任，自然表露情感，从而产生情绪共鸣。

④经过一段时间的体验式教学，学生是否掌握了一定的元语言学习策略，能自我控制与调节学习情绪。

(四) 对学生体验状态的评价

体验式英语教学活动所要求的体验状态主要是使学生在课堂学习中产生积极的体验，使学生的体验状态总是与"愉悦"紧密相连。教学设计者要善于将学习中的"挑战"转化为兴趣，而不是令人退缩的障碍。因此，在实践中对学生在学习过程中体验状态的评价是以学生在课堂学习的过程中能否满足自身的个性化学习需求和能否体验到学习的快乐为标准的。

二、教学过程评价的构建

(一) 评价特征

在现今课堂研究中，体验式多元化的课堂教学评价是其中一种主要的形式，[①] 具体来讲，体验式多元化课堂评价具有如下特征。

①师生双方互利。

②以改进学生的学习方法为中心。

③以改进教师的教学理念和方法为主要目标。

---

① 曹佩升. 体验式英语教学模式设计及其理论建构 [J]. 沈阳农业大学学报（社会科学版），2010，12（1）：82-85.

④内容全面，包括对课前备课、课堂教学和课后反思等各个环节的评价。

⑤良好的课堂教学实践植根于对正确教学原则的遵守。

⑥用发展的眼光看问题，重视对课后教学反思的评价，旨在积极地促进教学和学习。

在这种评价过程中，教师在整个过程中发挥着重要的作用。

（二）评价的实践效能及价值

通过对学生、教师两方面的分析，可以简单的归纳课堂评价的实践效能及应用价值。从实践层面来看，运用课堂评价促进教与学的质量，效果十分明显。

①设计课堂评估活动和分析所收集的数据，具有现实性。

②教师在设计适当的课堂评估技术方面，表现出了非凡的创造性。

③课堂评估为教师们提供了一种同事间的、关于教学进行理智对话的平台。

④教师通过为同事组织研讨班、为学术期刊撰稿，以及为参与教与学的研究而设计更精致、更高级的课堂评价体系，获得了专家认可。

⑤教师评估学生的学习乐趣，创造了一种将教师与学生联系起来的纽带，从而使学生更多地意识和了解到他们自身作为学习者的地位。

（三）体验式高职英语课堂教学评价标准

（1）在研究过程中，根据体验式教学的原则和特点，在实践中可以归纳出体验式多元化高职英语教学情况评价标准。

①对课堂教学内容评价包括是否能满足学生在知识、智力、情感、个性等方面的实际需求。

②是否能为学生提供丰富的、可理解的语言输入。

③是否将语言教学和文化教学合理结合等内容。

（2）对教学方法的评价。

①教学活动设计是否遵循由易到难，由已知到未知的原则。

②是否为学生提供适度的协商交际机会。

③是否注重学生学习策略和自主学习能力的培养等。

（3）对教学程序的评价则需要从备课、课堂教学、课后反思和改进三个方面展开。

①教学资料准备是否充分。

②授课内容安排是否科学合理。

③课堂气氛是否良好，互动性强。

④学生是否能在教学中体验到快乐。

⑤教师是否教态和蔼，衣着是否得体。

⑥是否合理利用现代化的教育教学技术。

⑦板书是否工整清楚，语言是否流畅准确。

⑧教学过程是否循序渐进、结构合理、重点突出。

⑨教师的课前任务是否遵循"在做中学"的原则。

⑩教师能否对之前的教学做出积极适度的改进等内容。

⑪教学反思是否包含对教学方法、教学任务完成情况、对学生指导情况等方面的反思。

（4）通过上述内容分别进行分析，可以看出，根据体验式教学理念，体验式多元化高职英语课堂教学评价标准的基本原则包括参与原则、愉悦原则、成功原则和环境原则。

①参与原则是指教学是否为学生提供足够的、无障碍的学习参与机会。

②愉悦原则是指教学设计是否能将学习中的挑战转换为愉悦的体验。

③成功原则是指教学组织者能否为学生带来足够成功体验，使其对学习过程和结果产生积极的评价。

④环境原则是指教学是否能营造有利于学习者产生积极内心体验的学习环境。

三、教学环境的评价

"环境"主要是指教学的"生态环境"和教学"人文环境"，是体验式教学的四要素之一。它们虽然不直接切入学习者的内心世界，但它们是体验机理赖以发生的依存条件。英语教学生态环境主要是由英语教学资源所涵盖的教学硬件环境，包括不同形式的教材、语料资源、教学场景、教学设备等。英语教学的人文环境主要由英语教学模态、教学方式、教学双方的人际关联特征组成。

（一）教材的评价

体验式教材的评价标准应基于以下特征：

①规范性和代表性。这主要是指语言信息要经典、规范、有思想内涵。因为经典和规范是一本教材的语言应达到的最基本要求。

②实践性。体验式教材要通过穿件一系列模拟真是语言的语境来为学生提供有意义的交际场景。

③逻辑性。体验式教材无论是从整体到局部还是从概念到具体，内在的设计都必须有逻辑性，做到彼此间相互照应、承上启下。

④文化内涵和社会性。语言教材在培养学生的跨文化素养方面应加强语言文化的导入，增强文化意识，特别是跨文化意识的导入，只有这样，才能培养学生对目标文化信息的接受、理解和思考能力，同时也能促使其对比、反思母语文化。

⑤批判性。体验式高职教材在编写选材时应当从不同视角提供不同的观点和理念，而不能仅从一个视角提供抽象说教式的素材，而为学生创造一个比较和分析的空间。

⑥交互性。体验式教材设计应在教学中运用丰富新颖的教学活动、有意义的交际环境和任务来激发学生参与教学活动的热情，并在这一过程中，充分发挥教师与学生、学生与学生、学生与课本和课件等人际或非人际间的互动作用，减轻学生的焦虑感，培养学生持久的学习兴趣。

（二）教学资源的评价

教学资源的评价包括对网络环境、语料资源和硬件设施的评价。其中，对网络环境评价体系的构建，是整个体验式教学中一直需要不断完善的项目。体验式、多元化的高职英语网络教学环境评估体系的构建旨在从多种角度全面评价在网络自主学习环境下学生学习、教师教学和网络运行的综合情况。

其一是网络环境评价指标的确立，这种指标的确立应该是建立在健康、规范、和谐的环境中，建立在一种能够使学生、教师、网络平台以及外部的知识信息始终处于良性循环的过程中。

其二是基于 BP 神经网络的体验式多元化高职英语网络环境评价体系的模型构建，这种模型是加州大学鲁梅尔哈特（Rumelhart）和麦克莱兰（McClelland）提出的一种人工神经网络学习算法，是一种基于误差反向传播算法的多层前向神经。它具有学习、记忆、联想、归纳、概括、抽取、容错以及自学和自适应能力，可以实现输入和输出之间的任意非线性映射，也为目前的教学和学习评估提供了较为新颖的计算技术和方法。

四、效果的评价

评价是对整个学习过程进行跟踪、监测和反馈，评价的目的是明确学习起点，设定学习目标，诊断强项和弱项，反馈改进意见，促进教学质量的提高。根据评价的多元评价理论，结合实践心得，我们可以提出以下标准来检验体验式多元化高职英语教学评价体系的指标：

①在课堂气氛方面，课堂秩序是否活而不乱，井然有序。

②在信息反馈方面，课堂上教师能否及时掌握学生和团队其他成员的反馈信息，并采取相应的调控措施进行教学。教师自身的反思和改进措施是否对教学有积极的促进作用。

③在学习和教学效果方面，学生所学的知识、技能掌握的程度是否增强，学习能力和策略是否有所发展，语言能力是否有所提高。教师的教学方法是否有所改进，教学内容是否不断丰富，科研能力和水平是否有所促进，专业素养是否有所提高。

④在学生状态方面，学生是否成为学习和评价的主体，学生能否认真听讲，积极思考，大胆发言，学习积极性是否被充分调动起来。学生的学习兴趣是否得到了提高，英语学习信心是否增强，能否充分享受学习过程的乐趣，感受到解决问题后的成就感和喜悦。

第四节　体验式高职英语课程评价体系中存在的问题及解决方法

随着高职英语教学改革的不断深入，体验式高职英语教学已经在全国很多高校开展，尽管整个趋势一直在如火如荼的展开着，但在课题的研究过程中，我们还是遇到了不少困难和问题。当然，也正是在克服困难并对出现的问题及时提出改进措施，进行有效的修正的同时，我们才积累了经验。

比如，在课题研究的初期，由于课题组成员课时较多等原因，我们做不到全体成员同时进行课堂教学观摩、评价和指导等活动。针对这一问题，为保证课题的高质量进行，课题组采用录制教学视频的方式，帮助不能参加现场听课活动的教师通过观看教学视频的方式分析评价教学过程。在课题实施的中期，在对学生实施多元化评价的过程中，由于课堂时间和空间有限，经常出现学生对教师布置的任务准备不充分的情况，从而导致口语任务完成质量不高，影响教学效果等问题。

针对这些问题，在研究的后一阶段，我们尝试将"翻转课堂"与体验式教学相结合，运用于高职英语课堂教学中，产生了良好的教学和学习效果。具体的做法是：教师在教学过程中，通过改变教学设计，将一些教学内容设计成适合学生水平的任务，由学生在课下通过小组合作的方式完成，教师在课堂上主要的工作是通过设计不同的任务考查学生对所学知识的掌握情况。这一教学方式的改变，极大地提高了课堂上语言输入和输出的质量，取得了较好的教学效果。[①]

此外，在评价体系方面也存在有不少的问题。比如在构建体验式多元化促学评价体系的过程中，有不少参加评价的英语教师在课程和教学评价方面缺乏专业技能方面的训练，这无疑在在一定程度上影响了评价结果的信度和效度。针对这一现状，我们可以在评价网络教学方面，引入 Matlab 软件，尝试运用专家式的、稳定性较强的方式量化评价标准和结果，从而在很大程度上解决评价教师专业性不强的问题。但是，在课堂评价方面，涉及到的人为因素比较多，因此我们无法在实践当中将评价标准完全量化，这对于评价体系来说，是非常不足的地方，这也是我们在今后的研究中急需解决的一个难题。

在当前的教育体系中，我们十分注重提升教育质量、改革考试的重点，并努力在在传统教学和考试的基础上构建一个科学的考试和教学评价体系，实现由单一的终结性考试到多元化形成性评价体系的跃升。这在教育中无疑既是考试改革的核心问题，也是教育改革的关键所在。在这种情况下，如何借鉴多元评价和体验学习的理论，构建高职英语多元评价体系，以更好地体现体验式英语教学的本质特征，实现促学评价的目标成为我们迫切需要解决的问题。

然而现状却是：评价的理论和实践往往落后于教学的发展；评价的理论和实践又常常滞后于大规模考试的理论和实践；教学管理层对于多元评价体系的构建缺乏理解和支持。针对这一情况，体验式高职英语教学这种以学生为中心、采用交际任务型的课堂活动等理念在教材编写和教学实践中得以体现。而且，若想推动这种实践的成功，只有得到政策的支持，高职英语教学才有可能真正建立"开放的、动态的综合评价体系"。

只有构建了合理的评价体系，高职英语教学才能真正让学生体会到"学的乐趣"，教师体会到"教的乐趣"，从而使多元化的评价体系真正成为帮助教师改进教学，帮助学生促进学习、体验成功的重要环节。

---

① 黄玉华，梁友珍. 关于体验式英语教学的探讨 [J]. 高教论坛，2008（6）：100 - 101，104.

参 考 文 献

[1] 魏永红. 任务型外语教学研究：认知心理学视角 [M]. 上海：华东师范大学出版社，2004.

[2] 龚亚夫，罗少茜. 任务型语言教学 [M]. 北京：人民教育出版社，2003.

[3] 鲁子问，康淑敏. 英语教学方法与策略 [M]. 上海：华东师范大学出版社，2008.

[4] 崔刚，孔宪遂. 英语教学十六讲 [M]. 北京：清华大学出版社，2009.

[5] 林立，王之江. 任务型学习在英语教学中的应用 [M]. 北京：首都师范大学出版社，2005.

[6] 何广铿. 英语教学法教程：理论与实践 [M]. 广州：暨南大学出版社，2011.

[7] 程晓堂. 任务型语言教学 [M]. 北京：高等教育出版社，2004.

[8] 林新事. 英语课程与教学研究 [M]. 杭州：浙江大学出版社，2008.

[9] 肖礼全. 英语教学方法论 [M]. 北京：外语教学与研究出版社，2005.

[10] 何少庆. 英语教学策略理论与实践运用 [M]. 杭州：浙江大学出版社，2010

[11] 张大均. 教育心理学 [M]. 北京：人民教育出版社，1999.

[12] 束定芳，庄智象. 现代外语教学：理论、实践与方法 [M]. 上海：上海外语教育出版社，1996.

[13] 左焕琪. 外语教育展望 [M]. 上海：华东师范大学出版社，2001.

[14] 陈坚林. 计算机网络与外语课程的结合：一项基于大学英语教学改革的研究 [M]. 上海：上海外语教育出版社，2010.

[15] 陈丽. 远程教育学基础 [M]. 北京：高等教育出版社，2004.

[16] 陈琦，刘儒德. 教育心理学 [M]. 北京：高等教育出版社，2005.

[17] 陈沿西，王洪渊. 体验式教学理念在英美文学教学设计中的应用 [J]. 重庆文理学院学报（社会科学版），2011 (4)：21 - 24.

[18] 程书肖. 教育评价方法技术 [M]. 北京：北京师范大学出版社，2004.

［19］张红玲．网络外语教学理论与设计［M］．上海：上海外语教育出版社，2010．

［20］莫莉莉．专门用途英语教学与研究［M］．杭州：浙江大学出版社，2008．

［21］李森，张家俊，王天平．有效教学新论［M］．广州：广东教育出版社，2010．

［22］李正栓，郝惠珍．中国语境下英语教师教育与发展研究［M］．保定：河北大学出版社，2009．

［23］张建伟、孙燕青．建构性学习［M］．上海：上海教育出版社，2005．

［24］赵金铭．对外汉语教学概论［M］．北京：商务印书馆，2004．

［25］霍红，刘妍．慕课背景下高职英语教学改革初探［J］．职业技术教育，2014，35（8）：43－45．

［26］吴志芳．依托慕课理念探索我国高职英语教学改革［J］．中国成人教育，2015（21）：170－173．

［27］甘萍，洪旺元．基于微课的翻转课堂在高职英语教学中的应用研究［J］．职教论坛，2017（11）：71－75．

［28］刘晓玲．高职英语教学作用、定位、现状与改革［J］．教育研究与实验，2009（S2）：73－75．

［29］余永欢，代东东．微课与高职英语教学结合路径探析［J］．湖北科技学院学报，2014，34（10）：133－134．

［30］谈竹琴，王友良．中高职衔接视角下的高职英语教学研究［J］．职教论坛，2014（2）：78－80．

［31］姚春燕．以就业为导向的高职英语教学创新策略［J］．长春教育学院学报，2013，29（19）：134－136．

［32］李新利．基于网络平台的高职英语教学模式研究［J］．英语广场（学术研究），2012（11）：55－56．

［33］燕静君．高职英语教学存在的问题及对策［J］．河北旅游职业学院学报，2008（2）：96－98．